U0500827

鲸歌
我们拥有同样的音频和心跳

走着走着花就开了

积雪草／著

四川人民出版社

目录
Contents

第一辑
苔花如米努力开

第二辑
可以不美丽，但不能丑陋

第三辑
流年里不一样的爱

第四辑
走着走着，花就开了

第五辑
温一壶月光

第六辑
另外一种路标

第七辑
岁月不语任芬芳

第一辑
苔花如米努力开

苔花如米努力开

是在山里，与那些苔米花猝然相逢的。

夏天里，最贪恋的便是那一丝清凉。手编的竹席，蒲葵叶做的蒲扇，五颜六色的冰激凌，犹不能解去心中热腾腾的暑气，一狠心，丢掉了手中杂七杂八的事情，斩断那些杂乱无章的牵绊，和烟火尘世小别，跟随朋友去山中小住几日。

山中自有一种说不出的好：山泉清凌，唱着你听不懂的歌；树木苍幽，毫不吝啬地铺张着阴凉。那些叫不上名字的小花小草，随风摇曳，尽情摇摆。那么久了，一直被那些烦心琐事纠缠不休，心中一直紧绷的那根弦，终于在一瞬间松弛下来，说不出的好，说不出的舒爽。

阴凉浓郁，那不是一棵树所能给予我们的，那是大片大片的树木叠在一起，绿意滔滔，浓荫蔽日，有一股清凉兜头盖脸地铺下来，心中满满都是清静与安宁。茫然四顾，都是惊喜。

心安。神凝。

顺着石阶慢慢拾级而上，脚下的石阶上长满了青绿的苔藓，脚下一滑，险些摔倒。有人抢着来扶我，我笑，说："我又不是林妹妹，没那么娇气。"再看旁边，石头上，树木上，台阶上，很多阴暗潮湿的地方，都长满了绿色的苔藓，那种绿，有翠嫩的绿，也有浓郁的老绿。

真的不是第一次见到这种石苔花，在路边，在溪旁，在南方悠长悠长的小巷里，也曾在青石板路上遇到过这种绿色的苔藓，湿，滑，一不小心，便会滑一跤。灰瓦粉墙的屋子，院墙上爬满了藤萝植物，偶尔有裸出来的地方便生满这种青苔。

从来没有觉得这种苔花有多美，它们小如米，小到让人漠视它们的存在。此刻，在山里，我盯着那些铺满石头、长满树干的苔米花，小小的，绿色的，连片的，分不清彼此，却都是一派生机盎然。

说是苔花如米小，其实青苔无花，也没有种子，可是它们一样是子孙满堂，处处青苔处处花。清代散文家袁枚，不知在什么情景之下，兴致盎然地赋了一首诗："白日不到处，青春恰自来。苔花如米小，也学牡丹开。"前两句，说的是苔花这种植物，生活在阳光照不到的地方，也有旺盛的生命力。后两句，笔锋一转，自然就有了励志的范儿，有如米粒一样渺小的苔藓，竟然像牡丹一样努力地盛开着。

牡丹富贵，自不用说，花瓣层层，堆叠如云，乃是花中之王。梅花孤傲，冰骨玉肌，香魂一缕，傲雪盛开。兰花清幽，有花中君子的美名，守得寂寞，享得孤单，淡定雅致。这世间，还有很多花儿，比如幽香的玫瑰，比如淡定的菊花，比如高洁的荷花，比如大方的百合，好看的花儿比比皆是，苔花算什么呢？它能算是花吗？卑微到尘埃里，花小如米粒，生活在溪旁路边不起眼的地方，时常静默，无人问津，就连山野一朵小野花的命运都会比它出彩。

人生不如意之事，十有八九。有些事情不是我们能选择的。花有花语，人有人言，这花儿其实也和人一样。不管境遇多么糟糕，不管命运多么不公，努力地盛开，全力以赴地去活。存在过，努力过，活出自己的精彩才是最重要的。

"苔花如米小，也学牡丹开。"难道我还不如一朵小小的苔米花吗？活得开心，快乐，尽情，才是最重要的事。

站在清幽的山里，闭上眼睛，在这天然的氧吧里，深深地吸一口气，悠然，怡然。

听说半山腰上有一座庙宇，是尼姑庵，庵中有几个漂亮的小尼姑，守着偌大的一座庙堂，香火不算很旺，偶有人来。

有苔米花在庙宇的背阴处，向阴而生，蓬勃，茁壮。

向阴而生，这是它的命，是它的生命体征，也是它不能选择的选择。

生活中，即使我们如苔花一般渺小，但也要像苔花一样，努力盛放。

入选 2016 年湖北省汉中市中考语文模拟试卷

活成一枝荷

小时候，跟着舅妈去她父亲家里玩。七拐八弯的，误入迷宫一样，最后拐进一个深深的巷子，探身进入一个小院。小院虽小，里面却是别有洞天，花鸟鱼虫，井然有序。最惹眼的是院中养的那一缸荷花，荷叶蔫头耷脑，大多已枯萎；荷花容颜惨淡，大多已开败。这一缸破败的荷，看得人心中生出凄惶，但主人却舍不得薅掉，依旧当成宝贝一般养在缸中。

舅姥爷是一个和善的老头儿，做得一手好旗袍，他看我围着那缸残荷绕圈，若有所思的样子，笑眯眯地说："傻孩子，这荷虽然破败了，凋落了，却是败有败的好，败有败的韵味，再说花儿谢了，明年还会再开啊！"

那时候我不懂枯荣都是过程这个道理，看到盛开就欢欣，看到凋谢就颓败，这些都是最直观的感受和体会，好多年后依旧如此。

记得那时，在舅姥爷家还看过一个京剧名角的照片，虽然是黑白的，仍能看得出照片中的人，妆容精致，身段袅娜，长长的水袖甩开去，眉梢眼角都是戏，那种风情有如静水照花。

那一组照片有好几张，后面几张，照片中的人渐渐老了，黑白的照片有些泛黄，虽然红唇依旧，但那身段，那眉梢，那眼角，都不如从前娇媚了，依稀有了霜花的印迹，只有唇边嘴角的那一抹笑容，还一如从前那般灿烂。

我长吁短叹，这世界，总是不能在最美最繁华的时间定格，想来真是一种遗憾！想要做到枯荣勿念，安之若素，还真不是一件容易的事情。

守着一缸的残荷，守着流逝的岁月，仍能不骄不躁的日子，早已恍如隔世。如今，我们生活在一个喧嚣不安的世界里，到处都能看到流动的欲望和诱惑。有的人成功了，鲜衣怒马，烈火烹油，走到哪里都是春风得意的样子。有的人失败了，焦虑抑郁，垂头丧气，走到哪里都像是霜打的茄子。更多的人是处在成功与失败的夹缝中间，没有委顿，也没有得意，更多的是无奈，在疲惫的生活中随波逐流。

这个时代，最让人不能忍受的词语是贫穷、疾病、不求上进、没有理想，它们都是动态的，是向外求，向外扩张，而很少有人能关注自身、自心，向内观照。

人生不过是一场悲喜交织的大戏。锣鼓一响，大戏开场，演戏的人咿咿呀呀，尽情投入，把个花开花落演绎得淋漓尽致；看戏的人痴痴艾艾，欢喜忧伤，随着角色的转换，心境大喜大悲，大起大落，兀自不知是戏。曲终人散，各自回家，一弯新月，清淡如水，寒凉蚀骨，方才醒悟，原来人生不过是时间长河里的一瞬，像看了一场戏，转眼落幕……

人生不过是一场寂寞的旅行。年轻时气血方刚，人生凭的是勇气，而不是经验，浓墨重彩，指点江山，任意而为，不计后果；年纪大一点，半是清醒半是梦，一呼一吸，一张一弛，云卷云舒，云淡风轻。活到一定年纪，真的就放下了，什么都放下了，终于懂得一个道理，人生在世，无非是一箪食、一瓢饮、一豆羹……

悲喜是一种心情，枯荣是一种过程，会到来，也会离去。就像那缸荷花，会盛开，也会凋败；就像那张容颜，会年轻，也会老去。没有什么是永远不变的，能以一颗平常之心相待，才见火候和功力，淡定从容，宠辱不惊，任花开花谢，自在安好。

枯也好，荣也罢，都是生命的一种状态。譬如得与失，仅仅只是一个念头的转换，实在不值得大惊小怪。大开大合、大起大落，都是人生的修行。在不安的世界里，且淡然自守，枯荣勿念，安之若素，活成一朵清净安宁的荷花。

自卑只是成长路上的逗号

15 岁那年，周安安迷上了魔幻小说，迷到爱不释手、废寝忘食的地步。他把自己想象成小说中某个有着奇异魔法和超能量的人物，或是一个路见不平拔刀相助的大侠。实际情况却与此格格不入，他是个胆小怯懦、有些自卑的男孩。平常说话不敢大声，像一只胆小的蚊子一样哼哼。走路低着头，像一只蹑手蹑脚的小猫咪。做事更是轻手轻脚，班上有调皮的同学给他取了一个绰号叫“淑女”。

这个绰号让他愤怒，让他极端，让他失去理智，但却无法摆脱。他所有的愤懑、豪气和所有的理想，都只有在那些武侠与玄幻小说中才能得以宣泄和完满。

上课的时候，他埋在课桌底下偷偷地看。晚上，他躲在被窝里打着手电继续苦读。他甚至把玄幻小说拷贝到手机上，连上厕所的时间都不放过。

有一次上课，他正在课桌底下埋首苦读，语文老师叫他起来回答问题，他居然没有听到。同桌用胳膊肘碰他，他站起来，茫然四顾，半天才说：“老师，我没睡觉。”同学们哄堂大笑，他的脸烧得像天边七彩的云霞。

他的成绩自然烂到不可收拾。放学后，老师把他叫到办公室，锁着眉头说："周安安，叫家长吧！这样下去，你哪儿也考不上。"

老师的声音尽管不大，但还是把他吓得一哆嗦。

周安安是单亲家庭里长大的孩子，从小就没有见过父亲。母亲是一个非常强势的女人，说话嗓门很大，做事风风火火，在市场上摆摊卖衣服，练就了和男人一样的强势风格。她对周安安的期望很高，希望他好好念书，将来考上好的大学，替她争口气，可以说周安安是她的全部理想，是她坚守在市场上摆摊的全部支撑。她常常用手点着周安安的额头说："你怎么会是我的儿子？一点都不像我！"

尽管她和周安安说话的时候尽量温柔和蔼，可是周安安还是很怕她，这也是他自卑的根源。同学们很大一部分人家中都有私家车，他却在为生活费和学费而发愁，尽量节省每一个硬币。因为，只要他节省了一个硬币，他的母亲就可以在市场上少跟人争执一句。

他不和同学一起吃午饭，因为他的午餐总是最便宜的。他不和同学一起打球，因为他的球鞋总是开了胶的。

老师说："周安安，你在想什么？"

周安安抬起头，眼睛里浸满了泪水，小声说："老师，别告诉我妈妈好吗？她会收拾我的。"

是的，每次老师找家长，周安安的母亲就会很生气，她会用自制的苍蝇拍拍他，一边流泪一边说："让你不听话，让你不争气，让你不学好，让你不成才！"很难想象，平常混迹市场的母亲会有那么多的词汇。周安安不怕打，就怕看母亲伤心绝望涕泪交流的样子，他就败了，败得不想回言和反抗。

老师说："不告诉家长也可以，但是从今天开始，你必须听我的。"

周安安想了想，点了点头。

老师说，我给你讲个故事吧：有一个少年小时候很自卑，不合群，很多时候一个人独来独往。其实他看到别的同学一起放学上学，欢声笑语，也很羡慕。可是他没有勇气和别人在一起，因为他跟别人不一样，他的右手长了六个手指，同学们常常取笑他，叫他六指。后来班上一个漂亮的女生主动和他一起上学下学，把敬佩的目光投给他，因为他学习成绩优异，几乎每一科都达到别人无法企及的程度。因为那个漂亮女生的欣赏，他抛弃了自卑和懦弱，用热情和自信点燃了青春里一段最美好的时光。后来他成为一名老师。你知道吗？那个少年就是我。

老师说完，把手伸出来，说："你看看，这就是我每天握着粉笔在黑板上板书、长了六个手指头的手。其实这不是人力所能为，所以不用自卑。就像你，出身不能选择，有什么样的家庭不能选择，所以完全没有必要自卑。"

那一次，在办公室里与老师长谈后，周安安有了很大的转变。青春是什么？青春其实就是一场花雨，看起来瑰丽多彩，其实内中也有潜流，度过去，青春就会绽放出美丽的异彩。

中午吃饭，周安安不再一个人躲在角落里，他会坦然地端着饭盒和同学坐在一起。饭盒里的菜肴虽然不是很丰盛，但是，那是母亲的一颗眷眷之心。他终于明白，他该比的不是饭盒里的内容，而是母爱的博大精深。

放学后，他不再故意落在同学们的后面。同学有私家车来接，他也有，有母亲的自行车。十五岁的周安安坐在母亲自行车的后座上，一路讲着学校见闻，撒下一路爽朗开怀的笑声。

学校的操场上，周安安不再畏首畏尾，他跟同学一起抢球做运动。也许姿势不是十分洒脱帅气，也许还不够阳刚健美，可是他毕竟在参与，在成长。

周安安不放弃任何一个成长的机会，偶尔也有同学嘲笑他曾经停留在武侠和玄幻小说中走火入魔的样子，他会一笑置之，洒脱地摆摆手。

自卑其实只是青春里的一个逗号，偶尔停顿一下，就会逾越过去，因为人生总要不停往前走，走到一个能看到光明的地方。

时光流转，白驹过隙，考上高中以后的周安安，早已从一个苍白忧郁的男孩，长成一个活泼开朗的追风少年，他早已把那些在虚拟中找来武装自己的盔甲卸掉了，把自卑狠狠地踩在脚下。

身体的发育，让他看上去不再像一棵豆苗般娇弱，而是俊朗飘逸。运动场上常常能看到他阳光的身影，三分球尤其漂亮，让很多女生为之喝彩鼓掌；学校的演讲比赛上，他更是口齿清晰，旁征博引，让人刮目相看。谁能想到，这就是当初那个胆小怕事弱不禁风只能躲在虚拟世界里纵横驰骋的男生。

其实每个青春期的孩子都会有这样一段时光，愿意躲在虚拟中把自我想象成一个理想中的角色，用以弥补现实中的不足。只要能及时调整自己的步伐，从迷失中走出来，未来的日子里，依旧会阳光灿烂。

演好一只小土豆

小剧场里演实验话剧，尽管观众很少，属于非主流的小众品味，可是仍然没有人喜欢当群众演员，舞台上的灯光和台下观众的目光永远只留给台上的主角，再不及还有配角，谁会把目光留给一个没有名字的群众演员？

梅子是这种小众话剧表演的狂热者，可是她从来没有演过主角，都是在一些三四流的小角色里晃荡，假期回家，跟我诉苦，我笑了，安慰她："喜欢就好，有什么可抱怨的？只要喜欢，哪怕是一只土豆，你也要演好，也不枉你喜爱一场。"

梅子愣怔地看了我半晌，像是问我，又像是在问自己："努力演好一只土豆？一只土豆？"

我点点头："是的，是土豆。"

记得小时候，在学校里排演童话剧，我演的不是仪态万方高贵无比的公主，也不是英俊潇洒阳刚帅气的王子，甚至不是大森林里的一只小动物。比如聪明机敏的小白兔，狡猾多端的红狐狸，甚至不是果园里又香又甜的大苹果，娇小可爱的小草莓，而是公主路过田野时，一半埋在泥土里、一半裸在阳光下的小土豆，一只身上沾满了泥土、头上顶着两片绿叶的小土豆。

我沮丧得无以复加，我从来没有想过，自己会演一只呆头呆脑既不好看也不好吃的小土豆。我害怕父母问起我演的角色，害怕同学们嘲笑的目光和同情的话语，我觉得自己很低，低到尘埃里，是花间的一粒浮尘，是汪洋大海中的一个水分子，是茫茫人海中一个最不起眼的小生物。

我哭了，悲伤像潮水一样袭来，我不能接受平凡得像一只土豆的自己，哭得很伤心。擦泪的间隙，母亲问起："为什么哭啊？是沙子迷了眼睛？是被老师批评了？还是受了同学们的欺负？"我支支吾吾，答不上来，被母亲追问得急了，只好实话实说："我被老师安排演一只不会说话的小土豆，我不甘心，我不想演，凭什么我只能演一只小土豆？"

母亲笑了，说："有什么好不甘心的？演一只土豆又如何？只有小演员，没有小角色，能把平凡朴实的小土豆演好了，也是你的本事。要学会在热闹喧哗的地方，安静地做着你自己，不被世俗所左右，不被别人的目光所牵绊，做自己想做的事，做自己能做的事，做自己该做的事，这才是你的本分，这才是我的宝贝女儿，在我的心目中，我的女儿是最好的，最优秀的。"

母亲的话，多年后我仍然记得，何时何地都不敢忘怀。

工作之后，有一度，做一份不大喜欢的工作，天天加班，薪水却很少，最重要的是上司并不了解你，甚至在很多地方曲解你，于是整天心神不宁，郁郁寡欢，没有心思工作，想起母亲说过的话，就算做一只土豆，也要做一只最优秀的土豆，所以我一直把那份工作坚持到最后，没有出过一点纰漏。

人这一生会演很多个角色，为人师友，为人儿女，为人妻，为人夫，为人同事、上司和下属，等等，每一个标签都是一个社会角色细化的分工，让我们在这个大背景下找到自己的位置。不管是公主，还是王子，不管是小白兔，还是大苹果，不管是小草莓，还是小土豆，无论这个角色多么不起眼，无论这个角色是什么，我们都要倾尽全力，演好自己，这才是人生的本分。至少将来回忆起来，我们都不会后悔，因为我们曾经是那么用心，那么尽力地去做一只土豆。

小土豆，大角色。

在浮华功利的现实生活中游走，能够清醒地认清自己，把握自己，实在不是一件很容易的事，能够演好一只一半在泥土里、一半裸露在阳光下的小土豆，不需要技巧，只需要一个智慧的头脑和一颗有定力的心。

串起生活中的微幸福

下雨天，坐在车里，仍然觉得到处湿漉漉脏兮兮的，没有打伞的行人飞奔着跑到廊檐下避雨，飞驰而过的车辆溅起的泥点和水花四散飞扬，天空阴沉沉的，我皱着眉头看着灰扑扑的车窗外。

一对小情侣顺着电车道一边走一边说话，两个人共撑一把伞，不疾也不徐，有雨顺着伞骨滴滴答答滴到男孩子的肩上，男孩好像并不曾知觉，他附在女孩的耳边，不知说了句什么话，女孩偏着头看着他笑。

我怔怔地看着，这情这景，久违了很多年，让我想起当年的校园生活。不是生活中看不到这样的场景，而是忙碌的工作、琐碎的生活，让我们的心日渐麻木和迟钝，对于生活中的很多事情都视而不见。

他们没有像别人那样飞奔着去躲雨，他们可能也不大富裕，因为没有座驾代步，他们有的，是青春的笑脸和阳光的心态，谁能说他们与幸福无缘？

很多细小的微幸福其实都埋藏在生活中，被杂七杂八的物事掩藏得很深，但是，只要我们轻轻地抛光灰尘，幸福便会初露端倪。

收拾旧物的时候，发现一只旧纸盒，里面装满了年少时用过的东西：一朵风干的蔷薇花，一本天青色的缎面日记本，几个折成小星星小船儿的小纸条，几封手写的信，还有踢过的毽子，做过的手工，等等。这些不起眼的小东西都是我年少时的宝贝，陪伴我好多年都没有舍得扔掉，是我的微幸福所在。

傍晚下楼散步，看见邻居的老头老太太在小广场上跳舞。晚风轻拂，树影摇曳，夕阳飞霞，他们的舞步很凌乱，他们的舞姿也算不上优美，可是他们却很尽情，很投入。尽管他们的舞步不够飘逸，腰姿不够柔软，可是他们默契的眼神，一致的动作，让我想到我自己，等我老了，也会这样，和他一起做自己想做的事儿。

去超市买东西，车子坏了，只好步行前往，原本有些沮丧的心，在起起落落的脚步中，渐渐舒展开来。那些树，密密匝匝，浓荫蔽日，青翠的绿仿佛要滴落到地上。那些花儿，不安分地探出花墙，使劲地绽放馨香和美丽。一个年轻的母亲，在方砖路上教一个牙牙学语的孩童学走路，她在前方不远的地方，张开臂膀，等着孩子蹒跚走过来。

对于一个没有时间概念的人来说，再不凡的日子也变得和平常没有什么区别，我便是如此。每年的生日从来都记不住，每每过了生日这一天才会后知后觉，后来无意中跟父母说起，再逢生日时，父母便会提前打电话提示我。每每想起，有人在背后那般地牵挂我，我的心中便涨满了绵绵密密的幸福。

这样的微幸福还有很多，比如做了一桌子的菜，看着爱人、孩子那般捧场，所有辛苦都会烟消云散。种了很久的白兰终于结满了累累的花苞，阳台上的那些花草，争奇斗艳，欣欣向荣，心中便会盛满浅浅的快乐。静日的午后或黄昏，泡一盏茶，听时钟嘀嗒的声音从心上走过，想着我还好，我的家人朋友都还安好，心中便会盛开密密匝匝的小幸福。

多一些感知幸福的能力，把生活中那些微小的幸福掰开了，揉碎了，就算和着白开水喝下，也是良药一剂。

微幸福像一粒粒细小光滑圆润的珍珠，闪耀着晶莹剔透的光，而一颗善感的心和一双善于捕捉的眼睛就是串起珍珠的线，用微幸福的珍珠串起来的项链，是天底下最美丽最漂亮的项链，也是生活中最美妙的事情。

平常人的平常幸福毕竟都是淡而小的，那些细微渺小的幸福都藏于一粥一饭间。惊天动地的大事当然也有，但毕竟不常有，所以把握住生活的微幸福，定格生活中的微幸福，才是真正懂得生活的要义和关键所在。

丑亦乐

生活在这个世界上，每天都会被欲望左右着，当早晨从甜甜的梦乡中醒来，睁开眼睛就要面临选择。我们之所以不停地选择，是为了生活得更好，仿佛人这一辈子就是为了选择而生存，选择就是生活的意义，生活的全部。选择和你爱的人或爱你的人在一起，选择喜爱的人做朋友，选择喜欢的职业，选择喜欢的生活方式……

生活中也有我们不能选择的，比如父母，我们不能选择出生在什么样的家庭，不能选择有什么样的父母，更不能选择有什么样的相貌。显赫的家世、优雅的生活是人人都想要的，却是我们不能选择的；再比如容貌，爱美是人的天性，没有人天生愿意做“丑小鸭”，这也不是我们所能选择的。

在审美方面，东西方存在着极大的差异，在我们看来并不漂亮的女人，在那些大鼻子的蓝眼睛里看来却完全不同。那天去机场接人，老远便看见一个老外胳膊上吊着一个中国女人，按国人的审美标准，那女人绝对算不上美。看上去嘴巴太大，颧骨太高，头发太稀，并且瘦得像“麻秆”。可老外却是喜欢得不得了，很亲昵的样子，隔不久便低头在她的脸上吻一下。老远在车里看着，真担心那女人的脸蛋会不会被他吻得穿帮，心里却想着，幸好与国际接轨，不然，我还不知道要伤心到什么年月。

小时候，亲戚朋友来家里做客，总是对漂亮的妹妹赞不绝口，对我只是敷衍地说，这孩子和她妹妹长得不一样。那时候我不明白话里的潜在意思，一样高高兴兴地笑纳了。随着年龄渐长，略微懂事的我，知道了这句话的潜台词，心中便有伤痛的感觉。坐在门槛上，双手支着下巴，看着蓝天白云，一地白花花的阳光，眼睛里是单纯的失望，很多事不明白，在童年的眼睛里看去，被放大了好多倍，为什么我不及妹妹好看？

年龄越大越知道漂亮的重要性，上学的时候，班上那个胖胖的秃顶的男老师不喜欢我，我并不介意，嘻嘻哈哈，跟个“野小子”似的，拔东家菜地里的小萝卜，摘西家后园的杏子，上树逮鸟，下河摸鱼，无所不为。

同学中传说老师总是喜欢到班上一个漂亮的女生家里家访，女生总是做一些好吃的东西给老师吃，后来不知为什么，漂亮女生休学了。那时候虽然混沌未开，但也朦朦胧胧地知道，老师也喜欢漂亮女生。

得不到老师的重视，班里的许多活动自然不能参与，因而有了许多宽裕的时间，不停地看书写作文。记得那年写了一篇关于小河的作文，秃顶的男老师逼问我是从哪里抄袭的，好在我很坚强，并没有被他屈打成招，站在那儿，梗着脖子不解释。许多年后，仍能清楚地记得那个男老师说过的话：就你？还能写出漂亮的作文？语气中充满了鄙视，虽是这样，那时的我却并没有一次在老师面前流泪。

其实我也奇怪，每当对着镜子，看着自己大大的眼睛，浓密的头发，心中便泄气，五官中的每一样都不算太难看，可是放在一起怎么就一点都不好看呢？

年龄大了以后才懂得，美与丑其实都不是生活中最重要的事情，美与丑之外还有很多更重要的事情。虽然生得美是一件得天独厚的事情，但那也只是表层，重要的是，要往深里挖掘，往内里挖掘，只要生活得快乐、真实、自然，只要生活得有尊严，美与丑又如何？

美籍华人靳羽西说，没有不漂亮的人，只有不会打扮的人。走在大街上，惊鸿一瞥、风情楚楚的美女确实越来越多，像一道流动的风景。

有一天去逛超市，图省事想买一些半成品的菜回家对付一下，在门口看见一个美女，修长的身材，玲珑有致的曲线，水藻一样鬈曲的长发，打扮得极有品位，入时又不夸张，看起来赏心悦目，牢牢吸引住我的视线。爱美之心，人皆有之，不管男人还是女人，尤其在公共场所，看见美人，总觉得那是视觉上的享受。

在超市出口的收银台，排队等候交款时，想不到再次遇到她，一不小心还踩了她一脚。美人回头，即刻破口大骂，都是有名的国骂，只见红唇一张一合，嘴皮子功夫很利索，在此省略若干字。我这人天生胆小，被吓得惊慌失色，慌不择路，跑到别的收银台去结账，好女不跟女斗，三十六计走为上。

细细想想，美与丑实在只是相对而言，美与丑的界限并不能划分得清清楚楚。国内有一时装模特，按国人的审美，她的长相也算不得美，眼睛极小，嘴唇太厚，皮肤太黑，可是在时装之都巴黎的地铁站行走时，一位法国老太太气喘吁吁地追上她，只为告诉她一句话：你真漂亮。后来，再从媒体上见到她时，尤其是她细致地解说时装时的状态，脸上极自信的神情，使她看上去果然比先前漂亮了许多。

走在街上，你会发现，现如今美女一年比一年多，可惜高颜值的原装美女却越来越少，好多女人为了美，不惜冒着巨大风险在脸上身上动刀，那种大无畏的勇气，令人感叹。美虽养眼，但能够面对自己，接纳自己，不管多丑，不管多不完美，那才是真正的勇气。

其实，美有很多种，原生态是一种，内在美也是一种，快乐阳光也是一种。当然，看着顺眼也是一种，不是自我安慰，一个人无论多丑，都可做美人之乐，描眉，敷粉，不为悦人，只为悦己。

不是所有人都喜欢你

生活中，每个人都会遇到你不喜欢的人，或者不喜欢你的人，无一例外。

上个周末，在街上遇到一个很久没见的朋友，他跳槽去了一家新的公司，听说职位还不低，年薪可观。以为他会春风得意，踌躇满志，毕竟不是人人都如他这般好运，谁知他却愁眉不展，眉头紧巴巴地皱在了一起，皱成了山川河流。

原来，他去的这家新公司，诸事都好，偏偏有一个同事很喜欢跟他作对，不管他做什么事情，那个同事都会鸡蛋里面挑骨头，看他不顺眼，总是对他冷嘲热讽扬沙子，啰啰唆唆，令他厌烦不已。

他叹了一口气说："我左思右想，瞻前顾后，觉得自己并没有得罪他，远日无冤，近日无仇，他干吗那么喜欢跟我作对？我说东他会说西，我说左他会说右，处处针对我，我既不是他的竞争对手，也没有在背后放他冷箭，何必搞得像敌人似的？你说他累不累啊。"

我也叹了一口气，说："你肯定是误会了，他并没有拿你当敌人，他也不是处处针对你，他就是有些不喜欢你。"朋友愣了一下，摇摇头笑了，自言自语道："也是，我和他并没有什么国仇家恨，更不是什么敌我矛盾，以前甚至根本就没有见过面，不认识，更不熟悉，可是我就是想不通，他为什么不喜欢我?”

我说：“不喜欢就是不喜欢，哪来那么多理由?”

生活在这个世界上，就算你生得灵，长得乖，生有一颗七窍玲珑心；就算你八面玲珑，左右逢源，应酬得滴水不漏，也还是有人会不喜欢你。老话说，一人难当十人意，也就是这个道理。就算你再努力，也不是人人对你都满意，哪里需要什么理由?

有一句诗写得好：“横看成岭侧成峰。”对待同一件器物，对待同一件事情或对待同一个人，因为角度的不同，其看法和结果也会大相径庭。

物以类聚，人以群分。我相信人与人之间是有气场的。气味相投的人会惺惺相惜，会成为朋友，会成为喜欢你的人；反之，则会怒目相向，成为敌人，成为那个不喜欢你的人，讨厌你的人。上天也算公平，给你朋友的同时，也会给你敌人，让你享受友情的欣慰，同时也让你体会生活的磨难。七荤八素，五味人生，才是生活的真滋味。

人生路上，风一程，雨一程，我们会遇到很多的人和事，并不是所有的人你都会喜欢。同理，也并不是所有人都会喜欢你，就算你再怎么为别人去改变，也不会让人人都满意，与其挖空心思地改变自己，迎合别人，还不如干脆就做你自己，做一个个性十足、有棱有角、你自己喜欢的人。

对待不喜欢你的人，不必刻意去跟人家计较，就像两根永不交错的轨道一样，各自伸向远方，互不打扰，互不干涉，各有各的方向。或者像两条平行线那样，互不影响，互不交集，无限延伸。把那些不喜欢自己的人发出的声音，当成噪声，别让这些噪声干扰了自己的生活和秩序，让其慢慢淡出你的视线，走出你的视野。

安心过好自己的小日子，不必和那些不喜欢自己的人去纠结，更不必假装喜欢别人，也无须强迫别人喜欢自己，坦坦荡荡，做自己喜欢做的事儿，喜欢自己喜欢的人。人生短暂，用真性情与生活和解，用真性情与生活拥抱，用真性情去生活。

生活是公平的，赐予我们鲜花美酒的同时，也赐予我们苦难和磨砺，给予我们喜欢的同时，也给予我们不喜欢。

滚滚红尘之中，人与人之间讲究的是个缘分，遇到喜欢你爱你的人，当全力回报以喜欢和爱。遇到不喜欢你的人请绕行，或者擦肩而过，遥遥相望。如此，而已。

珍惜肯为你生气的人

夜里很晚，隔壁的女孩来敲门，吓了我一跳，以为出了什么大事。拉开门放她进来，她像一叶水面上的浮萍，战栗不止，哭泣不语。

我吓坏了，问她："你怎么了？失恋了？被人欺负了？和父母吵架了？"任我怎么问，她都缄默不语。无奈，我只好给她倒了杯热茶，打开轻松舒缓的音乐，又找了一件衣服披在她身上，在窗边的小几旁相对而坐。

伤心的时候，生气的时候，舒缓的音乐无疑是最好的止疼药，是一帖有效的发散剂。女孩在音乐中渐渐停止了流泪，她抬起头来，看着我幽幽地说："我和我妈妈吵架了，你不知道她有多凶，发起脾气来简直就像一只狮子，一张口就能把人吞下去。我 18 岁了，是成年人，知道自己在做什么，我能把握住自己，她干吗不放手？难道要一直管我到老？累不累啊？她不累，我还累呢！"

女孩噘着嘴，气嘟嘟的样子，有几分稚气，有几分傻气，也有几分可爱。

我忍不住乐了，告诉她："你最好别断章取义，你讲的只是果，你再说说因。只有知道了因，我才能判断你妈妈是不是乱发脾气的狮子。说吧，说说你妈妈为什么发脾气。"

女孩欲言又止，如此三番两次，最后还是说了：“其实也没有什么大事情，就是放学后，我和同学偷偷跑出去看《泰坦尼克号》，担心她不让我去，所以没有告诉她，而且关了手机。我想着看完了就回家，也没什么大不了的。谁知道，回家后见我妈妈正坐立不安，拿着手机满地走，到处打电话问同学，看见我回来，立刻就拉开了审讯的架势。你说，我不就看了一场电影吗？不就回家晚了点吗？有什么大不了的？又不是跟男生跑出去瞎混，又不是跟人私奔，她至于生这么大的气吗？摔了两个杯子，一个手机，还有窗台上的一个盆景。”

我深深地吸了一口气，对她说：“你不懂，她生气发脾气，是因她紧张你，担心你，你的任何一点闪失，对于她来说都是一等一的大事儿，都会让她觉得那是她的过错。等你做了母亲，你就会明白一个做母亲的心。”

女孩耸耸肩说：“我能理解，可是我真的不能体会，那种近乎疯狂的举动，我长这么大，还从来没有见过，她真的有点疯狂。”

我笑说：“我猜想，你长这么大肯定都是一个非常乖的女孩，没有什么出格的行为，看一场电影真的不是什么大事，但以后要记得告诉妈妈。”

我把手机递给她：“给你妈妈打个电话吧！她知道你在哪里，才会安心！”

女孩迟疑了一下，但还是接过手机，给妈妈打了一个电话。

一个母亲对孩子生气发脾气，那是因为母亲的心中，孩子永远是最重要的，永远是自己生活中的主角，时刻都想知道自己的孩子在干什么，冷暖与否，安全与否，健康与否，孩子的一举一动会比一个母亲的生命更重要。

一个妻子对丈夫生气发脾气，那是因为她在爱着，因为深深地爱着，所以担心吸烟有害健康，担心酒醉驾车危及生命，担心她的爱情被别的女人分享，时刻都竖起身上的刺，用以抵御和防范。

一个朋友对另一个朋友生气发脾气，那是因为他愿意跟你分享，你快乐的时候，他会与你一起快乐，你不开心的时候，他会安慰你，和你一起分担烦恼。朋友，是这个世界上最贴心的两个字，朋友是一生里最重要的财富。

永远不会对你发脾气生气的人，当然是陌路之人。因为生活不曾有半点交集，你的幸福与否，你的安康与否，你的快乐与否，都与他人无关，所以相逢只是淡淡一笑，美好，但却无关冷暖。谁会对一个陌生人发脾气生气？那不是咸吃萝卜淡操心。有那时间，还不如看看天上的白云跑马，看看公园里的花儿是不是又开了。

喜欢跟你发脾气生气的人，一定是最关心你的人，一定是最牵挂你的人，一定是爱你胜过于爱自己的人。因为发脾气生气本身就是一个体力活儿。没听说吗？哀伤心，怒伤肝，生气能导致脑细胞衰老加速，所以事不关己时，谁会生那闲气？

请珍惜身边那些肯为你生气发脾气的人，因为身边能有个对你发脾气的人，实在是一件很幸福的事。

非走不可的弯路

一个女孩，在高考之前的那一年早恋了。早恋的温度把女孩的心融化了，她迷失了方向，以飞蛾扑火的姿势投进一场虚无的情感中，以为恋爱就是人生的全部，以为恋爱就是人生的归宿。

她和男孩双双相约，两个人考同一所大学，念同一个专业，可以在大学校园里继续他们的爱情。可是等到估分出来以后，所有的计划全部都被打乱了，男孩子因为早恋而影响到学习，成绩勉强只够上一所二流的大学。而女孩的成绩还是相当不错的，虽然也受到早恋的影响，和她平时的成绩相比，也下降了很多，但是却比男孩要好很多。

报志愿的关键时刻，女孩做出了一个很极端的选择，为了能和男孩在一起，她决定放弃自己理想的大学，去俯就男孩想报的那所大学，只为两个人在一起，而把自己的理想抛弃。

她的决定让父母大为恼火，恼火之余，开始苦口婆心地劝说，分析利弊，权衡大局。命运的岔路口上一步都不能错，人生的关键就那么几步，错一步，谬之千里。直说得口干舌燥，直说得心力交瘁，女孩不为所动，心硬如铁，去意已决，决意为所谓的爱情牺牲自己，牺牲前途，放下未来。

她的父亲，一个四十几岁的大男人，威逼利诱，怎么劝说她都不听，明明知道那条路崎岖难走，明明知道那条路充满荆棘，明明知道那条路若走下去就不能回头，可是说什么她都听不进去，直急得他长叹一声，落下热泪。

她的母亲更是长吁短叹，吃不下饭，睡不着觉，一夜之间苍老了许多。人生之路，关键处就那么几步，考不上那是天分的问题，可是考上了，为了一段昙花一现的早恋而放弃，将来肯定会后悔的。早恋不过是人生中一朵美丽的小火花，每个人都会遇到，盛开时很灿烂，熄灭时很暗淡。怎么跟女孩说这个道理，她都听不进去。

那几天，他们家里的温度降到了冰点，每个人的脸上都挂着浓郁得化不开的心事。各路人马，亲戚朋友都被女孩的父母搬来劝说女孩。可是不管大家说什么，女孩都不听，倔强而固执，最后女孩赌气之下，一个人去了南方一所遥远的大学，走时，她撂下一句掷地有声的话："再也不回来了!"

事过境迁，早恋的小火苗熄灭了，女孩却因此付出了很大的代价，与自己从小就心仪的大学擦肩而过，虽然事情的结局不是最坏的结果，可是那段心智错乱的选择，那段疯狂迷失的时光，既伤害了父母，也伤害了她自己。

时间仅仅过了一年，假期放假时，她从南方回来，又回到早恋之前的样子，开朗、活泼、自信、有幽默感，她的理智回来了，她身上那些美好的素质也回来了。与从前不同的是，她的话比从前少了许多，整个假期都在外面打工，学习，接触社会，接触不同层面的人群，她认识了很多各种各样的孩子，她似乎一下子长大了。

说起那段过往，她笑，说："不走弯路，那叫孩子吗?"

这句颇有哲理的话让我沉思了许久。每个孩子都走过弯路，我们总是告诉孩子们，有些弯路不能走，我们总是以我们过来人的经验去阻止他们，可是我们有没有想过，当初父母何曾不是这样阻止过我们，而我们听了吗？

当我们用我们的人生经验去阻止孩子们时，他们会听吗？

这真的像一个咒语，像一个怪圈，我们都在这个咒语和怪圈中走着自己的路，用自己的心去感受和认识这个世界，用自己的眼睛去抚摩和丈量这个世界，用自己的心灵去积累和体验人生的经验，哪怕撞到了南墙，折回来再重新开始。

有些弯路，是成长过程中的必经之路，别人无法替代你去感受，别人也无法替代你去生活，所有的选择都是自己的决定。在弯路中积累足够多的经验和能量，才能支撑人生框架，才能一步一个脚印，才能不断成长。

别害怕跌倒，成长就是一次一次地摔倒，一次一次地受伤，不断地摔倒和受伤之后，伤口结痂就是一次次地蜕变和长大，成长是结痂的伤口上开出的一朵美丽的花儿。

作家张爱玲在《非走不可的弯路》中说："在人生的路上，有一条路每个人非走不可，那就是年轻时候的弯路。不摔跟头，不碰壁，不碰个头破血流，怎能炼出钢筋铁骨，怎能长大呢？"

走弯路不可怕，只要在路上走着，哪有不摔跟头的？不碰个头破血流怎么称其为人生？可怕的是，在一条弯路上走到黑，可怕的是，走在弯路上却不知道那是弯路，依然坚持不知道回头。

当我们积累了足够多的人生经验时，就会尽可能地避免走弯路，就会认清哪一条路是我们应该走的。人生不会一帆风顺，黄河九曲十八弯，历经劫难，最后才滚滚入海。

不管什么样的人生，有弯路做铺垫，有经验做底气，有耐力做考验，什么样的路在脚下都会走得坚实安稳，都会走得顺畅踏实，都会走得一生平安！

成长是伤口上开出的花儿，而弯路是成长的必经之路，那是成长所必须付出的学费。

君子素交

在漫长的一生中，每个人都会遇到一些路过你人生的朋友，这样的朋友不是一个两个，而是很多，有的朋友会在你的人生中出现过一两次、三五次，有的朋友甚至只出现过一次，然后就杳如黄鹤，再无踪迹可寻。

当然也会有另外一些朋友，像小时候的玩伴，念书时的同学，工作后的同事，这些朋友也会边走边丢。人生的每个年龄段都有不一样的朋友，那些走丢了的朋友丢了也就丢了，留下几个为数不多的朋友，会成为你一生的挚友。

闲暇时，打开手机，逐一清理，会发现一大堆的名字躺在手机通迅录里，有些名字很眼生，从来没有联系过，也从来没有通过话，那些名字上仿佛落满时光的尘埃，长满了青苔或者已经有了霉味。

怎么想都想不起来，根本不记得是在哪一次的聚餐上遇到的，然后加上了。根本不记得是在哪一次的聚会上遇到，然后加上的，之后再也没有联系过。根本不记得是在哪一次旅行中邂逅的，然后混入到你的朋友圈里……

有时候，会打开微信朋友圈，一个个翻看，有实名有假名。偶尔，也会爬上 QQ，一个一个翻看，有实名有网名，有真名有假名。不管是微信朋友圈，还是 QQ，都是轰轰烈烈，热闹非凡，有上千人之多，可常联系的就那么几个，其他的名字有的知道是谁谁谁，大部分根本不知道谁是谁。

那些名字隐居在网络的背后，像一双双偷窥的眼睛，安静地沉默着，头像永远灰着，暗着。那些所谓的朋友，也许某次加上时说过一两句话，也许从来没有说过什么话，只因偶一冲动或机缘凑巧加上了，然后删除了，或者根本懒得删除，任其那么一直暗着。

每个人都会有一些路过你人生的朋友，多与少而已，也许是为了某种算计而来，也许是为了某种利益而来，但大多数都是因为机缘巧合，偶然遇到了，偶然认识了，偶然成了朋友，然后就那么安静地躺在你的通信录里，留在岁月深处，再无来往，再无交集，成为陌生的朋友，成为一次性的朋友。

某次，偶然碰到在某处遇到过的一个朋友，大家都叫不上彼此的名字，却彼此指着哈哈大笑：你不是那个谁谁谁吗，你最近在忙什么，在哪儿发财啊？怎么老也不见你，把大家都忘了吧？

其实真的也就只是那个谁谁谁，因为根本记不住名字，却装得很熟络很热情的样子，转过身走出去很远，却怎么想都想不起来，那人到底是谁啊？想想不由得笑了，可真能装啊！怎么那么虚伪呢？

这就是一次性朋友，这就是中国式的应酬，不管嘴上的功夫说得多么热闹，多么热情似火，内心里其实依然保持着冷静与理性，横平竖直，泾渭分明。

钱锺书先生在《论朋友》里说："假使恋爱是人生的必需，那么，友谊只能算是一种奢侈。"可见古人说得不错，千金易求，一友难得。友情是一种很奢侈的感情，所以人这一辈子，真正的朋友并不在多，有三五个，足矣。

钱锺书先生百读不厌的是黄山谷的《茶词》："恰如灯下故人，万里归来对影；口不能言，心下快活自省。"那种心里明白、嘴里说不出来的好，只能意会不能言传的，才是真正的朋友。

钱锺书先生推崇“素交”，他说：“素交更能表出友谊的骨髓。一个‘素’字把纯洁真朴的交情的本体，形容尽致。素是一切颜色的基础，同时也是一切颜色的调和，像白日包含着七色。真正的交情，看来像素淡，自有超越死生的厚谊。假使交谊不淡而腻，那就是恋爱或者柏拉图式的友情了。”

所谓的“素”，在我理解，其实就是远离功利，远离某种刻意，远离某种用心，敞开心扉的接纳和包容，接纳你的缺点、包容你的错误的人，才能称其为真正的朋友。一个“素”字，清，淡，雅，韵，却包含着其中的精髓要义。

不为功利而来，不为目的而来，不为虚名而来，只为那份懂得而来，只为那份相惜而来，只为那份真诚而来。没有肉的香，没有鱼的鲜，没有山珍美味，没有海鲜珍奇，像素的底色上开出的一朵小花，淡雅却芬芳。像白雪世界，傲雪红梅，雪的冷与梅的香，相互映衬，愈发清冽美好。

君子之交，当以淡雅为宜，当以素交为上，一杯茶的交情虽然淡了些，但那香味可能更为深远和长久一些。

做你喜欢的自己

有一个女孩，从小到大都生活在单亲家庭里，因此她从小就深深地懂得生活的艰辛和不易，知道妈妈一个人支撑这个家很辛苦。她很乖很听话，妈妈说什么她总是很顺从，所以从不违逆。

六岁那年，妈妈带她去上钢琴课，她不大喜欢，可是却不敢违逆妈妈的意思，怕妈妈伤心难过。去上钢琴课的路上，芙蓉开得正艳，她在树下捡拾着一朵一朵的芙蓉花，磨磨蹭蹭地杀时间，妈妈大约看出了她的心思，对她说："妞妞，你是不是不喜欢上钢琴课啊？"她点点头，可是她怕妈妈难过，她马上又摇摇头。

妈妈笑了，说："不喜欢咱就不去上了，今天下午妈妈陪你去公园里看花儿。"她错愕地看着母亲，问妈妈："你是不是觉得我不乖，是不是很难过？"母亲摇了摇头说："你喜欢的事咱就做，你不喜欢的事咱不做，说得太深奥你不懂，等你长大就明白了。"

那个下午，她们真的没有去上钢琴课，在公园里看荷花，看芙蓉，看那些叫不上名字的花儿草儿，那个下午，女孩乐疯了。两个人一直在公园里玩儿到天黑才回家。

后来，上舞蹈课，上奥数课，上外语课，只要她不喜欢的就不去，妈妈总是笑着纵容她。她喜欢学游泳，妈妈就带她去学。她喜欢滑冰，妈妈也带她去学。凡是她喜欢的，妈妈都支持她，当然，前提是好事而不是坏事。

上中学之前，她的成绩都不大好，老师把她的妈妈叫去了，说："你的女儿特长班不参加，兴趣班也不参加，成绩也不大好，老是拖班级的后腿，你这个当妈妈的是怎么想的啊?"她的妈妈想了想说："她不爱学的我不会逼她，学习成绩固然很重要，但比起我女儿的快乐，后者或许更重要些，我希望她健康快乐地长大，做她喜欢的事情，做她喜欢的自己。"

老师无可奈何地摇了摇头，叹了口气，因为这么洒脱任性的妈妈，老师还是第一次遇到。别的家长也不认同她妈妈的教育方式，但是那些孩子们，她的同学们却很认同，都羡慕地说："你妈妈真好，我要是有你那样的妈妈，还不快乐得疯掉了?"

上了中学以后，她的成绩开始稳步上升，升到老师和同学都惊讶的地步。高考的时候，她报了外地一所她理想中的大学，而且如愿以偿地考上了。

临走之前的那个晚上，妈妈帮她收拾行李，离别在即的小伤感在屋子里飘荡，她迟疑了半天说："妈妈，我有些后悔了，不该报外地的大学，我是不是太自私了？我不该走那么远，丢下你一个人在家里我不大放心。"

妈妈却笑了，说："傻丫头，我既不是稚童幼子，也不是老态龙钟，我还不需要人照顾，你去做你自己喜欢的事情就好。"

从小到大，妈妈总是这样纵容她做她自己喜欢做的事情，那些小事可以忽略不计，可是这一次不一样，一脚迈出家门，也许这辈子都不会回来了，妈妈还这般纵容她，是不是有点傻？妈妈一个人留在家里，会寂寞孤单的，她有些不忍心，她说："妈，不然我今年不去了，明年考咱们本市的大学，也是一样的，那样我就可以天天和你在一起了。"

妈妈听了女儿这么懂事的话，非但没有笑容满面，相反却板起了脸，很严肃地告诉她："妞妞，做妈妈的女儿，不是你人生的全部，只是你人生中的一个角色而已，以后，你也会为人妻，为人母，甚至为人祖母，那些都将是你人生中所要经历的角色，你会为所有的人放弃你喜欢的人、放弃你喜欢的事吗？妈妈不希望你委曲求全地活着，妈妈希望你做你自己，做你自己喜欢的事，快乐地活着，活出自己的精彩，那才是人生的全部意义。"

妈妈一边嘟囔，一边往行李里塞东西，想起一样塞进一样，恨不能把家里所有的东西都塞进小小的行李里，让女儿带上她的温暖与关心。

她忙得不亦乐乎，忽然发现女儿半天没有吭声，转回头，发现女儿面朝墙壁，早已是泪流满面。她笑了，摸着女儿的头说："傻孩子，哭什么啊？有什么好哭的啊？过来，让妈妈抱抱，以后你是大人了，妈妈只怕抱不动了。"

话虽这样说，做妈妈的却还是忍不住泪湿双眼。在晶莹的泪光中，妈妈依稀看见自己年轻时的模样。那时，自己也像女儿这般年纪，因为家里穷而放弃了学业，遵从父母的意愿嫁给了一个自己不喜欢的男人，这段婚姻终于没有走到最后，没有修成正果，个中滋味只有自己知道。

很多时候，我们会以爱的名义绑架别人。其实真的爱是放手，是成全。我们生来不是为了别人的称赞，不是为了别人的期许。我们活在这个世界上的目的，最初与最终都是为了做自己。你无须讨好世界，只需取悦自己。愿我们在奔流不复的时光里，活成自己喜欢的模样。

来自天国的小雪花

早晨，隔壁病房那个 9 岁的女孩走了。听说她和麦加得的是一样的病。她很瘦，很苍白，但很快乐，她说长大了要嫁给麦加哥哥，可是还不到一个星期，她就走了。

她的妈妈像疯了一样，呼天抢地，可能整个大楼里的人都听到了吧。

麦加想喝水，却忽然发现妈妈不见了。他下床四处寻找，看到妈妈躲在走廊拐角的地方，偷偷地用纸巾擦眼泪。麦加知道妈妈是怕自己看到，所以只能躲在病房外面偷偷地哭。

麦加一直以为，妈妈是这个世界上最坚强、最能干的人，她的胸膛最宽广，她的怀抱最温暖，所有的难题到了她手里都会迎刃而解，可是今天妈妈哭了，哭得很伤心。妈妈可能是想到他了吧？麦加心中有些难受，他不能带给妈妈快乐，却带给妈妈忧伤。如果自己也像那个女孩一样，去了很远很远的地方，将来谁来照顾妈妈呢？

这个问题让麦加无比纠结。

没事的时候，麦加喜欢在床上玩手机，用手机上网，玩游戏，打电话。那天，他随手拨了一个号码，然后对着电话说："爸爸，你怎么这么久不回家？我想你了。"电话那端，一个男人愣怔了一下，然后回他："孩子，你认错人了。"

挂了电话，他吐了一下舌头，心兀自有些跳。打电话骚扰人家，还恶作剧地叫一个陌生的男人爸爸，他是第一次干这种蠢事。妈妈说爸爸出差去了，其实麦加知道，自己没有爸爸，他出生没几天，爸爸就去世了。妈妈怕他自卑，所以对他撒了谎。他知道妈妈心里苦，所以假装不知道，可是假装这活儿，真的很辛苦。

麦加第二次给那个陌生男人打电话，那个男人有些不耐烦，他说："我都说了，我没有孩子，我还没有结婚，你一定是记错电话号码了。"放下电话，麦加有些抑郁，他想找个爸爸，看来这事挺难。

麦加第三次给那个陌生男人打电话，不等他开口赶紧说："爸爸，我生病了，住在医院里，你能来看看我吗？我想你。"电话那端犹豫了一下，然后问他住在哪家医院几号病房。

妈妈出去买了好多水果，头发上、睫毛上、大衣上还顶着好多小雪花儿，麦加把手机藏到枕头底下，抱怨道："天那么冷，你出去干吗？冻感冒了怎么办？再说我也不喜欢吃水果。"他皱着眉头，假装很不耐烦，其实他是怕妈妈问他刚才给谁打电话了。

隔天，天晴了，阳光照射在雪地上，反射出耀眼的光。麦加倚在床头，等待吃药、打针、化疗，等待的间隙，他拿出手机准备给那个陌生的爸爸打电话，谁知这工夫，病房的门开了，一个陌生的男人和妈妈一起走进来。

他坐在病床边，摸着麦加的头，有些拘谨地说："儿子，听说你病了，我从外地赶回来看看你。你看看我给你带什么来了？"他手里拿了一个硕大的塑料袋，里面装满了各种书，童话书，漫画书，故事书……

那些书，麦加以前在学校旁边的书店里都看到过，他非常喜欢，好多次都想跟妈妈要钱买，可是家里只有妈妈一个人在赚钱养家，所以他一直没敢开口。猛然间看到这些书就摆在眼前，他的眼睛有些湿润，心中喜欢得不得了，摸摸这本，看看那本。

麦加跟妈妈说："你先出去，我跟爸爸说几句话。"妈妈摸了摸他的头，然后转身出去了。

其实，这个陌生的男人他认识。他在他们学校旁边开了一家书店，人长得帅，更重要的是心眼好，同学们去买书，他从来都是和颜悦色，大家都很喜欢他。要命的是，麦加认识他，可是他不认识麦加。

麦加想了想，对他说："我生病了，好的可能性不大，这个世界上，我最不放心的就是我妈妈。她看上去很坚强，其实她的内心很柔软，需要人照顾。我觉得你人好，想让你当我的爸爸，替我照顾我妈妈，可以吗？你考虑一下，别急着答应我。"

男人哽咽起来，他说："儿子，我答应你的要求，不过你也要答应我一件事儿，你一定要快点好起来，你妈妈可以没有我，但是却不能没有你。"

开书店的叔叔答应了麦加替他照顾妈妈，麦加很开心，可是不知为什么，他的眼中会有泪流出来。

他不错眼地看着窗外，一朵一朵的小雪花儿，晶莹剔透，满天飞舞。模糊中，他听见妈妈跟人道歉："孩子不懂事，瞎胡闹，随意拨了一个电话号码，给你添麻烦了。"妈妈当然不知道真实的情况，这是麦加心中的秘密，麦加希望自己走后，妈妈能过得好一点，别太伤心。

那个开书店的叔叔说："你儿子很乖很懂事，我会常来照顾你们母子的。"

麦加咧开嘴笑了，这是冬天以来，他听到的最温暖最开心的话。

照亮别人的幸福

暮春，他去乡间办事，因为乡间空气新鲜，又偶遇故交，所以牵绊至晚方才往城里赶。谁知晚间竟然起了大雾，能见度不足一米，想把车子开得飞快显然不可能，只能借助车灯，像蜗牛一样慢慢地爬行。

车至高速路口，因为大雾，高速通道已经封闭，他像一只泄了气的皮球，在封闭的栏杆外面踟蹰良久；给家人打了报平安的电话，然后才磨蹭着转向乡间土路。

刚刚打过方向盘，忽然听见路边响起汽车喇叭声。在这空旷无人的乡间野外，自然是吓了一跳，想必是和他一样困在这个前不着村后不着店的地方吧？他揣测着，借助车灯，看清是一个年轻的男人，正摆手跟他打招呼，高喊："你是回城里的吗？"他并没有停留，只摁了一下汽车喇叭，以示回答，然后匆忙离去。并不是不懂得起码的礼貌，只是，这荒郊野外，又是陌生人，怎么可以随便停留？

顺着乡间土路，凭借惯常的经验和汽车萤火虫一样的灯光，他紧紧地抓住方向盘，逶迤前行。他手心里都是汗，担心路上冷不丁窜出个人或者小动物什么的，他可不想当马路杀手。忽然想起刚才在高速路口遇到的那个年轻人，他或许是和自己一样，只是在这样大雾的夜里驾驶有些害怕，或者家中有什么急事也说不定，所以才会连夜往城里赶。好不容易碰到一个顺路人，自己却不搭理他，戒心会不会刺伤他？

越是想集中精力开车，越是无法集中，眼前老是晃着那个年轻人焦虑的面孔。无奈，他只好掉转车头，驶至高速的收费口。那个年轻人依旧在，他倚在汽车上吸烟，唇边亮着一点忽明忽暗的亮光，脚下已经是一地烟头。看见他回来了，他显得很兴奋，狠狠地把烟头掼到地上，眼睛里闪着光亮，他说："我就知道你不会把我扔这儿的。"

那个大雾之夜，两台车就像大海里的两叶小舟，悠悠忽忽，一前一后，慢慢行驶。说实话，他的心中也没底，可是年轻人坚持要回城，他的语气不容商量。

年轻人开着车紧紧地跟在他的车后，他像一个开路的先锋，勇士一般摸索着前行，有好几次，险些掉进路边的悬崖。身上的衣服已经被汗水湿透，贴在身上，有冰凉的感觉。方向盘紧紧地攥在手里，都快被揪下来了。

到达郊区时，已经是夜里十二点了，平常只用一个小时的路，今天整整跑了四个小时。看到城里的灯火时，他有想哭的冲动，那是一种久违的亲切，尽管那灯火被大雾裹住，并不明亮。

年轻人要跟他分道而行，他停下车，跑过来跟他握手道别，说："今天晚上多亏了你，不然我真的不知道该怎么办。我母亲突发心脏病，躺在医院里，所以我必须赶回来。"说着，年轻人向他鞠了一个深深的、九十度的躬。他连忙躲闪到一边，说："受之有愧，要说谢，应该是我谢谢你成全了我。"他惊诧地瞪着他，不明所以。他说："谢谢你在原地等我啊，不然这件事情会让我寝食难安，能搭把手的时候，我却把手缩到袖子里，我一定会后悔的。"

年轻人脸上的阴霾一扫而空，取而代之的是明亮的笑容，他说："老兄，你的心眼真好！"

他目送年轻人离去，忽然发现他的车屁股上贴着大大的"新手"两个字。下面还缀着几个小字：别吻我！他不禁哑然失笑，调皮的年轻人，原来竟是一个新手。

那段时间，他的心情一直很好，老是不经意地吹口哨，或哼上几句歌，别人问他："中彩了，还是买的股票涨了?"他笑，故作神秘地说："天机不可泄露。"其实，他快乐，只是因为偶然帮助了别人，而别人也接受了他的帮助，所以心中舒服。

记得有一个故事说，两支火把，点亮自己的必然使世界一片光明，照亮别人也照亮自己。而没有点亮自己的必然使世界一片黑暗，没有照亮别人也使自己处于黑暗之中。

能够选择的时候，为什么不选择照亮别人？那会使自己也处于一片光明之中，照亮别人也是照亮自己。

雕刻笑容

年少时，她喜欢与一切传统的东西背道而驰。

那时候她不笑，冷眼看世界，嘴角轻轻地牵动着几分轻蔑。假期回到家里，冷着一张脸回答父母的问题，冷冷地看父母为她做这忙那。

有一天傍晚，她在阳台上浇一盆刚买回来的百合，忽然隐隐听到母亲对父亲说："这孩子在外面念书念傻了，怎么回到家里不会笑了呢？"

她的心头一震，自己不会笑了吗？照照镜子，镜中是一张木然的脸。原来她已经很久没有笑过了。尽管如此，心中仍然是不屑。与其脸上挂着虚伪的笑容，不真诚的笑容，还不如不笑呢！那些服务场所的职业微笑，曾经被她取笑为零售没有灵魂的微笑。

半年之后，她参加工作了，事与愿违地去了一家服务行业，也就是说职业决定了她必须有一张笑脸面对工作，面对客户。而笑容于她已经陌生、已经久违。曾经吝啬微笑，天长日久竟然变成了一种习惯。

时间久了，男同事们竟然在背后给她起了一个绰号："僵尸"，背着这样一个不雅的绰号，忍受着同事们在背后的指指点点，她心中有些不安。但也只是有一点点不安而已，内心里也并不是真的很介意。

可是不久，发生了一件事情，令她对笑容的认识有了彻底的改观。那天，她跟上司一起去见一个客户。上司是一个三十多岁的男人，未老，但已先衰，一路上，像个上了年纪的老人一样，啰啰唆唆地旁敲侧击。

她自然懂得他的意思，他是怕她一会儿见到客户时冷着脸对人家，把客户吓跑了。他讲了他80岁的老父亲如何慈爱，如何含辛茹苦地供他读书。妻子如何为了他遭遇车祸，每天都在家里等着他拿钱回家，买米买菜。最后归结到正题上，一句话，不能失去这个客户，不能失去这份工作，他们等着他的这份工钱活命。

她听了心中竟然有了一种久违的感动，眼睛里渐渐弥漫出温润的湿气。这样有责任感的男人，生活中真的是越来越少见了。

她对他用力地点点头。他笑了，拍拍她的肩膀说："这就对了，你笑得这么好看，像一朵花儿，要常常笑笑，带给别人好心情，也带给自己好心情。"

客户自然没有跑，只是若干天后，她竟然听到另外一个版本，关于上司本人的。他的确有一个父亲，但不是80岁，而是不到60岁，并且定居国外；至于妻子更是无稽之谈，他到现在不但没有结婚，而且连女朋友都没有。

最初听到这个版本的时候，她气得不能自抑，冲动地跑去找他兴师问罪，推开门看到他充满笑意的眼睛，他问她："你有什么事儿?"她忽然间有些泄气，他何错之有？不过是骗她笑过一回。

她细细地品味，竟然觉得这笑容不再空洞无味，而是一种人生的态度，是一种豁达的处世态度。总有一些笑容是为别人盛开的，总有一些笑容会温暖别人，能点亮别人，愉悦别人，那为什么还要吝啬那点笑容呢?

学会微笑，用一朵花开的时间，原来一切都很简单。

爱自己是一种责任

有一天，朋友问我："你爱自己吗?"我茫然地瞪了对方半天，才回答对方说："爱!"其实，我的内心非常模糊且底气不足，我爱自己吗?

传统的生活理念和生活方式是爱别人。我们从出生到长大，所接受的教育告诉我们，要爱父母，爱儿女，爱你的爱人，爱你的朋友，爱你身边的人，甚至爱陌生人。人生的词典里，唯独没有爱自己这一说。爱自己，会被人当成自私自利。

在不知不觉中，我们忽略了自己，忘记了自己。身体微恙，小病小痛，忍一忍就过去了，否则会被说成娇气；工作不能放下，那是一个人在社会上立足的标志；父母的事儿大过天，什么事儿都能放下，唯此不能放下；儿女的事儿很重要，不能影响下一代的健康成长——唯独自己，永远排在最末位，或者永远也排不上。

就像一只陀螺，一刻不停地旋转，终于有一天，轰然倒下。

到此时，方战战兢兢地学会爱自己，在瓶瓶罐罐中爱得谨小慎微；也唯有此时，才发现爱自己是多么重要的事。

爱自己，应是不拿自己的身体开玩笑，不拿自己的错误惩罚自己。我曾见过邻居的一个女孩，如花一样的年纪，只一两年的工夫，就黯然凋谢了。起因是女孩找了一个男朋友，两人好得如胶似漆。后来传出女孩怀孕的消息，男孩却死活不肯同女孩结婚，理由是要先立业。女孩去医院堕了胎。此后，她像变了个人似的，用玻璃片划手腕，厌食，怕见人，吸烟，喝酒，把自己弄得憔悴不堪。

女孩遇人不淑，把一个怯懦的、敢做不敢当的男人当成终身依靠。现在改正这个错误，不算太晚。可惜她一错再错，和自己的健康开玩笑，对自己的身体施虐。拿自己的错误惩罚自己，已经不是什么明智之举；拿别人的错误惩罚自己，那就更不应该了。

当然，爱自己的方式和方法有很多种，比如给自己丰厚的物质、安逸的生活，比如给自己充实的精神世界、无形的享乐。但，这些都抵不上拥有一个健康的身体。健康是一笔无形的资产和财富——可惜这样简单的道理，却非人人懂得。

有的人天天在办公室里加班，仿佛全世界最忙的人只有他，没有他，地球都会少转两圈；还有的人天天花天酒地，马不停蹄地赶赴大大小小的酒宴、聚会，仿佛世界末日一般。其实，天长日久的无形透支，只会悄悄蚕食你的健康，等你发现身体出现问题时，已悔之晚矣。

没有了健康的身体，无论是宏图伟业，还是生活享乐，都会成为天方夜谭。试想，一个人每天都被病痛折磨着，还有余力奢想和实现梦想吗？

一个人如果想要爱别人，首先应该学会爱自己，爱自己的身体，爱自己的健康，不和自己生气，不和自己过不去。一个人如果连自己都不爱惜，怎么谈得上爱别人呢？爱自己，也是为了更好地爱别人。

荷兰学者斯宾诺曾对健康做过精辟的论述——保持健康是做人的责任。毕竟，健康的身体不仅仅是个人的需求。

为了这个做人的责任，让我们学会爱自己，就从爱自己的身体开始。

入选新加坡中学华文课本及2010年福建龙岩地区中考试卷

诗意、失意和禅意

诗意人生是每一个人都向往的，琴棋书画诗酒花，单是想想这样风花雪月的生活，已经有些炫目的幸福。可是人生根本不可能全是诗意生活，全是想要的生活，人生还有另外一番风景，那就是失意。

人生就像一条湍急的大河，有时候会急转直下，激流险滩，惊心动魄；有时候也会峰回路转，鸟语花香，舒缓得像一首轻音乐。

诚然，每个人对人生的理解都不同，但我想每个人的出发点都会相同。如果可以选择，没有人会愿意选择失意人生。尽管司马迁受辱，狱中发愤写出《史记》；越王勾践卧薪尝胆几十年，只为雪家国大耻；大诗人杜甫在失意和贫困中，写下了千古名句“朱门酒肉臭，路有冻死骨”，反应了离乱中的百姓生活。尽管失意人生中，会有人在逆境中发奋自强，成为千古佳话，但也会有人在逆境中顺流而下，从此萎谢。一个人的性格，对人生的参悟和理解，会决定一个人的命运走向。

禅意人生则是一种生活态度，去除尘世浮躁，修身养性，日常行走坐卧之间，窥见人生的真谛。所谓行峰寒色，雨滴岩花皆能悟出禅的玄机，花开随喜，花落不悲。

当然，人生没有绝对的诗意和失意，两者总是相辅相成，诗意的背后往往是失意，失意的背后谁说又不存在诗意呢?

一个朋友的朋友小赵，是海归的博士，年轻有为，回来的第一年就得到国家的重用，很多人一辈子梦想的位置，他轻而易举就攥在手里，可谓春风得意马蹄疾，一日看尽长安花。不承想在顺风顺水的诗意生活中，迷失了方向，把手伸向了不该伸的地方，最终落得个铁窗生涯。在众人仰视和羡慕的目光中沦落下去，他悔恨地说："当初如何如何……"可是，现在说来何用？

一个同学小安，当年高考之前不小心出了车祸，结果双腿残疾，不但与高考擦肩而过，而且一生可能都会在轮椅上度过，命运从此改变了方向。且不论什么理想，干什么大事业，吃喝睡等这些小事都要人照顾，他自然在失意人生中消沉了很长一段时间，大家都为他惋惜。几年之后，同学聚会时，小安也去了，想不到他在笔耕生活中找到了自己，大报小报发表文章多篇，不但养活了自己，给了自己尊严，也给他的父母带来很大的安慰。

还有一个朋友的朋友，大隐隐于市。每天下班后观花养鱼打太极，读书论道，在红尘纷扰中过着与世无争的生活。大家都说他傻，父亲是高官，放着现成的权力不用，做什么世外高人，简直傻到家了。他却乐呵呵地说："我心中平静，身体健康，妻贤儿聪，全家平安，这就是最大的幸福。"

每次想起这些事情，我都会觉得，人生真的没有绝对的诗意，无论哪一种人生，都需要自己好好地把握，掌控好命运的走向，给自己一个完满的答案。

"人有悲欢离合，月有阴晴圆缺"，人生无论是诗意还是失意，都应让我们学会以平常心对待，得意中不会走失自己，背离自己；失意中不会自甘沉沦，用禅意的心态对待得失，用一颗禅心去生活。

生活中无论缺少诗意、失意还是禅意，都将是不完整的人生。诗意人生会让我们体会到生活中的美好；失意人生会让我们学会成长与坚强；禅意人生让我们学会豁达与睿智。无须取悦别人，学会一个人快乐生活。

读书三解

记得很久以前，看过一篇文章，题目是《读书三乐》，乐在读，思，醉。这是读书人的上乘境界吧！无欲无求，唯慰我心，红尘之上涤清莲。

而我喜欢读书，多少有些不求上进的意思，唯求三解，解懒，解忧，解馋。虽不似古人追求的书中自有颜如玉，书中自有黄金屋，但目的是一样的，有欲有求，虽则有欲不刚，但乐趣却是一样的。

读书解懒。在我的错觉里，一直觉得读书是逃避劳动的最好理由和借口，这个责任要归于家母。小时候，母亲教育我们的方式很特别，她老人家很有创意地把读书和劳动结合在一起。不上学的闲暇时间里，她给我们姐弟几个定了个双重选择，读书可以不用劳动，不读书却是一定要干活的，做家务，或是提水浇院子里的小菜苗什么的，总之不读书的人肯定闲不着。小小的人儿，心思也单纯，干活是直观上的体力付出，所以没有人愿意选择劳动，争先恐后地选择读书。读书可以解懒，哪怕是读闲书，母亲也会睁一只眼闭一只眼，看到我们在读书，她就会心生欢喜。

读书解忧。明人于谦在《观书》里说："书卷多情似故人，晨昏忧乐每相亲。眼前直下三千字，胸次全无一点尘。"可见读书不但能解懒，也能解忧。人生不如意事十之八九，为升职，为加薪，为红尘中芝麻琐事耿耿于怀的烦恼多之又多。何以解忧？唯有读书。清风朗月之夜，露珠滴翠之晨，信手翻一本旧书，如与一个旧友交谈。周末闲暇之际，去街角的书店转一圈，在关注已久的一个作者的书前稍作踟蹰，闻一闻墨香，嗅一嗅纸张的芬芳，什么样的烦恼都会随风而去。一个朋友说，他用四块钱在网上淘到一本旧书《浮生六记》，得意之情溢于言表，只有喜欢读书的人才会如此痴狂。

读书解馋。有句经典说词：宁可三日无食，不可一日无书。而我小时候读书，恰恰是为了落实到看得见摸得着的物质上，虽然很没有出息，但为了美食，也只能选择读书，因为母亲承诺，只要读书，她就给我们做手擀面，烙千层饼。母亲做的手擀面，筋道，细长，撒上葱花香菜，满屋都是暖暖的味道。母亲做的千层饼，从中间掰开，一层一层薄如纸张，回味醇香。因为有美食的激励，所以有了读书的习惯。长大以后，知道了读书解馋的真实含义，读到一篇好文章，除了拍案叫绝，忍不住也想与人分享，回味时满口余香，原来文字也能解馋，文字也能构成盛宴。

读书三解：解懒，解忧，解馋。境界虽不高，但其中的乐趣却不是别的东西可以替代补偿的。当然，其中也有一个好处，那就是读别人的文章读多了，自己渐渐生出跃跃欲试的感觉，每每心中感慨，不写出来不足以开怀，渐渐地便开始学习写作。有一段时间，频繁和一个转学去了另外一个城市的同学通信，于是便开始到处搜罗好词好句。到哪里搜罗？当然是到书里，找到好词好句，记到小本子上备用。

读书是打底儿的事儿，写作总是离不开读书，多读书，读好书，写出锦绣文章，人生快事，莫过如此吧！爱恨人生，从读书开始。把自己的所思所想，以文字的形式记录下来，那便是心灵的足迹。

每个人心里一亩田

搬了新家之后，父亲在小区一个不起眼的角落里，开了巴掌大小的一块田。从此，他的生活开始忙碌起来，每天花费一两个小时，在田里除草、施肥、捉虫，给小小的田围上漂亮的篱笆。

别人的田里种蒜苗、种香葱、种四季豆，图的是绿色环保，养眼又美味。唯有父亲的田里，种的满满都是花儿，大多都是草本植物，比如可以染指甲的凤仙花，大叶子的美人蕉，四季常开的海棠花，愈晚愈香的晚香玉等。

花开的季节，满园子姹紫嫣红，香飘云外。傍晚散步的时候，总会有人停留在父亲种的花前，细细地打量，踟蹰不前，然后发出几声赞叹。父亲便像一个得到表扬的孩子，兴奋得有些不知所措。当然，也有淘气的小孩子，趁父亲眨眼不见的工夫，顺手摘了父亲的花儿。这时候父亲往往会很生气，去追赶那些滋事的孩子，可是哪里能追得上？一转眼，那些孩子便在风中跑远了……

父亲只得在他们身后扬言："如果有下一次，一定去找家长，让你们淘气！"可那些孩子并不当回事，像耳旁风一样，在晚风中笑着跑开去。

我曾问父亲，种那么多的花儿，不当吃也不当喝的，费劲出累，逢上不懂事的孩子，还会把你辛辛苦苦种的花儿掐断了，薅了去，惹一肚子气，何苦来呢？

父亲笑，说："也不是真的生气，就是觉得白白糟蹋了那些花儿怪可惜的，所以只是吓唬吓唬他们。"隔半天，父亲又说，"我种的是花儿，收获的是快乐，图的就是个乐儿！"

我呆怔半晌，想想也是，种花得乐，有何不可？既不妨碍别人，自己又得乐，何乐而不为？总比内心忧郁愤懑想东想西强多了！

台湾作家三毛说："每个人心里一亩田，用它来种什么？种桃种李种春风。"

其实每个人的内心，都有一块隐形的看不见的田。每个人一生都在忙着播种和收获，从早到晚，辛辛苦苦，只不过是播种的形式不同而已。

有的人，在心田里种下一颗温情的种子，用一颗善良淳朴真挚的心去感知和体会这个世界，用一颗充满爱的心去包容和接纳这个世界，这样的人会收获安宁和幸福。

有的人，在心田里种下一颗善良的种子，用一朵白莲花一样纯洁的心，去帮助那些需要帮助的人，不求回报，不图感恩，这样的人会收获温情和喜悦。

有的人，在心田里种下一颗欲望的种子，想要东，想要西，想要的东西太多了，声色犬马，什么都想要，被贪婪的火焰煎烤着，这样的人会收获苦闷和折磨。

有的人，在心田里种下一颗罪恶的种子。人不是天生就有一颗罪恶之心，人性本善，而是某些机缘和成因，使内心有了罪恶的念头，想报仇，想不劳而获等，这样的人会收获痛苦和惩罚。

每个人的心里都有一亩田，每个人都在忙着种植和收获。心田里，唯有种满阳光和鲜花，才会收获春光明媚。

每个人心里一亩田，用它来种什么？种桃种李种春风，种希望，种快乐！

入选 2012 年杭州地区中考语文模拟试卷

第二辑
可以不美丽，但不能丑陋

替一只狗道歉

那年夏天，天气似乎特别热，又闷又湿，蝉在树上拼命地叫，仿佛世界末日一般。天上没有一丝云彩，空气中涌动着热浪，一波一波，只觉得人都站立不稳，心里躁得发慌，没多大一会儿工夫，额头上便渗出一层细密的小汗珠。

学校一放假，她就收拾了简单的行装，立刻踏上了一辆绿色的铁皮火车，奔赴远在千里之外的一个海边小镇，那里有她的外婆在等她。

火车晃晃悠悠，她买到的又是站票，站在过道里，忍受着来来往往的旅客，看着三毛的散文，她的内心居然平和下来，像激昂的音乐，忽然就舒缓了。

外婆家所在的那个海滨小镇，是梦境一般的地方，像诗一样浪漫，像明信片一样唯美，像音乐一样清凉。一望无际的大海，蔚蓝深邃，深不见底，充满神秘。白云在天上悠啊悠的，她就在海边那艘被废弃的旧木船上看书，读三毛的游记，读勃朗宁的十四行诗。年少的情怀，纯净美好，眼睛里都是纯粹和清澈。

那天早晨，她从外婆家出来，站在花架底下看那些花儿，木槿的拙朴，美人蕉的妖娆，茉莉的恬香，睡莲的妩媚……

外婆是一个爱花的人儿，她亦如此，看得如醉如痴时，不知道从哪里蹿出来一只大黄狗，健硕，高大，朝她狂吠起来。她吓得大惊失色，紧紧攥住手中的书，绕过那些花儿，朝海边撒丫子狂跑。

一个男孩从花架后面转出来，朝大黄狗摆手，可是大黄狗根本不听，疯了似的，一个劲地追她。她一口气跑到海边，在老木船的旁边，她被一块石头绊倒了，摔在地上。好在是软软的沙滩，膝盖上只是沾满了一些细小的沙粒。可是她的书，三毛的书，被涨潮的海水带走了……

惊吓，恐惧，屈辱，眼睁睁地看着那本心爱的三毛散文集被海水越冲越远，她难过得掉下了眼泪。泪眼模糊中，她转回头，看见男孩牵着他的狗，站在不远处静静地看着她笑。

她的内心充满了愤怒，她想冲过去质问男孩，为什么没有看住自己的狗，可是她不敢，她害怕那只虎视眈眈的大黄狗再次袭来。

后来，她在那艘废弃的旧木船上看书时，总会不自觉地想起那个男孩子，看上去一个很善良的少年，他的狗虽然没有伤到别人，但却是吓到了别人，可是他却连一句道歉的话都没有，真是一个自私自大的人。这样一想，她的心里又有些生气，蓝天，白云，大海，鸥鸟低回盘旋，远处的树突兀自立，可是她的心就是平静不下来。

有一天，她正在那艘旧木船上做梦，梦想着自己也像三毛那样浪迹天涯，一睁眼，忽然看见那个少年怔怔地站在旧木船旁边，两只手里捧着一根小木棍，傻傻地看着她笑。

她左看看，右瞅瞅，发现那只大黄狗并没有在他身边，于是胆子大了起来，走到男孩身边，左三圈右三圈围着他转。小镇上的孩子，衣着简朴，笑容透明，哪见过她这样大胆不知道羞怯的女孩？他低下头，用脚指头在沙滩上画着圈圈。

她笑，说："举着个小木棍跑到我这里干吗？又不是白旗，做错了事情不认错，还这样理直气壮，以后别再让我见到你和你的狗。"

男孩依旧没有说话，脸上的笑容变成红窘，转身跑了，他的身后，留下她一串银铃般的笑声。

隔天，少年又跑来了，额头上满满都是汗水，手里捧着一根红豆冰，这一回她看清楚了，是红豆冰，他紧紧握着那根红豆冰上的小棍，融化的冰水顺着他手指往下淌。

他拣了一根长棍子，在沙滩上写下几个字：姐姐，大黄错了，我替它向你道歉。他把那支融化了的红豆冰塞进她的手里，转身跑了。

她仍然有些气愤，不说话，只写字，那算什么？道歉吗？一点诚意都没有。

她愤愤不平地和外婆说起这件事，外婆说，他呀，根本就不会说话，听说小时候发烧，烧坏了。

她听了，忽然就有些喘不过气来，站在花架下，发了半天的呆，原来所有的事情并不是自己一厢情愿所想象的那样。

时光流转，多年后，她吃过各种各样的冰激凌，香草的，巧克力的，抹茶的，草莓的……可是，再好吃的冰激凌都没有那年夏天吃过的红豆冰凉爽香甜，都没有那年夏天吃过的红豆冰印象深刻。

瓶子上的标签

很多通过自身的努力和奋斗的成功人士，身上都会同时贴有一个或几个不同的标签，他们每一个标签都精彩纷呈，像一树繁花，引人注目。

然而，拥有这样出色人生的人，毕竟只是小众，多数人都是普通而又平凡的，身上没有那么多耀眼的光环，在生活里摸爬滚打，遇到过沟沟坎坎，遇到过灿烂阳光，当然身上同时也会贴着几个标签。比如男人，在单位里是上司或下属，在家里，是父母亲的儿子，是妻子的丈夫，是孩子的老爸。比如女人，在单位里是上司或下属，在家里是父母的女儿，是丈夫的妻子，是孩子的老妈。尽管这些都是不起眼的小标签，而且几乎每个人在一定的年龄段里都会拥有，可是能把这些小角色小标签演绎得异彩纷呈，也不是一件很容易的事。

朋友小赵终于有机会升职，本来是一件令人高兴的事情，可是他怕自己年轻，在单位里不服众，为了昭示自己的威严，他变得不苟言笑，刻意板着个脸。从前那个开朗健谈的小赵无影无踪，取而代之的是一个动不动就训人的小赵。

不会笑的小赵成了大家的压力，下属们看见他过来，都低下头，专心做事。如果是在路上碰到他，宁可绕道而行，也不愿意与他打招呼。他犹不自知，久而久之竟然成了习惯，把职业表情带回家里。孩子看到他，吓得一声不敢吭，乖乖地躲回房间里写作业。妻子忍受久了，终于暴发，和他狠狠地吵了一架，然后带着孩子回娘家了，不久之后提出离婚。

小赵无疑是给自己贴了一个不苟言笑的“威严”的标签，连带反应并不是他自己想要的结果，下属遇到他绕道而行，妻子居然要与他离婚，他怎么都没有想到会是这样的结果。其实道理很简单，谁会对着一个整天板着脸的人微笑？

朋友小周恰恰与小赵相反。他上了一所并不理想的大学，念了一个并不理想的专业，找工作费了很多周折。先是在一家销售公司做业务员，上门推销的那种，很多次都被人家当成骗子赶了出来。工作三个月，事业上一点进展都没有，因为业务员拿的都是底薪加提成，卖不出去东西，提成拿不到，那点底薪只够啃方便面。可是他并没有妥协，并没有放弃，每天都哼着歌上下班，女朋友说他脑子有病，连饭都吃不上，还有心思傻乐呵，一气之下提出分手。

心疼了一段时间，他换了新工作，销售代表，酒店前台，甚至给出租车司机打过替班，最困难的时候，一天只吃一顿饭，回家时母亲看他瘦得像一根竹竿，心疼得不撒手，不让他再出去打拼。他却笑了，说：“妈，我挺好。所有的磨难，我都看成人生的经验和铺垫。”

小周无疑给自己贴了一个“执着”的标签。多年前有一首老歌，其中一句歌词是“没有人能够随随便便成功”，小周的执着终于赢得了成功，多年后，他有了自己的公司，有了自己的事业。说起当初的经历，他笑，一个人跌倒了不可怕，可怕的是赖在地上不肯起来。

他们的经历，让我想起日本医学博士江本胜《水知道答案》中那个著名的实验：在装满水的瓶子上贴上“感恩”的标签，水分子的结晶居然像个“心”字；贴上“阿弥陀佛”四个字的篆刻，水分子的结晶呈现七彩色；贴上“爱”与“感谢”的标签，水分子的结晶呈现完整的六角形；贴上“混蛋”的标签，水分子不能形成结晶……

一滴水尚且能分辨出一个词语的美丑，更何况一个有着高级思维意识的人呢？一个人给自己的瓶子贴上什么样的标签是一件很重要的事情，有的人，香车豪宅，事业有成，却整天郁郁寡欢，原因是他给自己贴了一个“贪婪”的标签。有的人，辛苦劳作，只够温饱，却整天愉悦无比，原因是他给自己贴了一个“满足”的标签。一个人给自己贴上一个什么样的标签，从某种程度上决定了其幸福的指数。

其实生活中，每一个人都是一只装满水的瓶子，当然这里的水是指心灵和思想，尽可能多地给自己贴上感恩、喜悦、平淡、宽容、友爱、善良的标签，看看生活会回报给你一个什么样的结晶体。答案其实每个人都知道，就在我们自己的心里。

朋友是用来麻烦的

两年前，因为操作失误，他苦心经营了好几年的小公司破产，一夜之间，他从让人艳羡的小老板，变成一个欠了一屁股债的穷光蛋，被债主追得到处跑，像一只老鼠一样，灰头土脸，恨不能有个洞钻进去。

家当然是不敢回的，思来想去，唯一的出路就是去省城的朋友那儿躲一躲，等过了风头再说。他和朋友是发小，从小一起长大，关系当然是没得说。小时候，两个人有一次去海边玩，朋友不小心掉进水里，还是他喊人把朋友救上来的，这种交情应该算深厚了吧！

可是下了火车，他又有些犹豫了，多年没见，朋友还是原来的朋友吗？更何况，朋友已经结婚，就算他不嫌弃自己，朋友的妻子会不会嫌弃呢？

如今，连那些亲戚都不愿意收留自己，怕追债的人六亲不认，受到连累，朋友跟自己非亲非故，又有什么理由去麻烦人家呢？

他一念至此，心中灰暗。把口袋里仅有的钱翻出来，数了又数，最后在火车站附近找了一间最便宜的小旅馆住下。心中暗忖，暂且将就着，住几天算几天吧！

就在他心灰意冷的时候，想不到朋友竟然找来了。

朋友一身的尘土和倦怠，有些生气地数落他："你真不够哥们儿，来省城也不找我，还得我到处找你。要不是你妈偷偷地给我打电话，我还不知道呢!”他低着头看着脚尖，小声嘟囔：“我不是怕给你添麻烦吗?你看我现在，又穷又落魄，恐怕躲我都来不及呢!”

朋友在他的胸口上擂了一拳，说：“你这个臭小子，还是改不了那倔脾气，朋友就是用来麻烦的，你不麻烦我麻烦谁呢?你不麻烦我，我才生气呢!”

那一刻，千言万语噎在喉中，他一句话都说不出来。只当全世界都抛弃了自己，却原来，还有一个人深深地记挂着自己，并没有因为落魄而嫌弃自己。有这样的朋友，还能说什么呢?他只得乖乖地收拾行李跟着朋友去他家。

朋友妻依旧那么年轻，那么漂亮。她给他收拾了一间宽敞明亮的屋子，为他准备了可口的饭菜，还叮嘱他千万不要客气，当成自己家一样。他洗了澡，换了衣服，美美地睡了一觉。

之后，他调整好心态，在朋友的帮助下，到银行贷了款，抓住机遇，终于东山再起，不但还清了欠款，还有了安定的生活。

“朋友是用来麻烦的。”每次想起这句话，他心中便会温暖如春。

入选2009年浙江省初中毕业考试模拟试卷

适度做好人

一直觉得，做好人就应该做得尽心尽力尽自己所能，这不仅仅是我们从小到大所受的教育使然，也是一个人的良知和底线，是人性中最柔软的善良，驱使我们要做好人，做一个善良的人。

可是很多时候，我们在做一件事情的时候，往往一味求好，结果违背了初衷，把好事情变成了坏事情。做好人也是一样，如果没有把握住一个度，而是一味地求好，把好人做过了头，其结果也会适得其反。

一个年轻人外出旅行，路遇一位老者。老者精神矍铄，学识渊博，很健谈。两个人一见如故，从天文地理到民俗风情，一路相谈甚欢。年轻人几乎每年都要去成都，所以对成都的人文地理自然风貌都很熟悉，他非常热心地给老者介绍起在成都旅游要注意的事项和搭乘的路线，喋喋不休，知无不言。

快下车的时候，老者向乘务小姐打听一家饭店的路线，由于大家说的都是地方普通话，很难听懂，沟通不畅，所以讲了好几次也讲不清楚。年轻人觉得反正那家饭店又不是很远，自己又顺道，于是自告奋勇地说："我顺路，我送你去吧。"

老者仿佛大梦初醒，如醍醐灌顶，一口拒绝了年轻人的好意，他警惕和审视的目光让年轻人很受伤，仿佛年轻人早有图谋，一路上的"相谈甚欢”都是为了某种不可告人的目的做铺垫。

其实年轻人真的没有什么恶意和图谋，只不过是做人太过热心，太过热心往往会让人心生疑虑。中国民间有句古话，相信小时候父母都会教我们：害人之心不可有，防人之心不可无。正是“防人之心”这几个字，让好人很受伤。但是好人与坏人的鉴别却很难，因为谁的脑门上也没有贴着“坏人”的标签。

我想起一个经典的哲理故事。

一个小孩在草地上发现了一只蛹，把它带回了家。过了几天，蛹身上出现了一道小裂缝，里面的蝴蝶挣扎了好几个小时，身体似乎被卡住了，一直出不来。小孩于心不忍，用剪刀剪开蛹壳，帮助蝴蝶脱蛹而去。可是，这只蝴蝶身躯臃肿，翅膀干瘪，根本飞不起来。大自然的道理是非常奥妙的，每一个生命的成长都充满了神奇与庄严，瓜熟蒂落，水到渠成；蝴蝶一定得在蛹中痛苦地挣扎，一直到它的双翅强壮了，才会破蛹而出。小孩善意的一剪，反而害了它的一生。

如何做好人，是每一个人都在修炼的命题，有时候我们是好心办了好事，皆大欢喜；有时候我们也会好心办了坏事，悔不当初。出发点都是一样的，但结果却迥然不同。太过热心，别人会认为你另有企图；太过冷漠，似乎又违背了人类的本性和初衷。做好人也是一门学问，别人需要我们帮助的时候，我们及时伸出援助之手，别人不需要我们帮助的时候，我们不要过度热衷。适度做好人，才会功德圆满。

你会过马路吗

过马路是生活中一个小而又小的细节，几乎每天出门在外都要过几次马路。有心人，不妨在马路边上观望一会儿，可以看到很多人过马路的细节。过马路这一刻，也像一个小世界，你会看到形色各异的姿态。有翻栏杆的，有小跑的，有斜穿的，姿势各异，各有千秋，总之都很着急。

路那边究竟有什么？比生命还重要？需要和生命抢时间？生活中总会看到那样一些人，过马路时根本没有走斑马线的习惯，随心所欲，想什么时候过就什么时候过，想从哪里过就从哪里过。

大眼镜先生从国外回来，津津乐道地跟我讲起一件小事。他说早晨睡不着，大早晨去街上散步，老远看见一个年轻女孩站在路边，看样子是欲过马路，可是环顾左右，路上行人稀少，偶有车辆经过，不知道她站在那里等什么？

走近了一看，女孩是在等红灯。红灯熄，绿灯亮，她才迈着轻快的步子穿过并无一辆车经过的街道。这件事情给他的印象很深，以至于回来很久还念念不忘。

你会过马路吗？

可能很多人都会不屑于这样的问题，太小儿科了，谁不会过马路啊？

自打撒开了父母的手，一个人穿街过巷上学上班参加社会活动出门旅行等，哪一次不是穿过马路，然后干自己想干的事？

记得有一次，我和大眼镜先生一起开车去超市进行周末采购。现在的大街上，车如流水马如龙，车速其实不是很快，可是行驶至立交桥下的时候，忽然从马路对面杀出一个中年人，他左手拎着菜，右手拿着伞，一步跨过路边的栏杆，见缝插针，在飞驰而过的车辆中左冲右突。突围到大眼镜先生的车前时，他冷不防急刹车，我的脑袋一下子撞到挡风玻璃上，再看那个中年人，西红柿和土豆撒了一地，他站在车前发愣。

事后很久，想起来心仍然突突地跳，如果不是大眼镜先生机智，还不知会发生什么事。其实人行路就在前边200米远的地方，可是那个人偏偏就愿意抄近，以为自己是过马路的高手，以为车辆不敢撞人，岂不知，有时候不是人想撞人，而是车不听人的话，出了故障或者是其他意外。

想起一个冷幽默。

家旁边有一个小语种的培训学校，学校里有一位外籍女老师，一来二去的熟了，她给我讲了一个小笑话。她说，在中国待久了，回国时，有一次过马路，一大群人都在等红灯，她也位于其中。忽见马路上一辆车都没有，她一个箭步蹿出去，走出去老远，回头一看，大家还等在原处，因为红灯还没有变成绿灯，只有她一个人蹿出去了。她说，当时只感觉到脸上忽地一下像着了火。

讲的时候，她是笑着的，我却笑不出来。习惯成自然，没车了就过，甚至并不踩着斑马线过，天长日久，明明是错误的事情，却变成了理所当然。

你会过马路吗？

红灯停，绿灯行。

被眼睛欺骗的真相

每一个人都曾有过那样的年龄，以为眼睛看到的，亲身经历的，就一定是事情的真相。

第一次听到父亲绯闻那年，他 15 岁。

放学回家，路过巷子口，一群小伙伴在玩耍，他扔掉书包，加入到他们中间。很快，他就被驱逐出来，没有人和他玩儿。

有一个长得很壮的男孩过来推他说："你爸被狐狸精勾走了魂，你爸是个臭流氓，摸人家女人的手，你还好意思跟我们一起玩儿?"

他被男孩推了一个趔趄，险些摔倒，听着那群少年说着似懂非懂的成人用语，他忽然心生恼怒，他说："我爸爸是好人，你爸才被狐狸精勾走了魂。"

两个男孩不管不顾地撕扯在一起，有大人路过，呵斥他们，但他们依旧像两只好斗的小公鸡，斗得乌眼鸡似的，难分难舍。

他终不是那个男孩的敌手，被摔了个嘴啃泥，一帮围观的小伙伴哄笑不已，他从地上爬起来，狼狈逃回家中。

那天，父亲难得没有出车，在厨房里忙活晚饭，看到他衣衫不整的样子，呵斥他："说过多少遍了，别跟同学打架，你怎么就是不听?"

他咬住嘴唇看着父亲。父亲不帅，小眼睛，小个子，是个司机，没有钱，也没有权，整天穿着邋遢的工作服，这样一个男人，竟然会像电影明星一样有绯闻，他怎么都想不通。

像一道难解的方程题，在他心中纠缠了很久都不能释然。偶尔听到同学街坊邻居的小声议论，或者看到他走过来，大家会立刻住嘴，鸦雀无声。等他走过去了，大家又继续窃窃私语，那种被人排除在外的孤单，令他有了想哭的欲望。

父亲生日那天，放学回家的路上，他拐进一家卖手套的专卖店，打算给父亲买一副保暖的手套。天那么冷，父亲天天开着车跑在路上，家里的吃穿用戴都是父亲用这双手挣回来的，父亲的手有冻疮，一到冬天就惨不忍睹。

他选择了一副保暖性能好的手套，想着父亲戴着手套开心的样子，他禁不住咧开嘴笑了起来。

路过隔壁那家饭店的时候，他无意识地转头看了一眼，只一眼，他就呆住了。

父亲和一个面容姣好的女人坐在一张餐桌前。女人虽已人过中年，但仍然眉眼清晰，修饰得体，穿戴大方，看得出是一个有品位的女人。

父亲握着她的手，在餐桌上推来推去，两个人情深意切的样子。

他抑制不住心中怒气，父亲不但有绯闻，而且是新闻。他冲进去，狠狠地看着父亲。父亲惊讶地问他："你怎么来了?"他所答非所问地回："我鄙视你，你不配做我的父亲。"然后他又转向女人，掷地有声地说："闻名不如见面，做狐狸精是需要些本钱的，你做得很好啊!"

父亲霍地一下站起来，冷不防抽了他一巴掌，低吼："快向阿姨道歉，否则，我没有你这个儿子。"

他的眼镜被父亲打掉在地上。从小到大，父亲从没有发过这么大的火，更没有打过他，可是为了一个女人，竟然把亲生的儿子当成仇敌一样下手。

他冷冷地看着父亲，一句话都没有说，扭头走出了那家饭店。

拿着那副手套走在街上，冷风一吹，禁不住打了一个寒战，眼睛里有湿湿的东西在蓄势。

父亲曾经试图跟他解释，怎奈他不给父亲机会，每次父亲挨近他的身边，他就一声不吭地走开，弄得父亲像一个做了错事的孩子一般，在他面前畏首畏尾。

挨到高中毕业，考上大学，他逃也似的离开家。他的心中除了生气，也不忍心看父亲那近乎讨好的笑容。

父亲寄来的汇款单，他统统写上查无此人，退了回去。换了新的环境，没有人知道他有一个有绯闻的父亲，这让他如释重负，他兼职，打工，做家教，供自己读书。

有一天，他去给一个小同学补习功课，刚刚回到学校，便在校门口看到了那个女人，那个在他和父亲之间点燃战火与纷争的狐狸精。他目不斜视地走过，并不看她一眼。

女人叫住他，怯怯地说："我能占用你几分钟的时间吗？关于你父亲。"本来，他并不想理她，但听到"父亲"这两个字，他还是停下了脚步。

坐在学校附近的小茶馆里，女人给他讲了一个故事："几年前，一个出租车司机不小心撞倒了一个醉汉，醉汉走错路在先，又有心脏病在身，不幸身亡。法院原本判肇事司机无过错，但这个肇事司机是个心地善良的好人，他一直帮助和接济醉汉的病妻和幼女。所谓绯闻，不过是人们茶余饭后的牙祭，是闲人的无中生有，他听到了也不过是淡然一笑。可是，他却受不了亲生儿子的误解和猜疑。他伤心难过，所以一病不起，这个人就是你的父亲。你当以有这样宽怀仁慈的父亲感到自豪。"

"上次在餐馆里，你看到的其实不是你想象中的样子，你父亲给我生活费，我不肯要，所以推来推去，如此而已。有时候我们的眼睛也会欺骗自己。”

他听不下去了，有好多次，父亲的绯闻像火焰一样烧着他，而真相却并非如此，欺骗自己的，不是父亲，不是传闻，恰恰是自己的眼睛。

成长的过程里，总会走弯路，走歧路，这是成长的代价。学会用心去分辨，而不是用眼睛去感受，才是真正地长大了。

他收拾行装，连夜乘车赶回家中。他要告诉父亲，他是这个世界上最好的爸爸。

翡翠手镯

老钟和太太去南方旅行的时候，在一个名不见经传的小镇上得到一件宝贝。

那个小镇虽然名不见经传，但却是一个名副其实的古镇。小桥，流水，人家，淳朴的民风，厚重的乡情，让老钟一下子喜欢上那里，待了好多天还不想走。老钟的太太打趣他流连忘返，老钟就说："要不是还没有退休，真想在这里久居，过着与世无争的神仙日子有什么不好?"

一日，老钟和太太去古镇的旧物市场闲逛，逛了大半天也没遇到什么新奇的物件。快晌午的时候，往回走的路上，遇到一个妇人，妇人慈眉善目，低头赶路，却与东张西望看风景的老钟撞了个满怀。老钟愠怒，说妇人："你怎么走路不长眼睛啊？下次出门记得带上眼睛。"妇人也不恼，说："你不知道，朋友的朋友约了我见面，我有一只家传的翡翠手镯，因为等钱用，所以急于出手，赶着去跟人家见面的，冲撞了你，别见怪啊!"

妇人说完，侧身让过老钟，又低头赶路。老钟喊住妇人，问她："什么宝贝？让我也看看可好?"

老钟的太太是一个谨慎的女人，偷偷地拽了一下老钟的衣袖，老钟明白太太的意思，说："看看打什么紧?"

那个妇人果然折回身来，对老钟说：“你又不买，耽误我的时间干吗？回头那边的人等急了再散了，我可不是白来了?”妇人一边嘟囔，一边随身掏出一个锦盒，锦盒倒不大起眼，普通的缎面，可是打开盒子，里面却是别有洞天，丝绒装裱的盒子，打开层层包裹的丝绸，取出一只翡翠手镯。

老钟不看则已，一看就傻了眼，当真是好东西啊！是一款传统的圆镯，轻盈的绿，让人很醉心，镯身晶莹剔透，圆润光滑，透明度好，正应了那句话：珠圆玉润。

老钟随口问了句：“你这玉镯卖多少钱?”

妇人说：“玉卖有缘人，没有缘多少钱都没用。”一边说，一边把东西收好，放回盒子中，欲待要走。老钟急了，说：“你不说价，怎么知道我不买?”

妇人说：“这东西原本是我们家男人家传的东西，男人得了病，需要钱做手术，不得已才想把这东西卖了。说来都是我们做子孙的不肖，没本事，遇到个三灾八难，就想变卖祖宗留下来的东西，不过话又说回来，但凡有一丁点儿的办法，我们也不会做这个败家子。”

老钟笑：“我又没问你这些，你就啰啰唆唆说上一火车，你还没说多少钱呢!”

妇人说：“五万块，少一分也不卖。”

老钟说：“我和太太出门旅行，身上没带那么多钱，你便宜点，我买下来送给我太太，今年是我们结婚二十周年。”

妇人说：“不能便宜，我回家跟我男人没法交代。”

老钟听了，做愁眉苦脸状，说：“我的卡里只剩下两万块，多一分再也不能了，要不你卖给别人吧!”

妇人长叹一声，说：“罢了，就卖给你吧，玉卖有缘人，看在你和太太这么恩爱的分上，两万就两万吧!”

老钟的太太在边上看着先生和妇人砍价，早急得什么似的，她拖起老钟的手就走，老钟甩掉她手，附耳低言："你还不相信你男人的眼力？没准儿这回我们发了，这东西值个几十万也说不定。"

老钟的太太不依，说："这东西也没有证书，只听她口说，难保不被忽悠了。"老钟不悦，说："我刚才用手弹了两下，发出清脆悦耳的声音，是好东西，你放心吧！"

两万块买了一只通体碧绿的翡翠玉镯，老钟兴奋得再也没有心情游山逛水了，拉着太太打道回府了。

老钟得了宝贝，每天拿出来擦拭两次，左看右看，但终究没有舍得套到太太的手腕上。后来电视台有一档鉴宝节目，老钟捧着玉镯去请专家看看成色，专家说："你这东西颜色虽好，但却是人工染色的。你这东西水头虽好，但却是人工抛光的。虽说是假的，但还是值几百块钱的。"

老钟像吃了苍蝇一样难受，但内心里犹有不甘，捧着那东西去了珠宝鉴定中心，仪器鉴定得出的结论和专家的结论是一致的。老钟偃旗息鼓，唉声叹气，回家埋怨太太："回回买东西你都拉着我，这回也不知怎么了，也不管我了，看着我上当受骗。"老钟的太太被他气得乐了，说："我拉得住你吗？你像中了邪一样，赶着上当受骗，这会儿倒埋怨起我来了。"

老钟不吭声，低着头想了半天，说："要不，我们去找人重新做个鉴定，给这个手镯办个身份证吧？等有合适机会，把这个宝贝给卖了，兴许我们也赔不了几个钱。"

不说这话还好，一听老钟这话，他的太太皱起了眉头，说："这东西你说买来送我，可是我还没有戴过，你就要转出去。这样吧，我先戴戴试试，好不好？"

老钟说："好，既然不那么名贵了，戴就戴吧！"镯子有点小，戴的时候就费了点力气，等往下取的时候，竟怎么都取不下来，老钟的太太伸直了手臂，另一只手使劲往下撸，结果不知怎么，那镯子碰到大理石茶几上，就那么损了。

老钟叹了口气说：“损了好，损了好，就不用我再去想着坑别人了，只是可惜了我那两万块，扔到水里，连个响儿都没有听到。”

老钟的太太舒展开皱着的眉头，偷偷地抿嘴儿乐了。

男人最酷的一面

一天晚上，我和大眼镜先生在灯下闲论。他的一个朋友打电话来，没有顾左右而言他，也没有客套和寒暄，只是略微沉吟了一下，就直奔主题，他说他想借点钱。

我笑了，问大眼镜先生："你怎么会有这样的朋友?"先生愣了一下，反问我："怎么了？他是个不错的人啊!"我说："什么不错？既是好朋友，就不会张口跟朋友借钱，除非不想要这段友情了。你忘了古人说的？君子之交淡如水。"大眼镜先生也笑了，说："你这是什么逻辑？朋友遇到困难，不找朋友帮忙找谁呢?"

我张口结舌答不上来。

对于大眼镜先生的这个朋友，我没有什么好感。偶然的场合见到过那么几次，每次都给我留下毛刺刺的一面。我曾亲眼见过他发脾气的样子，很凶，板着脸，额头青筋暴起，手几乎指到一个下属的鼻子上："你怎么这么粗心？居然会把小数点点错了，你知不知道这会惹下什么祸?"女下属已经面红耳赤，目中有泪，他犹不肯作罢，声音大得几乎整幢楼都能听见。

我也曾亲眼看到他在早市上，跟一个菜农斤斤计较的样子："刚才那位大妈买菜，你为什么给人短斤缺两？欺负人家眼神不好用是吗？有你这样做人的吗？”菜农理直气壮地回他：“管好你自己的事，别管别人的闲事，不缺你的就行了。”他火起，揪住那人的衣领，执意要让他给先前那位大妈赔礼道歉。

每次见到大眼镜先生的这位朋友，他都不是温文尔雅的绅士派头，而是不管不顾、暴躁、强势、得理不饶人。这样的人勇气可嘉，但却完全不顾及别人的感受；这样的人即使去爱，也肯定是不会爱的。

可是最近一次见到他，我的印象却改观了不少。

他的小女儿生病住在医院里。我和大眼镜先生一起前去探望，隔着玻璃窗，看见他正在给小孩子喂药。小女孩嫌苦不肯吃，用哭声和坏脾气抗拒：“我不吃！我就是不吃!”没想到，他居然十分耐心地蹲下身去，语调温柔地哄着孩子吃药，柔情像水一样慢慢流露出来，轻声细语，呵护备至。

我感到很惊奇，这个坏脾气、粗线条的男人，居然也有这样柔情的一面。大眼镜先生也笑了，说：“你不了解他，他虽然疾恶如仇，但那是针对不同的人和事。除此之外，他还是一个男人，他还是一个父亲。”

在医院的花坛边小坐的时候，他愁眉不展地说：“我看到女儿整晚整晚发烧、喘息，憋闷得睡不着觉的时候，我真恨不能替她去受这个罪。”

那么平常的一句话，忽然就拨动了我内心深处最敏感的那根弦。谁说他只是一个会发脾气的强势男人？他也有温情的一面，他也有真情流露的一面。

男人有时候也像一枚硬币，有正反两个面。看到正面的时候，不代表他的全部，看到反面的时候，也不一定就是他的整个人生。

男人最酷的一面，不是商场驰骋，指点江山，意气风发；也不是情场得意，扬花十里，阅尽春色。男人最酷的一面，是他真情流露的时刻。当温柔像水一样从一个粗犷的男人的胸中自然而然地流露出来的时候，足以令每一个人温暖和感动。

禅心如莲

有一位朋友独自出门旅行，第一站去游历名山。

当他踩着湿露苍苔、历尽辛苦到达山顶的时候，他被眼前美丽的风光陶醉了。站在山巅，所有景物尽收眼底。奇峰怪石，苍松翠柏，千年古树，烟雾缭绕。霞光穿透云层，丛林尽染，美得令人心旷神怡。

都说无限风光在险峰，真的不假。假若不爬到山顶，怎么会看到这么美丽的景致？他唏嘘不已，感叹不已，拿着照相机对着山下的美景横拍竖拍，似乎想要拍尽所有美景。审视一番，欣赏一番，玩味一番，不知不觉，天色向晚犹不自知。

下山后，他才发现，原本热闹的景区早已游人寥寥，原本想搭乘的那班车也早已不见了踪影。他抱着照相机急得直跺脚。从山下回到自己临时居住的小旅馆，至少有五公里，步行回去至少要一个多小时。更何况从早晨到现在，他在山上已经耽搁了一整天，几乎已耗尽了全部的体能，哪还有力气走回去？

他坐在路口的石头上，开始生自己的气，恨不得抽自己一个耳光。贪恋美景的结果，竟然忘记了跟人约好的时间，导致被遗忘在山里，倘或山里有猛兽什么的，自己还不成了它们的盘中美食？

胡思乱想着，暮色里，一个卖山珍的老人收好摊子，回头问他："小伙子，天都黑了，怎么还不下山，在等人啊?”他气呼呼地说：“没车了，怎么走啊?”老人哈哈大笑，爽朗地说：“没车就走回去，生气有用吗?”他说：“实在走不动了，我气自己糊涂，竟然忘记了跟人约好的时间，车早开走了。”老人乐了：“就这事还值得你生气？我问你，你上山干吗来了?”他想都没想，张口就说：“还能干什么？当然是旅游，看风景。”老人说：“这就对了，既然是旅游，怎么旅都是旅，坐车和走路有什么不同？既然旅行是为了快乐，是为了愉悦心情，你何必自己找气生？何必自己和自己过不去呢?”

他若有所思地点点头。

那天，他在黑沉沉的没有一星灯火的大山里，摸着黑，深一脚浅一脚地往驻地赶。因为地形不熟悉，下山的途中，他还摔了两跤。因为怕照相机摔坏了，每次他都紧紧地抱在怀里。

回到驻地他才发现，情况也没有自己想象的那么糟，仅仅是体力有点透支，受了一点皮外伤而已，想起刚才绝望地和自己较劲的样子，不由得笑了。

那次旅行回家后，他用毛笔写下“禅心如莲”四个大字，挂在书房里。我问他因何，他笑，说：“我只是想时刻提醒自己不生气，更不能跟自己生气。”

想想也是，很多时候，我们往往是去寻找快乐，结果本末倒置，生了一肚子的气。不如别人时，会心生嫉妒，失去从容；发生意外时，会心生慌张，失去镇定；痛失亲人时，会失去理智，心生绝望。

很多时候，我们没有学会从另外一个角度去设想，失去从容只会令自己更加不如别人；失去镇定，只能使事情更加走向反方向；心生绝望，于事无补，幸福才是所有人的愿望。

莲之所以为莲，是因为莲不慕牡丹之雍容华贵，不慕百合之馥郁馨香，不慕兰花之优雅美丽，不慕秀竹之修长挺拔。莲之所以为莲，是因为莲安静地做着自己，守望着自己，内省则不浮。

滚滚红尘，灼灼白日，能够安静地做着自己，而不被其他所左右，不是一件容易的事，除了内心安静宁和，也需要通透达观的智慧。

禅心如莲。

禅，是梵语的音译，是一个人内心深处悠回九转拿不起、放不下时刹那间的顿悟；是一件事情想不明白、想到头疼、想到脑袋大了、想到不再想时忽然某一天的懂得；是深山古刹静守时光、心无杂念、拈花微笑的智者。

莲，则是那一朵出淤泥而不染、濯清涟而不妖的花；是晨昏里安静地走在上班下班的路上看见新鲜青菜面露喜悦的人；是雨雪天看着天气自然变化心生敬畏的人，是脚步纷繁错乱时内心里还开着花的人；是生活着、爱着，摒弃内心的挣扎、邪念和虚妄的人。

生活着，美好着，就是最好的。

一地尊严

他是一个父亲，一个六岁男孩的父亲。

他做梦也不会想到，自己竟然会沦落为一个沿街乞讨、渴求怜悯的人。街还是那条街，与往昔没有什么不同，人如流水车如游龙，热闹而且繁华。

他把一张硬纸板做的广告牌立在纸箱旁边，上面写着：好心人，求你救救我的儿子，他还那么小，生命还没来得及绽放，可是他患了白血病，需要很多钱，需要好心人的帮助。

他低着头，一声不吭，不敢看街上匆匆的行人，觉得自己比别人矮一头，心扑腾扑腾地狂跳，像做了坏事一般。

一整天过去了，他在街角蹲得腿脚发麻，也没有人给过他一毛钱，抬头看看天，满天繁星闪烁。他拍了拍身上的尘土，提着空纸箱和硬纸板，抚着一天没有吃东西、饿得咕咕叫的肚子，仓皇离去。

第二天，他改变了策略，把他以前参加抗洪抢险荣立二等战功的奖牌带上，又拿着空纸箱和硬纸板去了那条繁华的商业街。他开始像小商贩那样大声吆喝："请帮帮我儿子，他患了白血病，需要钱移植骨髓。"他一遍又一遍地吆喝着，眼睛里的泪强忍着没有掉下来，直到嗓子嘶哑也不肯停下来。

渐渐地聚拢过来一些人，他艰难地说："请伸出你的手，帮我一把，我儿子需要钱治病，多少都可以。一块两块我不嫌少，谁给我捐钱，我给谁磕头。"

一个慈眉善目、戴着眼镜的大妈走过来说："小伙子啊，不缺胳膊也不缺腿的，怎么不学好啊？一个大男人蹲在街上要钱，有那工夫还不如打工干活，赚点饭钱不成问题吧？干吗想歪道？人要活得堂堂正正才对得起父母，对得起自己！走吧走吧，以后别再干这种事情了，好好的，干吗诅咒自己的儿子，你缺德不缺德？"

大妈的话，让他觉得像吃了辣椒一样，脸上火辣辣的发烧，自尊哗啦一下跌落到地上，但他还是解释说："我不是咒自己的孩子，他真的病了，需要钱移植骨髓。我不是想骗大家，我说的是真的。以前我在广州打工，如果不是儿子病了，我不会回来的……"

他越解释，越引起别人的反感，一个老大爷说："报纸上都说了，像你们这些职业乞丐，年收入都多少万，拿着别人的同情心和爱心大发不义之财，你们的良心都让狗吃了？"

他的脸紫涨得比猪肝还难看，还没有来得及说什么，一个小伙子一步蹿到他身边，飞起一脚把纸箱和纸板踢出去老远，嘴里嘟囔着："拿这么大一个纸箱要钱，你还要不要脸，别以为谁都是傻子。"

屈辱终于让这个七尺男儿的眼泪掉出来。他默默地把纸箱和硬纸板捡回来放好，然后从口袋里掏出曾经荣立二等战功的奖牌和证书给大家看，他说："我真的不是骗子，我也曾为国家为人民做过有益的事情。看在这枚奖牌的面子上，帮帮我，不到万不得已，我是不会走这一步的。"

人群静默了一刻钟，忽然有人跳出来说："谁知道你这枚奖牌是在哪个破烂市场淘来的，别唬我们了，快点走吧，别在这儿丢人现眼！"

是的，报纸上几乎天天有揭穿骗子骗人的把戏，人们听得多了，看得多了，心渐渐变得麻木起来。人们再也不会轻易去相信一个人，怕吃亏，怕摔跟头，怕自己的好心换来恶报。

就在他快绝望的时候，一个二十多岁的女孩给他捐了十块钱，他扑通一声当街跪在女孩面前。这是几天以来，第一次有人伸出援助之手。他语不成句地说："谢谢！谢谢！"

女孩说："我相信你。"轻轻的一句话，一股暖流涌进他的心窝。那么平常，那么不起眼的一句话，让他此刻得到前所未有的安慰和底气，世上还是好人多，看来儿子有救了。

那之后不断有人给他捐款，乞讨生涯过了好多天，离那个救儿子命的天文数字还相差甚远，好心人捐助的一点钱无疑是杯水车薪。最后他向红十字会申请帮助，结果有人定向捐助了一笔钱给他，帮他的儿子做了骨髓移植手术。

之后，他一边打工赚钱，一边做义工，回报那些需要帮助的人。

乞丐也有尊严，跌落一地的自尊，是为了换取一个男人做父亲的尊严。

母亲的节约经

周末回家，看见母亲在卫生间里又存储了一大盆的浑水，于是我调侃母亲："攒那么多浑水干吗？也省不了几个钱，您老人家真的缺钱，我赞助您几个。"

母亲笑，打击我说："你的觉悟可真低，就知道钱钱钱的，我知道省不了几个钱，这不是能省一点是一点吗？资源浪费不可取。"

从母亲的嘴里居然蹦跶出来一个新词：资源浪费。这个词着实雷着我了，在生活细节方面，我做得确实不如母亲。母亲那一代人，不是把勤俭节约挂在嘴上的，而是当成一种生活习惯。

他们那一代人，吃过苦，受过穷，知道什么是酸，什么是甜，是真正把日子当成日子过的人，往大里说是节约资源；往小里说，凡事是凭一个"心"字，浪费过不了自己心中的那道坎。

居家过日子，母亲的确很有一套。洗米用的水，留着洗菜；洗菜用过的水，留着冲马桶。当真是一滴水都舍不得浪费，就连冬天被窝里抱着的热水袋里的水都能派上用场，早晨起来，直接把热水袋里的水拿去浇花，也算是派上一个小小的用场。

省电就更不用说了。有一天傍晚临时有事儿，回家时天都黑了，父母居然相对而坐，没有开灯。我顺手把灯打开，母亲说："天还早呢，还不太黑，也不看报，也不做针线，开着灯怪浪费的。”听了母亲的话，我当真是无语了，掌个灯都算浪费，母亲真的是没有看到那些浪费的人。吃，过里过外；住，奢侈豪华；穿，讲究品牌。若当真物尽所用，也不算浪费。吃一半，丢一半，住一半，留一半，那已经不是钱不钱的事了，那叫一个铺张。母亲笑，说：“别人怎么过，那是人家的事儿，人家心安就行，我就算是有再多的钱，就算多得花不完，也不会那样浪费。”

母亲的话我是相信的，母亲就算有再多的钱也不会奢侈浪费。吃过苦受过穷的母亲，节约观念已经被种植在血液里，一辈子都是这么过的，想要她改变，不是不可能，是根本不可能。

母亲的生活原则，一直是本着物尽其用的原则，不浪费一滴水，不浪费一滴油，也不会浪费一粒米。那么多年，不管饭烧多了还是菜做多了，从没有丢过倒过，就算是一粒米饭掉到餐桌上，母亲也会小心地捡起来，母亲常说：“浪费可耻，伤天理。”

过年过节，母亲会把那些装食品用的纸盒整整齐齐地码好，集攒一大堆，然后送到废品收购站里，能换个三五块的。私底下，我问过母亲：“攒那些破纸盒，也卖不了几块钱，您老人家就不怕别人笑话啊？”

母亲盯着我看了半天，看得我心里直发毛才说：“我不怕，谁愿意说什么就说什么，总不能听见鸟叫就不种地了吧？”隔了一会儿，母亲忽然想起什么似的，问我，“是不是你的小虚荣心又跑出来作怪了？你是不是怕我给你丢人了？”

我赶紧摇头，把头摇得像拨浪鼓，表态道：“妈，您想哪儿去了？我才不怕呢，再说您老人家教育出来的女儿怎么会那么虚荣？即使有那么一点点小虚荣心，也不敢随便出来溜达。再说，太过虚荣就是无知的表现。”

母亲笑了，说：“就是，富了别张狂，穷了别下道，好好过自己的日子，比什么都好。”

我看着母亲，母亲的头发白了，牙齿也落了，一辈子凭“心”做事，无愧于别人也无愧于自己，有这样的母亲，我怎么会觉得丢人？那是我的骄傲。

生活中，母亲更像一个拈花微笑的人，心宽似海，从不与旁人攀比，也不与他人计较，安心地过自己的日子，用最节约的方式，过最好的生活，不怕别人说三道四，只求心里坦然。

当节约成为一种时尚，当节约成为一种生活理念，当节约成为一种美德，母亲已经用行动为我做了榜样。节约不会制约生活品质，衣食住行，物尽其用，不铺张，不浪费，健康环保，才是新型的消费观和生活观。

养心三方剂

“相由心生”源自一个劝人向善的典故，就其字面理解，是说一个人的相貌是由心灵决定的。一个经常生气的人，面孔必定是愁眉纠结的。一个开朗乐观的人，面孔必定是喜庆舒展的。一个内心充满邪恶的人，面孔必定是阴晦冰冷的。一个内心充满善良的人，面孔必定是慈眉善目的。

以貌取人，当然不足取，但是一个人的内心所思所想，日久天长，一定会长在“脸”上，因为一个人的脸是心灵的真实写照，即使伪装，也只是表层的，那一抹底色是无论如何也掩盖不了的。

日常生活中，有人养身，四体不勤，五谷不分，懒得弯腰，懒得走路，因而养得白白胖胖，行动困难。有人养脑，遇到事情不思考，遇到问题不纠结，懒得读书，懒得看报，久而久之，大脑生锈，智商减半。有人养心，吃安神丸，喝养心汤，咽养心菜，如此食补，是否有用，没有试过。不过孟子在《尽心下》里说：“养心莫善于寡欲。其为人也寡欲，虽有不存焉者，寡矣。其为人也多欲，虽有存焉者，寡矣。”这段话的意思是说，减少不健康的欲望，以达到涵养心灵的作用。

养心是一门技术活儿，看似简单，实则不然。

读书养心。茶余饭后，夜深人静，一册在手，书中找乐。用《汉书》

下酒，用《史记》疗饥。隔着时空，看清照皱眉，看李白饮酒，与老庄梦蝶。选择了一本好书，就是选择了一个好的朋友，在文字中穿行，丢弃浮躁，沉淀心性。西汉经学家刘向说："书犹药也，善读者能医愚。"细嚼方知，这一味治愚的药便是读书养心。

音乐养心。清风明月夜，闲暇午后时，一盏清茶或一杯咖啡，在《平湖秋月》里赏月，在《高山流水》里觅知音，在《渔舟唱晚》里看夕阳。选择一首好的音乐，就是找到了一把打开心门的钥匙。在一首好的音乐里徜徉，可以舒缓心灵，缓解焦虑。中国音乐四方剂：清热、滋补、理气、润燥。

旅行养心。不管是小长假还是大假，换上旅游鞋，背上旅行袋，去沙漠感受太阳的热情，去海边感受大海的浩瀚，去丛林感受自然的壮观。山川河流都在脚下，让阳光照进心灵，让新鲜空气在胸腔回流，收获身体上的疲惫，心灵上的放松。旅行养心，低成本，高回报，收获海量幸福。

台湾作家林清玄写过一篇文章叫《养壶》，与养心有异曲同工之妙，他在文章中说："一把好壶，它的外表和内里都酝酿了时间的光泽，有着深沉的香气，即使不放茶叶，光是冲进开水，也会有茶的香味，那香味是无数好茶所凝聚起来的魂。"

其实养心也是一样，读书增加你的深度，闻音舒展你的心灵，旅行增加你的阅历。假以时日，酝酿了时间的光泽，整个人就会泛出香味。那香味是书籍、音乐、旅行中的养料被人吸收后，从心灵折射出来的熠熠光辉。

淡定是一味药

我曾亲眼见过这样的场景，一群蚂蚁在大雨即将来临的时候，敏感地嗅到了危险。它们成群结队，开始有条不紊的搬家行动。没有忙乱，没有不安，没有躁动，只有紧张而忙碌的工作，把家搬到另外一个安全的地方。

我也曾亲眼见过这样的场景，一场大风把屋前树上的雀巢吹落到地上。那些用嘴一棵棵衔来的草棍，瞬间四散落地。我以为这些鸟雀会迁徙，会搬家，或者心生火焰，自暴自弃。谁知没几天，屋前的树上又挂起了一个新的鸟巢。

我也曾亲眼见过这样的场景，母亲在院子里种了几棵桃树，当桃花谢了，青桃像指甲般大小的时候，几个调皮的孩子趁母亲忙碌的空当，把青桃揪落一地，连叶子也没有放过。我以为母亲会发火，去找家长，那些青桃毕竟倾注了她的心血。谁知母亲淡淡地笑了，只说了句“这些顽皮的孩子”。

这样的场景，人生之中，会遇到很多，温暖，感动。那些淡定的处世方式，充满了人生的智慧。

当然，我们每个人也会遇到另外一些不同的际遇。

比如辛辛苦苦、费了很大的劲才搞定的一个客户，不承想，半道上被另外一个同事“劫”去了，而上司却指责你、批评你。

比如多年的朋友，却因为一件小事产生了误会，朋友痛心疾首，讽刺你，挖苦你，甚至不理你。

比如你做了一件好事，却被人误以为你沽名钓誉、另有企图。

比如同学聚会，当年不如你的同学当了“大官”，当年不如你的同学当了教授，当年不如你的同学发了大财，当年不如你的同学都比你有出息。

比如早晨开车出门，心情很好，却被一辆逆行的车亲密碰触了……

这种时候，你会淡然处之、一笑了之，还是怒发冲冠，心中燃起小火苗?

其实怒发冲冠，只能使小事变大，变得心中装不下，非但于事无补，还会把事情推向另一个极端，于人于己无半点益处。

这种时候，淡定是一味良药，因为淡定能够熄灭内心熊熊的火焰。君不见淡定的“淡”字，左边是水，右边是火，水浇在火上，水止火灭。遇到天大的事，只要心里揣着淡定这味药，就不会捅出娄子。

杜甫有诗曰：“水流心不竞，云在意俱迟。”滚滚红尘之中，人不能把欲望、追逐放在第一位，应给心灵留一方空间。

菊花是淡定的，经霜而不气寐，傲然枝头。兰花是淡定的，深山幽谷，静吐暗香。荷花是淡定的，淤泥之中，亭亭玉立。梅花是淡定的，冰雪之中，芬芳吐蕊。淡定是一种品格，淡定是一种境界，淡定是一种优雅，淡定是一种智慧。

失去从容，方寸大乱时，不妨用用淡定这味药。

唱歌给自己听

一帮朋友聚会。饭桌上，小戴自告奋勇要给大家唱上一曲，他扯起破锣般的嗓子，声情并茂地为大家唱了一曲老歌《朋友，别哭》。大家先是求饶，开玩笑说："小戴啊，你饶了我们的耳朵吧！你找个没人的地方自己抒抒情就行了，你这五音不全的嗓子多影响大家的食欲啊!"

小戴也不恼，说："我唱歌给自己听，麻烦大家捧捧场。"大家面面相觑，问他："小戴，你是不是升职了？有什么好事说出来让大家分享一下。"小戴摇摇头说："正相反，最近刚失业。"有人不相信，说："失业了还穷乐呵什么啊?"小戴不以为然："我不但失业了，而且体检的时候还查出来生病了，人生的两大烦恼都被我赶上了，难道我从此与快乐绝缘，与烦恼相伴？还是不活了?"

听了他的话，大家都静默不语。

想想也是，按照正常人的思维，大多数人失意的时候，或者遇到挫折的时候，都会选择消极地对抗。独自烦恼或忧伤，唉声叹气，苦巴巴的一张脸，仿佛世人都欠了他的债一样，甚至有的人会借酒浇愁耍酒疯，搞得家里乌烟瘴气，除了伤及最亲的人，让他们担心和难过，还会伤及自己。

很少会有人像小戴这样，以积极向上的态度，乐观地面对所遇到的困难和失意。其实小戴的人生之路并不平坦。大学毕业那年，因为急于找工作分担家里的经济负担，被人骗到南方某地的一家传销机构，挣扎了很长的一段时日，折腾得身心疲惫，才伺机跑了出来。后来去了一家营销公司，因为轻信的缘故，致使公司蒙受了很大一笔损失，不但被公司开除，还要赔偿公司的损失。

懊恼之情可想而知。

刚毕业那段时间，他的人生之路走得泥泞而且危机四伏，稍不留神就会一脚踩进烂泥里，他也曾黯然过，他也曾心灰过。他那并没有多少文化的父亲曾对他说："孩子，不开心的时候，就唱唱歌给自己听吧！"他把父亲的话记在心里，在迈出校门刚入社会的最初，没有多少人生经验的他，不停地犯错，然后不停地改错。这些难熬的日子，一直都是他自己唱歌给自己听。

刚开始，他有些害羞，找没人的地方喊上两嗓子，心中郁结的块垒仿佛真的随着歌声一点一点消失了，快乐的情绪渐渐漫上来。原来堵在心中仿佛致命的事情，居然逐渐变小，狭小的心房变得开阔起来。

渐渐地，他爱上了这个习惯，随时随地，开车的时候，走路的时候，甚至早上刚刚起床，他都会轻声哼着歌。

快乐会传染。

唱歌给自己听，把好心情带给自己，同时也带给别人。生活的哲学其实很简单，清水照人，你快乐了，生活也就会回报给你快乐！

用什么尺子量幸福

一连病了若干时日，平常一起嬉笑玩闹的狐朋狗友一下子消失得无影无踪，想要说说话聊聊天，一个都抓不到，身边安静了许多。病中，多愁善感，顿时觉得人情冷暖，有一点点令人心灰。

一天傍晚，正捧着闲书埋头苦读，忽有朋友打电话来，轻轻地问了一句："你好些了吗？要不要我去看看你，顺便给你带些药过去？"我怔在那里，眼睛渐渐湿润起来，有一份感动从心底渐渐升起。

其实也不过是一次小小的感冒，拖的时间久一点而已，朋友一句普普通通的问候，忽然让我觉得生活很美好。人生之中，有朋友记挂着，毕竟是幸福的事儿。

结婚久了，大眼镜先生天天在我耳边聒噪，让我感到厌烦不已。什么过马路要当心，汽车不长眼睛；买东西别被心狠手辣的商家宰空了钱包；遇到帅哥谈什么都可以，但千万别谈情等，事无巨细。我没好气地回头凶他："当我是三岁小孩呢？我有这么弱智？"

有一次，朋友们结伴出去玩儿，我像一只出城的小鸟，兴奋地拍着翅膀逃离他的身边，心里庆幸终于可避开他数日。刚开始的确觉得像回到了单身的自由时光，不用听他的唠叨，一个人自由自在的，像神仙一样。

这样的日子不知不觉就过了一周。可是一连数日没有听到他在耳边唠叨，又觉得像少了什么似的。一个人躺在不是家的房子里，委屈得像被大人丢掉的小孩子，正在生闷气，忽然接到他的电话，他说天气预报说夜里降温，切记加衣。抱着电话，喜极而泣，觉得能听到他的唠叨是一种幸福，他的唠叨像生活里开出的花朵。

久不回家，回到家里，母亲顾不得跟我说体己话，跑到厨房里，用温火煮了绿豆粥，软烂黏稠，飘着香味，和小时候吃过的一样。又做了小菜，雪里蕻拌豆腐，切了细碎的葱花，淋了香油，白绿相间，不用说这颜色好看，只说这香味直往鼻子里钻。知我者母亲大人也，这些都是我小时候百吃不厌的美食。

在绿豆粥袅袅的香味中，我故意稀里呼噜吃出很大声，在母亲跟前不用做淑女，不用担心母亲会不喜欢。因为母亲大人此时正在餐桌对面欣赏着女儿不雅的吃相，在母亲的眼里，狼吞虎咽是对她厨艺的最大赞美。

用什么尺子量幸福？已经很成功的男人还想更成功，已经很漂亮的女孩还去做拉皮美容，孩子已经很乖了还在苛责他不努力，老公已经很棒了还在埋怨他挣钱少，用这样没有底线的尺子量幸福，你一定会觉得不幸福，相反还会被贪婪和欲望折磨得心力交瘁。

幸福是一个很模糊的概念，每个人的心目中，都有一个衡量的尺度。生活的经历让我们懂得，摆平心态，把握住现在，把握住此时此刻才是最重要的。珍惜和家人在一起相处的时光，珍惜得来不易的工作，庆幸自己有一个健康的身体，把生活中那些温暖的细节一点一滴地雕刻到生命里，用一把感恩的尺子量幸福，幸福才会常驻心中。

生活加减法

上小学一年级的时候，老师就教我们加减法，聪明一点的孩子张口就来，笨一点的孩子会借助手指头或者火柴棍，虽然慢一点，但也会算出来。一转眼，我们的孩子都上学了，我们还在学加减法，不同的，是生活加减法。尽管我们长大了，甚至大学毕业，但生活中的加减法，有时候仍然会算错答案。

一个朋友，是一个狂热的减法生活的推崇者。多年的漂泊，养成了她一切就简的生活习惯。所有的生活都随手挤压在一只皮箱里，从一个城市到另一个城市，从一个单位跳到另一个单位，她拎着皮箱从容地在江湖上闯荡，从没有为丢掉的东西而后悔，从没有为简便的生活而不甘。

最初，是大学毕业那一年，小小的行囊塞不下更多的东西，所以许多旧物、旧书统统被弃置，扔了一地，和那些没心没肺的孩子一样，个个像凯旋的将军，没有丝毫的惋惜和留恋，只有即将踏入新生活的兴奋与憧憬，所以扔掉了那些与新生活不相干的东西。

因为不断搬家，所以旧物不断被丢弃，她的行李始终就是那一只箱子。她常说，减法生活就是剔除生命之外可有可无的累赘，不被物欲贪欲所左右，还原生命的本真，让我们生活得更为真实，更为自然，更为宁静，更贴切生存本身的意义。

后来她结婚了，还是没有改掉减法生活的习惯。冰箱里从来没有隔夜剩下来的饭菜，因为吃剩的，她总会及时倒进垃圾桶里。节约了一辈子的婆婆因为看不过去，说了她几次，她嘴上答应得好好的，但依旧我行我素，婆婆一气之下，眼不见心不烦，跑回自己家中，一个人过清静日子去了。老公因为这件事儿，很久都没有理她，觉得她不可理喻。

一次，朋友约她去喝茶，刚好那天她有些私人的事情要处理，于是就说不。朋友连着约了她两次，她碰巧都有事儿，于是朋友生气，很久都没有给她打电话。她也有些难过，她老公说："你给她打电话解释一下，就雨过天晴了。"她不肯，她说："如果是真的朋友，不会因为这点事情就生气，如果不是，生气就生气吧，失掉了也没有什么可惜的。"

工作中，她从不与人争抢什么，她不会为了一个职位或者年终奖什么的跑到老板的办公室跟老板跳脚。有一次一个同事怀疑她在老板面前讲了他的坏话，大家都让她去解释，她淡淡地笑，说："这种事儿，越描越黑，他爱怎么认为就怎么认为吧！"

渐渐地，她失掉了亲情的呵护，失掉了爱情的滋润，失掉了朋友的信任，失掉了同事的协作，一个人过着孤家寡人清汤寡水的生活。

另外一个朋友，他喜欢用加法算式来计算人生，他喜欢用物质来判定人生的成功与否。本来他有一份不错的工作，月收入一万块左右，在我们这个中等城市里，只要不过分奢华与腐败，过一份自己想要的生活还是不成问题的，可是他却把自己的目标定位在远远高于自己的收入之上，买车买房，送女儿读贵族学校，五年之内挤进富人区。

除了工作之外，他想尽各种办法赚钱，兼职，打零工，甚至不惜降低自己的人格，求得一份物质上的满足。看着他背负着一份与现实生活相去甚远的梦想，朋友们有些不忍，有人劝他："何必把自己搞得像生活的奴隶？留下一分娴静的心情，品茗，观花，赏月，读自己喜欢的书，听自己喜欢的音乐，甚至出门旅行，享受生活的安稳静好，有什么不好?”他说：“你不懂，我更愿意像现在这样，看着车子和房子，我有成就感和满足感。”

天知道他是不是有成就感和满足感，每月的按揭压得他像一只不停旋转的陀螺，一刻不能停歇，要交 20 年啊！20 年后，背驼了，腰弯了，头发白了，但愿他还会拥有这份成就感和满足感。

有一种小生物——蚂蚁，它们一生都在不停地往巢中搬运食物，甚至累死在搬运食物的路上，可是它们究竟吃掉了多少?

不能说加法生活好，也不能说减法生活好，把拥挤的生活打理得脉络清晰，不失为一种明智。不管是减法生活，还是加法生活，其实都应该适度节制，而不是盲目地减掉生活中能够减掉的一切。当减掉了所有的麻烦和累赘，生活是简便了，可是清汤寡水的生活真的是你想要的吗?没有营养也不养眼。当然也不是盲目地添加，不切实际地追求不属于自己的东西。贪婪是人性的弱点，也是快乐的大敌，如果以快乐为代价，即便得到你想要的东西，你还会快乐吗?

我们不是小学生了，可是我还是想问，生活加减法这道题，你做对了吗?

仙女的礼物

作家马克·吐温曾经在《生命的五个恩赐》里讲过一个故事：善良美丽的仙女送给一个年轻人五件礼物，他每次可以挑选一样。年轻人经过深思熟虑，依次挑选了享乐、爱情、名望、富贵和死亡。

美丽善良的仙女希望他选择智慧，而我则希望他选择健康，可是恰恰这两项都不在生命的五个恩赐之列。尽管人生之中，享乐、爱情、名望和富贵，是每一个人穷其一生都在追求的，可是还有一项比这些都重要，那就是健康。

拥有爱情的人生不寂寞，拥有名望的人生可以享受尊重，拥有富贵的人生可以满足欲望。其实所有这些，都是建立在健康的基础之上，能有一个好的身体，能够幸福地活着，才是生命最大的恩赐，才能享受生活带给我们的快乐。

一个朋友，本来是一个性格开朗的健谈之人，但最近他的弟弟在一次例行检查中，被告知患了肝癌。他的弟弟倒是挺坚强，积极配合医生的治疗，但是他听了之后，一下子就崩溃了。

我去看他，发现他一个人面对着窗子发呆，老僧入定一样，一坐就是半天，不跟人说话，也不吃饭。上班也常常走神，有一次竟然糊里糊涂地点错小数点，差点给公司造成巨额损失，被老板骂得狗血淋头，他搓着手站在那里一声不吭，并不为自己辩解。

我看不过去，安慰他："想开些吧，世事无常。"他喃喃自语："你不知道，我那个弟弟不吸烟不喝酒，朝九晚五，没有应酬，按时作息，为什么命运之神如此和他过不去呢?"

我只当他被那份血缘亲情的不舍和难过击昏了头，可是想不到他越来越离谱，每天上班无精打采，精神不能集中，勉强应付手里的工作。每天下班回到家里，也不说话，一个人对着墙壁发半天呆，过去那个健康幽默的人早已不复存在，取而代之的是一个头发很长、面黄肌瘦、目光呆滞的人。老板一看到他就气不打一处来，眼睛瞪到脑门上，已经数次旁敲侧击地暗示他，再这样下去，打包走人。事态已经很严重了，他竟然置若罔闻，根本不放在心上。

到后来，他根本不能正常工作，请假去医院治疗，并且主动要求住院治疗。医生说他没有病，他竟然不相信，以为医生是好心骗他。我去看他，他做出无所谓的样子，说其实医生不说，他也知道，根本不用骗他。

我问他知道什么，他贴着我的耳朵说："我心里有数，我父亲是患肝癌去世的，我弟弟也患了肝癌，看来我也逃不出这个厄运。"

听了他的话，我呆怔在那里，想不到他的症结在此，他犯了一个想当然的毛病，觉得这是家族遗传的疾病，父亲和弟弟都是因为此病夺去了健康和生命，他也不会例外，天天怀疑自己有病，吃不下饭，睡不着觉，谁说他没病，他跟谁急。

原来他不是身体生病了，是心理上出了毛病，不能坦然地面对生命恩赐，后来医院根据他的情况，专门为他配备了心理医生，经过一段时间的治疗之后，他终于迈出了医院的大门。

出院之后，他感慨万千地说，阳光真好，健康真好，生命真好。

人这一辈子，会遇到很多的坎坷和磨难，逃避不是好办法，疑神疑鬼更不可取，坦然面对生命的恩赐，不管这种恩赐是什么。无论健康还是疾病，无论贫穷还是富有，我们都要坦然去面对，哪怕是生命同我们开了一个黑色幽默，我们也要坦然地接受，用积极健康的心态对待生命，用平和的心态投入生活。

《生命的五个恩赐》里没有健康，可是健康真的是生命中最宝贵的，因为人的生命只有一次，生命最大的恩赐就是健康。

可以不美丽，但不能丑陋

人在年轻的时候，特别是小时候，都会横向比较，看看谁长得漂亮生得美丽，觉得高颜值能为人生加分，所以特别羡慕。人到老年，自然而然就不比颜值了，漂亮与否似乎成了身外物，多数人比的是健康，谁身体健康自然是值得庆贺的好事儿。

一个人活在这个世界上，不一定非要倾国倾城，可以不美丽，但不能丑陋。不美丽和丑陋不是一回事吗？当然不是。不美丽不是你的错，但是如果丑陋就一定是你的错。记得多年前，看过一本书，是柏杨先生的《丑陋的中国人》，当时觉得很震撼，所以一直记忆犹新。书中说的“丑陋”，是说中国人长得都不够漂亮吗？当然不是。外表的美丽养眼固然很重要，但毕竟只是停留在一个肤浅的表层，所谓“丑陋”，是指一个国家、一个民族的文明程度，文明是人类进步的一个标志。

具体到一个人的文明程度那就是言行举止，谁会喜欢一个乱丢杂物、乱踏花草、出口成脏甚至出口伤人的人呢？谁会喜欢一个自私自利、心里龌龊、见不得阳光的人呢？谁会喜欢一个表里不一、整天躲在阴暗处算计别人的人呢？

说一个最小的事例，你会过马路吗？很多人会说，谁不会过马路啊？在世界上，在很多国家，当一个人要过马路时，指示灯没有亮，会一直在路边等，即使马路上一辆车也没有，也会按照指示灯的指示穿行，这就是文明，这就是一个人的素质标尺。

是谁给我们戴上了“丑陋”的帽子？毋庸置疑，当然是我们自己。只图自己痛快省事，全不顾及他人感受，这不仅仅是自私，这样的行为是带有劣根的丑陋。

一个人存活于天地间，可以选择的事情很多，比如做什么样的工作，交什么样的朋友，甚至可以选择怎样的未来。却不能选择出生在什么样的家庭，有什么样的父母，有什么样的容貌。

身体发肤受之父母，不管是丑陋还是美丽，都不是自己能够选择的，即使先天不足，即使丑陋残疾，那也不是你的错。但是，如果一个人在行为上不检点，言语粗鄙，损人利己，那就是不可原谅的错误。

生活在这个世界上，以不妨碍别人为大前提，善待自己、善待家人、善待朋友、善待陌生人。人生就是由这些小细节组成的。大前提与小细节完美结合，才会开出一朵美丽无比的花。

罂粟花是世界上最美丽的花，但它却是丑恶的象征。人们喜欢它，是因为它有美丽的花朵；人们害怕它，是因为它不但充满诱惑而且它的果实有剧毒。

人毕竟是需要心灵空间、精神愉悦的高层次生物，不仅仅满足于视觉上的愉悦，更需要心灵的愉悦，所以美丑之别只是直观上的感受。

一个人活在这个世界上，不一定非要倾国倾城，可以不美丽，但不能丑陋。不美丽不是你的错，可以修心。修心可以弥补长相的不足，一个容貌不美的人，因为心灵的美丽，人格的魅力，也能散发出灼灼的光华。相反，一个人如果行为丑陋，言语粗鄙，处处以自己为本位，即使长得再美丽，也会让人唯恐避之不及。

美丽与丑陋，你选择了怎样的人生？

第三辑
流年里不一样的爱

刻在大山上的音符

26岁那年，她的丈夫因病去世，她成了一个形单影只的女人，瞬间，生活的压力倾斜到一个年轻女人稚嫩的肩膀上。她领着四个孩子，过着举步维艰的拮据日子，生活变得黯淡和没有方向。

那一年，他才16岁，还是一个少年，他默默地承担起照顾她以及她的四个孩子的责任。担水、劈柴，凡是该男人做的体力活，都不在话下。他默不作声地做着这一切，给予她温暖和关爱，帮她撑起这个家。为了她，他放弃了许多机会，放弃了外面世界的诱惑，放弃了别的女人的爱情，一直默默守在她身边。

因为他的出现，她的生活里重新有了希望，有了阳光和笑声，她年轻的脸庞上多了妩媚和生动。四年后，他20岁时向她求婚，她毫不犹豫地拒绝了他，她说："我是一个结过婚的女人，我的年龄比你大，而且有孩子，我不能拖累你。"

他的求婚，不但打破了她宁静的生活，也打破了整个村子的宁静。他比她小10岁，单身青年。她比他大10岁，死了男人的寡妇。爱的天平两端，无疑是不相称的。

在那个传统守旧的小村子里，他们相爱的行为招来了巨大的非议，口水、嘲笑、讥讽，像一个巨大的漩涡，让他们觉得透不过气来，世俗的力量有时候非常可怕，会把一个人打趴下。

20岁的男人苦思冥想多日，最后慎重地问女人："你愿意跟着我吗？"面对男人的一直恳求，女人最终还是点了点头。男人又问："一辈子都不后悔？"女人又点了点头。于是，男人做出一个让世人震惊的决定，他带着女人和孩子到与世隔绝的深山老林里隐居，避开世俗流言，避开人间烟火，回归刀耕火种的原始生活。

于是，一夜之间，小男人，大女人，以及女人的四个孩子，从村子里消失了。

上山后最初的日子里，他们用从村子里带来的干粮果腹，后来靠挖野菜食野果，过着贫寒的日子，忍饥挨冻，一点点开辟自己爱的家园。

夫妻俩在山上选了一个向阳的山坡，建造了一处土屋用来遮风挡雨。饿了，在房前屋后开荒种田；渴了喝溪水，过着刀耕火种的原始生活。物质上的赤贫尚且能忍受，野兽的袭击也能防御，但是精神上的赤贫却是让人无法忍受的事情。他们想念山外面的亲人，想念山外面的世界，可是下山却没有路。

有一回，女人哭着问男人："是我拖累你了，看不见自己的父母亲人，你后悔了吧？"男人摇了摇头说："不后悔，我要为你修一条路，通向山外面，让你下山方便些。"

男人说到做到，真的开始修路工程。农闲的时候，男人拿上铁钎、锤子之类的工具，在崎岖的山崖和千年古藤间，一凿一凿，开始了极其艰辛的修造爱情天路的工程，渴了喝泉水，饿了啃山芋。一双手磨出了血泡，破了落茧，一层一层，新陈积累，粗糙不堪。

女人抚摩着男人长了一层厚厚老茧的手，热泪长流，她心疼地说："咱不修了，修了路也没用，反正我也不出山，这一辈子我就跟着你，和你在一起我就知足了。"男人安慰她："就快修好了，我能行，你放心吧！修好了路，你就可以下山了，到外面的世界看看，到村子里看看亲人。"

男人凭着惊天的毅力和对爱情的虔诚，修筑了一条天路，因为是在悬崖峭壁上开凿的石阶，后来有人把这条路叫作“爱情天梯”。

这是一个真实的故事，发生在四川江津南部人迹罕至的深山中，一对普通的夫妻，把爱情刻在大山上，用爱情音符奏响了世间最美的音乐。

爱的特权

母亲是一个温和宽厚的女人，这一生几乎从未与人争吵，但却唯独跟父亲过不去。父亲偶尔犯个小错，母亲便会揪住小尾巴不放，除了当面批评和数落，把父亲批得体无完肤，逮着我也会唠叨个没完没了。哪天如果碰到母亲有批评父亲的迹象，我赶紧找个理由溜掉，实在溜不掉，也只能默默地听着母亲对父亲的怨词。尽管心里想东想西，甚至去外国溜了一圈，但表面上却要装作认真领会的样子，总不能跟母亲一起对父亲的言行指手画脚吧？时间久了，母亲从我这儿找不到共鸣和呼应，对我也颇有微词。

刚开始，不知道深浅虚实，心情不好的时候，也会跟着母亲顺嘴附和几句。

有一天，父亲来了兴致，下楼跟棋友聊天下棋，兴高采烈地走了，没半小时垂头丧气地回来了。问其原因，父亲说：“那家伙输了不认输，老悔棋，像个小孩似的。”

父亲的不屑激怒了对方，两个老人家像小孩一样，因为这点小事起了争执，回到家里还气呼呼地噘着嘴，坐在饭桌边不吃也不喝，像个孩子似的赌咒发誓再不跟那爱悔棋的老小孩下棋。母亲怎么劝都不听，就是不吃饭。

我回家，母亲便把父亲的“恶劣行径”数落给我听。那天刚好我的心情不好，也听烦了母亲的唠叨，随口说：“父亲这个人是这样，有时候太情绪化，这么大个人了，像个孩子似的，在一起玩个热闹，输赢有什么重要？心又粗，脾气又坏……”

老半天没有听到母亲的回声，等我从报纸上抬起头的时候，母亲的脸已经有锅底那么黑，我吓得连忙住嘴。

老半天母亲才说：“这一次肯定是那老头悔棋的次数多了，你爸才生气的。你爸有时候是粗心，但他每次去外地出差，回来的时候都记得送我一样礼物。你爸是脾气坏，但一个男人怎么会连点脾气都没有呢？你爸敬业，爱家，爱你们，不像现在的年轻人，一点责任感都没有，就知道疯玩儿。”

母亲直接把矛头对准了我，我吓得不敢再吭声。这些话无非都是母亲平常在我耳边反复数落过的，怎么我复述了一遍，母亲就生气了呢？

忽然想起一句话：我可以说，你不可以说。我忽然明白，数落父亲的不是，批评父亲的缺点，原来只是母亲一个人的特权，是不容许别人插嘴和染指的。

母亲的数落和批评，是爱的翻版，是爱的另一种表达方式。他们那一代人，也许一辈子都不会对彼此轻易说出那个“爱”字，但一言一行却都是爱，甚至唠叨和数落都包含了暖融融的爱意。

比如父亲吸烟，母亲会说，吸那么多的烟当饭吃啊？其实母亲的潜台词是，气管不好还吸那么多的烟，又喘又咳的，夜里睡不着多遭罪啊！父亲喝酒，母亲会说，喝那么多酒，像个酒鬼似的，满身的酒气你不烦我还烦呢！其实母亲是想说，喝那么多的酒，犯了高血压可不是好玩儿的。父亲遇到什么不顺心的事儿，生闷气的时候，母亲会说，一个大男人，心胸就不能宽广点，怎么就那么小心眼呢！其实母亲是想说，小心眼生闷气，吃饭容易生病，生病了又没人能替你遭罪。

时间久了，我们都明白了母亲数落批评父亲的潜台词，我也不会再傻到跟着母亲随声附和。即便父亲真的有缺点和毛病，那也只能由母亲一个人数落，如果从别人的嘴里说出来，母亲就会不高兴、不接受。爱一个人爱到能够包容他的缺点和毛病，像爱护宝贝一样爱护着他的缺点和毛病，自己可以数落，别人不可以，哪怕所谓的别人是她的儿女也不可以，这就是爱的特权吧！母亲爱父亲的特权，永久的特权！

父母在，不敢老

父亲一连打了好几次电话给我，问我这个周末有没有时间回家，说是有大事要商量。我一听有大事，那还了得，赶紧放下手中的事情回家，有什么事情能比父母的事情更重要？

回到家里才知道，父亲的所谓大事，就是家中的热水器坏了，要买一个新的，所以想和我们商量一下买什么牌子的好。

换一个热水器居然成了父亲心目中的大事，我忽然觉得有一丝悲凉。从什么时候开始，父亲开始找我们商量事情了呢？家中有大事小事，父亲总会叫上我们姐弟，大到买家用电器，人情往来，小到过年过节，需要买什么东西，准备什么食物，总要把我们姐弟一起电召回来，一起商量一下，再做定夺。

以前的父亲不是这样的，以前家中的大小事情都是父亲拍板做主，无论是从小城市往大城市迁徙，无论是调动工作，还是婚嫁这样的大事，都是父亲一手操办，什么时候跟我们商量过？记得有一年，父亲去上海出差，回来时给我买了一件外套，价钱不菲，他怎么就不怕已经参加工作了的我不喜欢呢？他怎么就不怕大小不合适呢？父亲自作主张买了那件衣服，估计搁现在，他是无论如何也做不出那样的事情了。

那时候的父亲，意气风发，生杀决断，治小家如烹小鲜，手到擒来，根本不在话下，哪里会像现在这样瞻前顾后，左右观望？而现在，父亲什么事情都要依赖我们姐弟，就连买热水器这样的事情，也要把我们都叫回家，讨论一下。这件事情外延出来的结果，让我得出一个结论，那就是，父母都老了。

时光真是一个神奇的杀手，杀掉了父母的大好年华，同时也杀掉了我们的青春岁月，父母在变老，而我们也不例外。

心情不好的时候，消极沉沦的时候，总爱挂在嘴上的两个字儿就是：老了。头发里发现一根白发，会对着镜子拔掉，一边拔一边说，真的老了。母亲笑，说："你看看我？我还没说老呢！"

是的，母亲的头发已经白了大半，母亲不言老，我为什么要轻易言老？为人儿女，无论多大年龄，在父母跟前，都没有资格言老。

父母的年龄大了，儿女就是他们的主心骨，是他们的生活重心，是他们精神上的支撑，儿女若言老，将置父母于何地？

小区里有一个女人，五十多岁的样子，天天早晨穿大红的运动服，在小区里打太极拳，跑步，做操，旺盛的生命力感染了很多人，远远地看着，比年轻人还有活力。

平常，她喜欢穿长靴、八分裤，围长丝巾，看上去比实际年龄年轻很多，别人都说她"装嫩"，她也不恼，乐呵呵地说："本来我就不老，还用得着装嫩？至少我的心理年龄比你们都年轻，不信咱们比一比？"

大家都笑，说她像"老顽童"。其实，她说得也有道理，年不年轻，心理因素也很重要，心不老，人就不老，这是很重要的心理暗示。

过了一段时间，看见她推着老母亲在小区的法国梧桐树下散步，长长的丝巾在她的胸前飘啊飘的，老人满头白发，面容慈祥，两个人有一搭没一搭地说着话，间或她会停下来，俯下身去听老母亲说着什么，斯时斯刻，真的很美，像一幅画一样。温馨时刻，天伦之乐莫过于此吧！

我忽然就明白了她不老的原因，因为她不敢老，母亲还在，她就是一个孩子，她若老了，母亲的精神支撑就倒了，为了母亲，她要永不老，她要一直年轻。

这世间，每一个孩子都是父母的宝贝，可以在父母面前撒娇任性说点孩子气的话，但却没有资格在父母面前说老，永远没有，因为任他是谁，无论如何都老不过父母。

父母在，不敢老。

多功能的母亲

在我的印象中，母亲是多功能的，母亲就没有解决不了的困难，就没有解决不了的问题。不管在生活中遇到什么困难，遇到什么样的麻烦，对于母亲来说，都不是什么难题，都难不倒母亲，母亲都能手到擒来，迎刃而解，治小家如烹小鲜。

母亲是个大厨师。好多年，我一直觉得厨房就是母亲的领地，就是母亲的舞台。每次放学回家，总会看到母亲在厨房里忙碌着。每次肚子饿了，母亲总会变戏法一般弄出好吃的。以至于多年后，肚子饿时，仍然会条件反射般地想起母亲，想起母亲煮的粥，想起母亲烙的饼，想起母亲在炉火前的那份从容不迫。母亲不是什么大厨师，可是母亲烧的饭是天底下最好吃的美味，温暖我的胃，也温暖我的心。

母亲是个小医生。很多年以来，我们兄妹几个，不管是谁生了病，总是母亲第一个发现，然后她给我们量体温，判断病情，确定是否需要去医院。有一次，我感冒了，母亲守着瓦罐，熬了浓浓的药汤给我喝。那么苦的药，我怎么肯喝？偷偷地倒掉了，母亲非常生气，想打我，手举了半天，最后又放下了。母亲不是医生，可是弟弟妹妹们谁有个头疼脑热，谁不舒服了，母亲像医生一样看医书查药海，或用那些被我们嘲笑的土办法治疗我们，督促我们吃药打针。

母亲是个保洁员。每个周末有一次家庭聚会，一大家子十几口人，总会把家里搞得人仰马翻，东西乱了套，水池里一大堆的碗，拖鞋满地都是。很难想象，有洁癖的母亲，是怎样把这些东西一一清理归位的，把挪了位的东西重新摆放到原地，把一大堆的碗盘清洗干净，把拖鞋洗干净放好。母亲不是保洁员，可是从小到大，家里最苦最累最脏的活儿一直都是母亲在做，任劳任怨，无怨无悔。

母亲是情绪垃圾桶。一直到成年之后，总是把母亲当成情绪垃圾桶。小时候同学偷了我的橡皮，被老师批评了，和同学吵架了都会跑到家里跟母亲哭诉。工作之后，在外面受了气，受到同事的排挤，受到上司的批评，受到不公正的待遇，总会跑到家里跟母亲宣泄。结婚以后，和爱人吵架拌嘴闹矛盾，也会回家跟母亲唠叨。母亲不是垃圾桶，可是每次内心无法承载的东西都会倾倒给母亲，也不管母亲是否能盛得下。

母亲是自动提款机。工作之前，几乎每一个孩子都会把父母当成自动提款机。每一次钱花完了，总会手心向上，伸手跟母亲要，要得那么坦然，要得那么心安理得，完全不顾及家里经济状况。看中的新衣服，伸手向母亲要钱。看中的新鞋子，伸手向母亲要钱。甚至看中的手机，看中的电脑，都会向母亲伸手要钱。母亲真的不是自动提款机，需要的时候就划一下卡，钱就会自动弹出来，母亲也有困难的时候。

母亲是个修理匠。母亲心灵手巧，在家里一直承担着修理匠的工作，小到玩具、衣服鞋袜什么的坏了，都是母亲在修理。大到家用电器什么的坏了，也是母亲在修理。实在修理不了了才会找人，母亲从不抱怨辛苦，每天都是乐呵呵的，为家里的每一个人服务。

母亲的功能还有很多。比如理发师、心理按摩师等，小时候就连头发长了都是母亲在修剪，长大后失恋失爱也总是母亲在开导和安慰我们……

世上没有人天生就是多功能的，母亲的多功能是因为爱而强制开发出来的。每一个女人在没有成为母亲之前，都是美丽的公主，都是父母捧在手心里的宝贝，像早春枝头上的那一朵白玉兰，骄傲地凌寒而开，不知道生活的艰辛，也不懂得柴米油盐的琐碎，就连眼神都像清凉的月光一样，纯粹，唯美。

结了婚，成为一个母亲，美丽的公主和手心里的宝贝都不见了，取而代之的，是一个满心满眼都写满爱的母亲，能为孩子们遮风挡雨。因为爱，母亲变得温暖、柔韧，充满力量。因为爱，母亲变得无所不能。因为爱，母亲成了这个世界上最伟大的人。

瓶中爱

每天上班等车的街边，不知什么时候开了一家修鞋的小店，不大，六平方米左右的样子。店主是一对中年夫妻，男人纯朴憨厚，说话时，脸上是谦恭讨好的表情。女人灵巧勤快，看着过往行人的脚下，招揽生意。

小店说不上干净，杂七杂八的零碎东西堆了一地，还有一些要修的鞋装在塑料袋里，挂得墙上到处都是，显得很凌乱，很拥挤。倒是旁边一个小方几上，一个细颈的玻璃花瓶，瓶颈处系着淡黄色的蝴蝶结，在阳光下显得玲珑剔透、雍容华贵，是修鞋店里最耀眼的风景。

瓶子里的水到三分之二处，插着一枝亭亭玉立的红玫瑰，在又小又暗的鞋店里显得明艳照人，惹得过往路人不停地侧目，看不出这个乡下进城打工的男人，竟然有这样诗情画意的浪漫情怀。

女人把脸贴在丝绒一般柔软的玫瑰上，深深地嗅了一下，然后娇嗔地问男人："你刚才不是说上厕所吗？说吧，花了多少钱买的这枝玫瑰？"男人吭哧了半天才说："前几天，旁边那家饭店开业，人家送了很多花篮，我瞅着都残了，想是他们也不会介意，所以在上面摘下一枝玫瑰拿回来。"女人的声音陡然增高了八度："你编吧！进了城，没有学好，倒学会撒谎了。"女人的语气很凌锐，但脸上的线条却很柔和。很显然，她只是嘴上生气了，心里却没有生气。她不错眼地看着男人，等着他的答案。

男人磨蹭半天，小声嘟哝：“人家都说今天是情人节，所以我花了十块钱买了这枝花送给你。”女人笑了，用手指戳男人的额头：“你呀，进了城，没有学好，倒学会乱花钱了。我们要把所有的钱都积攒起来，回乡下盖楼房。”男人红着脸，不好意思地笑了，说：“不就一枝花儿吗？影响不了你盖楼房，你闻闻，挺香的。”

我猛然想起，今天是情人节，都市里流行的爱情节，每日行色匆匆，居然忘记了。

鞋店里玻璃花瓶里的花儿常换，有时候是一束三色堇，公园里到处都有栽种的很普通的花儿。有时候是一束火红的鸡冠花，都是名不见经传的那种。有时候，是几片不知哪里采来的叫不上名字的嫩叶。有一次，我甚至看到花瓶里插的是一株碧绿清香的芹菜，不由得感叹，真能别出心裁啊！是为了招揽顾客吗？

春天，修鞋店的男人，会给花瓶里换上甜香如蜜的槐树花，一串串，白色的，粉色的，像小灯笼一样。夏天，男人会给花瓶里换上粉红色的合欢花，叶子像含羞草一样，到了夜晚就会卷起来。秋天，修鞋店的男人会给花瓶里换上白色或黄色的小雏菊，一朵一朵，仰起小小的脸儿。

我认定女人是个爱花儿的人。每次路过街口的修鞋店，都忍不住往里瞅上几眼，看看花瓶里又换了什么花儿，看看男人受到女人抢白后的憨厚和不知所措，看看女人娇柔甜蜜笑得弯弯的眼。

转眼，冬天来了，街边的草枯了，花儿谢了，北方的冬天，到处光秃秃灰蒙蒙的一片。路过街口的小修鞋店，特意往里睃了几眼，花瓶里居然插了一根颜色鲜亮的胡萝卜，我忍俊不禁，真亏这个乡下男人想得出，蛮有创意嘛！

那天，我忽然心血来潮去海边玩儿。海风很大，飕飕往脖子里灌，平常那些钓鱼的人一个都没见来，唯有海边那片湿地芦花，被风吹得唰唰响，摇曳生姿。

在海边转悠了半天，忽然看见一个人在湿地那边采芦花，怀里大大的一抱犹不满足，还在往里走，我大喊："危险!"他似乎没有听到，还在继续往里走。我跑过去阻止他，一看那人，居然是街口修鞋店里的男人，我认得他，但他未必认得我。

我说："海边的冰只是冻了薄薄一层，看着结实，实际未必，你不要命了，一直往里走?"

男人愣住了，嗫嚅着说："我只是想采几株好看的芦花。"我讥讽他："花瓶里的花儿变着花样地更新，因为女人喜欢花儿，你连命都不要了?"男人脸上讪讪的，笑容凝住了，他说："不是你想的那样，她命苦，生来就是个色盲，在她的眼睛里，这个世界是单调的。她不知道玫瑰是红色的，她也不知道树叶是绿色的。她看不见季节的变换，我只能让她用心来感受一下季节的味道。"

我半天无语，原来这个世界上有一种爱是生长在瓶子里的，无关浪漫，瓶子里有春夏秋冬季节的变换，瓶子里有质朴无华爱的语言，用心能够感受到的暖意融融的爱。

爹的幸福很简单

爹来的时候，他正在洗脸刷牙换衣服打领带，司机在楼下等着，今天要开行业会议，他是主持者，不能迟到。

爹从门缝侧身挤进来，带着一股凉风，他把肩上的一袋地瓜轻轻地放到门厅的地砖上，洁净清凉的地砖上立刻落上一层泥土，他看见有洁癖的妻子皱着眉头转身进了另外一间屋子。

他叹了一口气，叫声："爹！"

爹扎撒着两只手，有些喘，毕竟年岁不饶人，而且他知道，爹肯定没有坐电梯，而是扛着这袋地瓜，一口气从楼下扛到11楼。爹有些骄傲地说："今年雨水好，庄稼都丰收了，咱家的地瓜个个都有胖孩子的腿那么粗，又甜又起沙，多吃点，对身体有好处！"

地瓜的学名其实叫红薯，可是爹不知道，爹只知道每隔一段时间，便背一袋子地瓜从郊区送过来，看着他们收下，然后再心满意足的倒两次车赶回去。

为此妻子曾数次跟他提出抗议："告诉你爹，不要再往咱家送地瓜了，咱们也不吃，每次都堆在墙角，等着生芽，抽巴，坏掉，然后再背到楼下的垃圾桶里丢掉，浪费了东西不说，你不心疼你爹汗珠掉地摔八瓣，累得骨头都松散了，做那些无用功？"

爹坐在门边的小几旁喝水，他停下打了一半领带的手，看着爹。爹赤脚穿一双胶鞋，裤脚挽得高高的，露出一截并不十分健壮的小腿，胶鞋的边缘沾了一层泥土，而且胶鞋的前尖有些张嘴。爹不是十分讲究的人，但进城时总会换上一套干净的衣服，这次一定是走得太匆忙忘记了。

他张了张嘴，话到嘴边，又咽了回去。爹看他欲言又止的样子，嘿嘿笑了两声说："你放心吃吧，没事。爹自己种的，保证没用化肥和农药，用的是农家肥，干净，绿色，别舍不得吃，吃完了，下次我再给你送。"

爹说得很大方，很豪情，可是他再也无法忍受，冲口而出："爹，地瓜城里有卖的，早市、农贸市场到处都有，没几个钱，花 10 块钱能买一大堆，您老何必苦巴巴地一趟一趟背着地瓜往城里跑？您不嫌累啊？我们又吃不了多少，您老人家每次背来的地瓜，最后都进了垃圾箱……"

他说得冲动而忘情，回头看爹，发现爹面色铁青，呼吸急促，指着他大骂："你小子有出息了，忘本了？不吃地瓜这种粗粮了？你忘记了你小时候，每次缠着我耍赖，爹，我再吃一个吧？"

那是物质贫乏的年代，和现在的多元化时代无法比拟。但是，此刻，他已无法和爹分辩这些，因为爹被他气得犯了心脏病。

他背着爹，从 11 楼背到 1 楼，爹不是很沉，可能和爹每次背上 11 楼的那些地瓜重量差不多吧。背着爹的时候，他想起小时候的那些事，爹每次把蒸熟的地瓜分给他们姐弟几个吃，他自己不吃，他说他不喜欢吃，可是地瓜那么好吃，又甜又起沙，爹为什么不喜欢吃呢？

把爹送进医院的急诊室抢救，医生说不是心脏病，是急火攻心导致的高血压，千万不能再生气了。

那天的行业会，最终他没有去参加，就算是考核他的业务能力，影响升职也是没有办法的事，毕竟爹只有一个。他天天陪在病床边，给爹讲故事，买好吃的，给爹洗脸擦手，可是，无论他怎样逗爹开心，爹始终一言不发。

无奈，他只好把爹送回乡下老家。爹一回到老家，就去田里看他的那些蔬菜和庄稼，像看他的孩子一样，眼神里写满慈爱，根本不搭理他。

娘说："儿子呀，别生你爹的气，在你爹的眼睛里，那些地瓜都是他的宝贝，没有什么东西能比得上。从春天开始，他就选最好的地瓜，放在暖炕上，用沙子培上，然后浇水，育秧苗，然后再一棵棵栽到地里，浇水，松土，锄草，喂肥，都选上好的农家肥，忙活整整一个夏天。然后把地瓜刨出来，选大小匀称的、红皮的地瓜给你留着，他说红皮的甜，起沙。"

他听娘讲爹和地瓜的故事，心中像被淋了雨一样，湿淋淋的，难受，原来地瓜在爹的心目中是最好的东西，原来爹把他最好的东西送给了他，他却并不懂得珍惜，反而把爹的宝贝送进了垃圾箱。

他去田里找爹，爹正看着那些地瓜的秧苗发呆，他嗫嚅地说："爹，等我们家里的地瓜吃完了，您再给我们送些吧！"爹的情绪果然被点燃了，瞬间快乐起来，爹很高亢地说："没问题，爹种的地瓜又甜又起沙。"

爹的幸福很简单，就是把他认为最好的东西送给他，而他又能快乐地收下。

入选 2013 年福建泉州地区联考试卷

亲情专线

前几天，和朋友小林一起吃饭。

小林是一个很节制很有分寸的人，生活中总是一板一眼，话不多说一句，路不多走一步，饭不多吃一口。他倡导节俭生活，他的所谓节俭，换句话说，就是对自己很苛刻。再换句话说，就是有些抠门。对自己如此，对别人也是如此，不该花的钱绝不乱花。

我笑他活得太累，看中的房子没钱买，看中的车子舍不得买，就连看中一双鞋子也要三思而后才买。他说，你不当家不知柴米贵，居家过日子需要花钱的地方太多了，孩子上学，老人看病，柴米油盐，什么地方都需要花钱，偏偏这年头，什么都涨，就是工资不涨，折腾不起啊！

他一张嘴，吐出来的都是苦水，生活在都市里的人大抵都是如此吧！日日奔波在钢筋水泥的丛林里，辛苦操劳却未见得想要什么就有什么。表面上看，大家都很风光，但内心里都有无法说出来的苦楚。

正说着话，小林的手机响了起来，但并不是他放在餐桌上的那部手机。

他听到电话铃声，就像一个战士听到了冲锋号，立刻放下手中的碗筷，急忙拿起旁边的包包，从里面拿出另外一部手机。他打开手机，嗯嗯啊啊了一阵子，然后重新放回包里。

这个对自己很苛刻很抠门的男人，居然有两部手机。有两部三部手机的人很多，并没有什么稀奇的，可是问题的关键是这个有两部手机的人是抠门男人小林。

我好奇心起，这个看似老实的男人，不会是玩花心游戏有了情人吧？我笑，调侃他："是你自己交代呢还是等着我审问？"他有些摸不着头脑，疑惑地问我："交代什么？"

我说："别装了，快点交代吧？刚才是谁来的电话？"

他不听则已，一听这话，有些腼腆地笑了，憨憨地说："除了我妈还能有谁？"

眼前的这个大男人，仿佛一下子回到了小时候，说话的神态有些扭捏，有些憨厚，有些幸福，有些敬畏，我说不清楚。

我有些不大相信地问他："你妈来电话还用搞得这么神秘？单独一部手机，怎么看都像搞地下工作的。"

小林有些急了，他说："是真的，我妈年龄大了，身体不大好，特别是这两年，老犯心脏病。有一次夜里犯病，我出差在外地，她给我打电话时，我的手机刚好占线，好半天也没打进来，那一次险些要了她的命。我现在想起来还有些后怕，从那时候起，我就另外买了一部手机，号码只有我妈知道，也只有我妈会打这个电话，二十四小时不关机，什么时候都是通的。我妈说，这叫亲情专线。"

听了小林的话，我有些感动，在一个同情泛滥、钟爱煽情的年代，想要感动一把还真不容易。

古人说：父母在，不远游。古时候，交通不便利，没有飞机可乘，也没有火车可坐，骑马或步行，不知道什么年月才能回到家，家中若有点儿事情，等回到家还不是花儿都谢了？

通讯不发达，没有手机可联络，也没有电脑可视频，若是父母生病，等着鸿雁传书，回到家里，还不是黄花菜都凉了？家有老人，为人儿女的不能到处乱跑，以便在父母膝下尽孝。

现代人说：父母在，不关机。现代社会通信发达，交通便利，只要你开着手机，无论你在这个世界上的哪个角落里，都能把你找出来。

父母年迈，老到像孩子一样需要人关爱和照顾，所以，为了父母别随便关机，父母不管在什么情况之下都能找到你，他们的内心才会有安全感。

小时候，父母是你的大树，父母为你遮阴蔽日。

长大了，你是父母的大树，你为父母遮阴蔽日。

亲情就是一个循环往复的过程，也是滚滚红尘中，你心中最温暖的牵挂，无法替代，也无法弥补。今生的血缘亲情，是前世修来的缘分，唯有珍惜，才会无憾。

用我的脚带你去远方

有一段时间，每天傍晚回家，会在通往小区的林荫路上，看到一对年轻的夫妻在散步。丈夫坐在轮椅上，双腿已残，但却看不出半点的悲观厌世，脸上的表情宁静平和；妻子推着轮椅，看上去健康美丽。我不由得在心中为这份看上去美丽的爱情担忧，外面的世界那么精彩纷繁，如花一样的妻子，怎么会甘心日日陪伴在轮椅边，这样的爱情还能坚守多久，这样的爱情还能走多远?

一日，经过他们身边时，一条搭在轮椅上的米色长围巾，如蝴蝶一样随风飘落，眼看着那个女人从围巾上迈过，却并不曾弯腰拾起。我迟疑了一下，捡起落在地上的围巾追上去。

那个女人停下脚步，侧着耳朵倾听，坐在轮椅上的男人笑了，说："你的围巾掉了。"女人连忙回身对我说谢谢。我惊讶地发现，这个长着一双美丽大眼睛的女人，竟然是个瞎子，什么都看不到。

我不由得想起一句话：用你的眼睛替我看世界，用我的脚步带你去远方。是的，那个丈夫是妻子的眼睛，他替妻子看这个世界，描绘着这个世界的色彩，把持着生活的大方向。那个妻子则是那个丈夫的腿，带着他丈量脚下的每一寸土地。

在常人的眼睛里，这对夫妻的生活未免有些暗淡，可是他们却生活得那么幸福，每天傍晚一起散步聊天，我们凭什么以怜悯之心忖度别人的幸福？幸福其实就是一种感觉，浪漫则是一种心境。

一直以为，浪漫，不过是那些物质丰厚者的心情点缀，是挖空心思想出来的爱情花招，是你情我浓时的锦上添花。生活在喧嚣的都市里，爱情已经不再纯粹，不是我们经不起诱惑，而是树欲静而风不止，所以一不小心湿了鞋，出了轨，比比皆是。这样的事情看多了，眼睛会疲惫，心会变得麻木，世故而俗套，付出就要收获，对等才会平衡。

那些传奇的爱情固然经典浪漫，但我真的不能否认，我从这对残疾夫妻的身上，也看到了爱情的浪漫，尽管他们的浪漫卑微得像遗落在角落里一颗不起眼的草籽，但还是让我的内心受到震撼。

每天傍晚回家，依旧会在小区的林荫路上遇到那对夫妻，有时候离很远就能听到他们的笑声。他们还很年轻，未来的爱情之路还很长，但愿能在平凡中固守下去，因为他们在平凡之中演绎了不平凡，在平淡之中演绎了浪漫。

不完美的母亲

中午，她又去学校门口卖盒饭。

隔老远，蔡小美就听到她在大声吆喝：“美味养眼，活色生香，营养搭配，保证干净卫生，都来买啊！”她的声音很有穿透力，在嘈杂如潮的学生中，仍然能独树一帜。

蔡小美不屑地想，说破大天，不也就是一个破盒饭吗？难不成因为绘声绘色地描述，就变成了满汉全席？

居然有同学很买她的账，别人卖盒饭，都是门庭冷落，唯有她那儿被围得水泄不通。蔡小美远远地看着，并不走过去，心中愤愤然：早晨还跟她说，别到学校门口卖盒饭，别弄得人人皆知。蔡小美倒不是怕别人知道她有一个卖盒饭的妈妈，而是怕她这个口无遮拦又爱占小便宜的妈惹事闯祸，让她在学校里没面子，被人耻笑。

可她就是不听，说卖盒饭又不丢人，有什么好掖着藏着的，学校门口好卖，可以多赚点。

还不到中午，这不，她又来了。

蔡小美刚刚想转身走开，忽然听到那边吵了起来，一个女生尖锐的声音：“阿姨，你明明少找了我 10 块钱，干吗不承认啊？”她和颜悦色：“丫头，我这么大人了，能赖你 10 块钱？你一定是记错了。”

蔡小美定神细看，那个声音尖锐的女生是班里有名的厉害角色，人送外号孙二娘的姚琼琼，这两个人纠缠在一起，一时半会儿肯定理不清个头绪。

姚琼琼指着她说："今天，你不把那 10 块钱还给我，我跟你没完。"她也不示弱，一边忙着手里的事，一边回姚琼琼："你个臭丫头，人儿不大，脑子挺烂，回家想清楚了再回来找我。"

刚好是中午放学时间，很多同学围拢过来，不知是谁认出她来，说："那不是蔡小美的妈妈吗？怎么还赖学生的钱啊？真无耻。"

不听则已，一听蔡小美的脑袋一下子就大了起来。

从小到大，蔡小美都不喜欢她，一直不。

她走路的姿势让蔡小美受不了，像个男人婆一样大步流星，风风火火，没有半点女人的柔媚。她吃饭的样子蔡小美也受不了，像饿了好几年似的，大口、大口往嘴里塞，尤其让蔡小美受不了的，是掉在桌子上的饭粒，她会一粒粒捡起来，放进嘴里，有滋有味地咀嚼着。就连她睡觉的样子，蔡小美也看不惯，半张着嘴，满脸都是笑意，肯定是睡梦里又捡到钱包或天上掉馅饼之类的美事让她赶上了。

蔡小美拒绝和她一起上街，实在逃避不了，会和她保持一米左右的距离，在她身后若即若离地跟着。如果在街上碰巧遇到同学，她会迅速把脸扭到一边，装作若无其事的样子看着街边的橱窗。当然，蔡小美也拒绝和她一起去超市或早市，因为她受不了她爱占小便宜的样子，为了两毛钱能费上半天的吐沫，和人家斤斤计较。占到一点小便宜，便会眉飞色舞，喜形于色。吃了一点亏，便会怨声载道，喋喋不休。

有时候，蔡小美坐在窗边写作业，偶尔发呆时会暗自庆幸：幸好自己没有遗传她的基因，一丁点都没有，否则自己在班上肯定是最不受欢迎的同学，谁会喜欢和那样一个小心眼、爱占小便宜的人相处？孤家寡人的滋味可是高处不胜寒啊！

骄傲得像一个公主的蔡小美，其实只是一个卖盒饭的单身女人的女儿。此刻，她站在街边，只觉得脸上火辣辣的，一阵阵发热。

蔡小美没有采取极端的举动，听着同学的闲言碎语，隐忍了一下午，终于挨到放学。一回到家里，就和她吵了起来。

她挽着袖子，在厨房里忙碌，做了蔡小美喜欢吃的西红柿炒蛋、排骨汤。听到开门声，她对小美说："饭马上就好了，去洗手。"

忍无可忍的蔡小美泪水滂沱，冲着她不管不顾地嚷嚷："吃什么吃？气都被你气饱了，告诉你别去我们学校门口卖盒饭，你偏不听。你多收了人家的钱，赶紧还给人家，贪了那 10 块钱也发不了家致不了富，相反，我在学校里怎么见老师和同学？求求你给我留点尊严行吗？"

她放下手中的西红柿炒蛋，气愤至极："连你也不相信我？我说没有多收就没有多收，爱信不信。谁给我留点尊严？不错，我是一个卖盒饭的，卖盒饭的就应该没脸没皮，任人羞辱？就应该连人家泼来的脏水我也伸手接着不成？"

在蔡小美的记忆中，从来没有和她吵成这样，哪怕她那么看不惯她的一些行为，也只是暗中指手画脚，从来没有面对面地冲突。

哽咽中的蔡小美，不知道什么时候睡着了，睡梦中，犹有同学指着她骂，有贪小便宜的妈，就有贪小便宜的女儿。蔡小美百口莫辩，所有的怨恨都倾注到母亲的身上。

两个人谁也不理谁，两天之后，蔡小美终于支持不住晕倒了。老师给她打电话时，她发疯般跑到学校，然后打车把小美弄回家。

迷迷糊糊的时候，小美听到她说："丫头，怎么就不相信老妈呢？妈是有很多的缺点毛病，但是，妈真的没有贪你同学那 10 块钱。妈不优秀，更不完美，可是你不能怀疑妈的人格，更不能怀疑妈对你的爱。你爸去世得早，妈又没什么本事，所以只能尽可能地节省着过，妈像你这么大的时候，也是花朵一般，公主一样，也有梦，眼里容不得一粒沙子的存在，可是生活太能磨砺人了，不是所有的蚌壳里，最终都能磨砺成珍珠，也有像妈妈这样，最终被生活磨砺得面目全非。但是请你相信，不管被生活磨砺成什么样子，本质上的东西是不会改变的，为了你，我也会坚守。”

大滴的泪水润湿了蔡小美的心灵，但她仍然倔强地不肯睁开眼睛。

周一去上学的时候，姚琼琼慢慢蹭到蔡小美的身边，有些难为情地说：“小美，抱歉，那10块钱我找到了，我冤枉你妈妈了，对不起!”

蔡小美的眼泪“哗啦”一下流出来，想起自己对她的不信任，对她的刻薄，对她的伤害，她扭回头对姚琼琼说：“你该道歉的人不是我，是我的妈妈，你残忍地剥落了她的自尊。”

放学回家的路上，蔡小美想起她说过的话：请允许我有缺点。心中不由得牵动了一下，是啊，生活在这个世界上，任何一个人都会有缺点，哪怕是母亲，是圣人，是伟大的人。

是自己对她的要求太苛刻了，蔡小美想，回家后的第一件事就是给她道歉。

迷失的蝴蝶

上大学那年，他 18 岁，从小城一隅的苍凉之地，一步跨入繁华的大都市，眼前豁然开朗。藏书巨丰的图书馆，时尚典雅的咖啡馆，纵横交错的立交桥，高楼林立的城市风尚，到处充斥着现代文明。他有些措手不及，张着一双孩童般的眼睛，看着这个陌生的世界。原来生活是这么鲜活明亮，这么纷繁多彩，这么美好！原来生活还可以有另外一种过法。

一直埋首书本的他，像一个刚刚睡醒的人，低下头看看自己，身上穿着服装市场小摊上淘来的衣服，脚上穿着来路不明没有牌子的旅游鞋，一口浓郁的乡音与这个城市一点都不搭调，甚至是格格不入。再看看那些同学，穿着专卖店里的名牌衣服，手里握着手机，耳朵里塞着耳麦，谈笑风生，神采飞扬。

他下意识地缩了缩手脚，心底慢慢滋生出一丝卑怯，原来人和人是如此不同。

为了缩小心理上的落差，他开始找寻各种各样的借口跟父亲要钱，刚开始，他开不了口，总是吞吞吐吐，父亲急了，骂他："臭小子，有什么事快说啊！想急死我啊?"他狠了狠心说："爸，我的鞋子坏了，想买一双新的。"说完这句，他如释重负，长长地舒了一口气。父亲说："傻小子，就这事儿啊？早说不就完了，爸有钱，别省着，好好念书，身体健康就万事大吉了。”

父亲的要求很简单，好好念书，做一个好人，身体健康，天天向上。如果是以前，他不会觉得父亲的话有什么错，可是现在，他生活在大都市里，看问题的眼光已经不在原来的高度，他在尽可能地逼迫自己靠近大城市的现代文明，贴近时尚的都市生活。

他拿着父亲打进卡里的 200 块钱，买了一双品牌旅游鞋，把脚上的鞋子脱下来扔进路边的垃圾桶里，做这些事情的时候，他眉头都没有皱一下，旧的不去，新的不来。钱不多，只勉强够买一双新鞋，但这毕竟是改变自己的开始。

同学当中，他是最勤奋的，不是学习，而是打工，做家教，送报纸什么的，他兼了好几份职，可是那点收入，对于他期望的生活还是远远不够的。无奈，他只好一次次地张嘴向父亲求助：“爸，我的钱花光了，这一次多给点吧！我闹亏空呢。”“爸，我买了一台笔记本电脑，同学们都有，就我没有，所以咬咬牙也买了，你得支援我点。”“爸，我恋爱了，从下个月开始，你得给我增加一项恋爱经费。”

如此种种，花样繁多，从刚开始的羞于启口到后来成了家常便饭。好在父亲从来没有为难过他，什么时候请求支援，什么时候援助就到。

后来，他喜欢上一个女孩子，校花级别的女孩身边总会有一群追求者，他是属于远远看着的那种，为了追求女孩，他去派广告单，做短工，可是那点收入，根本不够装点一个女孩子膨胀的虚荣心，他只好扯谎跟父亲要钱。

那年寒假快到的时候，父亲的弟弟，也就是他的二叔给他打电话：“臭小子，你能不能不这样没完没了地跟你爸要钱？你就是个败家子，你就是个无底洞，你就是个不长良心的小兔崽子。”他被骂得晕了，没好气地对着电话吼：“我花我爸的钱，你心疼什么？又没跟你要。”

二叔也急了：“我不能看着我的亲哥哥，为了一个不相干的人，搭上半生的幸福，最后再把老命都搭上。”他蒙了：“谁是不相干的人？我是他亲儿子。”二叔说：“得了吧你！你是我哥在火车上捡的，因为你，他半辈子连个媳妇都没讨到。你断送了他的幸福不说，还像索命似的天天追着他要钱。为了挣钱，他去石灰场打工，结果得了很严重的肺病，现在气都喘不匀溜，一口一口的，你的那些狗屁时尚生活就那么重要吗？天天追着他要钱，比讨债的还凶……”

他无言以对，轻轻地放下电话，慢慢坐在地上。

灯红酒绿的大都市，很容易让人迷失自己。他像一只蝴蝶，飞过一片美丽的花丛，美丽的花朵、醉人的花香让他迷失了方向，他折翼在物质堆砌的时尚生活里。想起父亲，不到50岁的人，佝偻得像一个小老头，因为他，不停地从一处奔波到另外一处，不停地对他说：“儿子，爸有的是钱，不给你花给谁花？”

想到父亲，他的心里一阵一阵地发紧，父亲像自动提款机，他像一个没心没肺的人，无休止地从里面汲取养分和爱，终于把机器损坏了。

他从地上站起身，心里默默地念着一句话：有爱的人不会被物质打垮。

他希望自己就是那个心中有爱的人。

母爱是掌心里的海

20 岁那年，她平生第一次和母亲吵架，也是唯一的一次吵架，吵得很凶，吵得天翻地覆。她歇斯底里地对母亲大喊："我知道您不爱我，我知道他们都比我优秀。"母亲咬住嘴唇，有些怒不可遏地对她说："是的，我不爱你，你自己都不爱惜你自己，别指望别人会爱你。"

她无法置信地看着母亲，母亲目光坚定地与她对峙，毫不掩饰，那一刻她的心里充满了绝望，觉得自己是天下最不幸的人，但她依旧梗着脖子回望母亲，脸上写满不屑与叛逆，内心里，却是早已泪流成河，亲情构筑的世界顷刻坍塌。

母亲有四个儿女，她是最没有出息最没有长进的那一个。上学的时候，她从学校里逃出来，以为不上学可以和别人一样，嘲笑那些啃书本的人为书虫。工作的时候，她背着母亲自作主张辞掉工作，以为自己的才华怎么可以在那小小的方寸间慢慢磨蚀掉。失恋的时候，她用刀片一刀一刀割自己的腕，当然只是轻轻地，不会血流成河，全不顾及母亲的感受。任性，妄为，自虐，怪癖，从没有想过那些行为会给母亲带来怎样的伤害。母亲终于在忍无可忍的情况下对她说，不爱她！

这句话让她慌恐失落绝望，像一根刺鲠在喉中，很难受，但她还是明白了一个事实，她是一个被自己母亲抛弃的人。

她摔门而去，自此再没有回过家。带着一腔的悲壮，去了另外一个城市。她不相信，凭着自己的努力会找不到一份工作，会饿饭。她不相信，凭着自己的勤奋，会比弟弟妹妹们差。她也不相信凭着她的真挚和满腔的爱，会找不到一个爱她的男人。

她勤恳做事，踏实做人，一个人在陌生的城市，工作，恋爱，成家，拒绝接听母亲打来的电话。除了她，母亲的身边还有三个优秀的儿女，反正她是那个可有可无的人，是邻居眼里的笑柄，是父亲眼中的失望，是母亲心头拔不掉的刺。她能做的，只是在他们的眼前消失掉。

渐渐地，她不再是众人眼里的异类，人生在一点一点地蜕变，精彩而纷繁。她终于敢正视自己，勇敢地回望过去，但每次想起母亲的话，还是令她隐隐作痛。特别是过年过节那些喜庆的日子，想着家人围坐在一起，共享天伦，她的眼睛就会模糊成一片，看不清东西，她知道她想要什么，可她还是没有勇气回家，因为她实在不知道该怎样跟家人相处。

有一次，小弟打电话来说母亲病了，住在医院里。她一下子慌了起来，正在削苹果的水果刀，不觉中把中指削掉了一块皮，她擎着那只受伤的手指，满屋乱走，忧心如焚。

她终于明白，自己的内心里，最重要的人，不是那个小小的自我，仍然是母亲。急急忙忙收拾东西，请假，舟车劳顿赶到医院里，看见母亲并无大碍，始放下那颗心。母亲静静地躺在床上，手里握着手机，只要电话一响，就以为是她。尽管这些年，她并没有给她老人家打过电话。

猛然间看见她，母亲竟说不出话来，盯着她看了半天，伸手在她的长发上一下一下抚摩着，像小时候那样，半天方说："丫头，你也忒狠心了，一走几年不回，不过看到你现在的样子，健康，平安，我还是很高兴。"她忍了很久的泪，终于一下子夺眶而出。

与弟弟秉烛夜话，弟弟说："这几年母亲几乎每天都是忧心如焚，后悔当初的话说重了。"她听了默然不语。弟弟又说，"母亲曾去过你居住的城市，只为看你过得好不好，却不曾惊扰你。也曾暗中拜托亲戚朋友关照你，不让你知晓，怕你不能接受。就连每晚的天气预报，都要看看你所在的城市是阴是晴。”

她仍然不语，但心中明白，母亲说不爱她，其实是句谎话，只为让她醒悟，她一直在她的身后默默地看着她，关注她。而她，竟然傻傻的，不为所知，天下哪有不爱自己孩子的母亲？心一阵阵抽搐地疼，眼泪止不住地流。

与母亲单独相处的时光，忽然忆起年少时，他们几个围在一起吃新鲜的水果，给母亲一个，母亲说她不喜欢吃；母亲带他们几个出去玩儿，烈日灼灼，他们几个喝饮料，给母亲，她说她不渴。每次他们都信以为真，自顾自地吃喝，无视母亲偷偷舔舐干裂的嘴唇。

原来母亲说了谎话，和她说不爱她是一样的。只是现在醒悟，晚不晚？羊羔尚知回报跪乳之恩，而她尚不如羊？

在母亲的谎言里，她平安地走过人生的十字路口，平安地度过人生的劫难，轻松地度过成长的阵痛，她要感谢母亲的“谎言”。

母爱是掌心里的海，宽容，包纳，令她一生取之不竭，受用不尽，遭遇人生坎坷，或者不公平的时候，她会想起母亲的爱。

给母亲洗脚

我是亲眼看见她给母亲洗脚的。

周六傍晚，去医院排队挂号取药，去输液室挂盐水。上了二楼，路过住院部门口，看见三个女人围成一堆蹲在地上。俗话说，三个女人一台戏，好奇心起，于是多看了一眼。

一个年轻的女人在给一个老太太洗脚，老太太极不配合，一会儿把脚拿出盆外，一会儿又把水踩得水花四溅，洗脚水溅了女人一身一脸。女人并不恼，细声细语地说："别闹，咱们先把脚洗干净，把指甲剪好了，才有好东西吃。表现不好，我带来的糖炒栗子可没你的份啊!"她的语气像是哄孩子似的，温柔，和软，老太太果然乖巧了很多。

一个五六岁的小女孩蹲在旁边玩肥皂泡，在五颜六色的肥皂泡里，稚声稚气地问年轻的女人："妈妈，你干吗给姥姥洗脚啊?"女人扭头看看小女孩，笑了，说："姥姥老了，生病了，我们应该照顾她啊!"小女孩扮了一个鬼脸，附在妈妈的耳边说："可是姥姥的脚，那么脏，那么臭，把你的手熏得都不香了。"女人笑得更厉害了，说："等你长大了是不是不会给妈妈洗脚啊?"小女孩磨蹭了半天，最后咯咯地笑着说："等我长大了，我也给妈妈洗脚。"

我看着这祖孙三代，聚在一起洗脚，说悄悄话，看着女人的手，那么轻柔地一下一下掬着水。有过往的人好奇地停下脚步看着她们，她并不介意，依旧坦然地给母亲洗着脚。

倚在门边的我看得发呆，忽然有些恍惚，忆起儿时，母亲也是这样给我洗脚，水温不冷不烫，刚刚好。母亲的手轻柔温暖，一下一下，所有成长中的烦恼在母亲的手下像轻烟散去。母女二人幸福而甜蜜地说着母女间的悄悄话。母亲问我："等你长大了，妈妈也老了，你会给妈妈洗脚吗?"我咯咯地笑说："等我长大了我也给妈妈洗脚。"

我一天一天地长大，自己也做了母亲，而我的母亲也老了，鬓边华发丛生，身体有恙。可是我从来没有兑现过童年时许下的诺言，哪怕母亲在病中，也总是挣扎着自己下床，洗头洗脚，戴着老花镜剪指甲，有时候不小心竟然会剪到肉。

母亲操劳了一生，吃过很多的苦，这两年风湿愈发严重了，每天晚上总是用热水烫脚，才会暂时缓解病痛之苦。听人说温泉有治疗风湿的功效，刚好我们附近百里的地方有一个温泉小镇，开车去也不过一个多小时的样子，我跟母亲说，这段时间很忙，等过了这段时间带她去那里洗温泉，泡脚。母亲听了开心得像个孩子。

这样的空头支票也不知道开了多少次，母亲每次都像第一次听到那样快乐，其实我知道，母亲只是为了让我快乐而快乐。是滚滚红尘凡俗忙碌的生活让我们的心不再有空隙吗？爱得潦草，爱得虚浮，爱并没有落实到现实生活中，一张一张空头支票，让爱落空。

祖孙三人还在洗着脚，而我的心却乱了……

姐妹淘

混混沌沌地过了些时日，方想起给母亲打电话。电话中母亲又一次把她和妹妹的声音弄混了，母亲问她："你是樱子?"她说："不是。"母亲笑，说："真的是越来越像了，怎么就那么像呢?"

她呆呆地愣怔了片刻，母亲说的像，不是长得越来越像了，而是声音越来越像了，特别是只闻其声、不见其人的时候，简直就难分彼此。

除了声音，她们之间几乎就再也没有像的地方了，樱子身材窈窕，面若芙蓉，而她却像一只土豆，长得有些对不起观众。樱子性格和顺温婉，而她却像一个坏脾气的女巫。樱子聪明书念得好，而她却是上了初中以后，理科再也没有及格过。

总之，她们不一样的地方太多了，很少有人说她们像，可是她们真的是姐妹。她曾经恨老天的不公，恨母亲的偏心，偏偏把妹妹生就得如此优秀，而把她打造成一枚歪瓜裂枣。

八岁那年，她和一群半大的孩子日日在外面疯跑，竹马青杖，芒鞋如飞，摘人家房前的樱桃，打人家屋后的青杏，戴着柳条编的花环到处跑。樱子梳着两根朝天辫，站在大丽花下苦苦哀求她："姐，带我一起吧?"她转过身看她一眼，不屑地说："不行，你跑不快会拖累我们的。"

樱子不依不饶，揪住她的衣襟不肯松手，她假意说好，然后趁樱子不备，偷了她的小鞋子丢在花坛里。樱子丢了小鞋子，泪流不止，小脸儿哭得花脸猫似的，到处找鞋，她有些心软了，可是禁不住那群玩伴儿少年朝她丢眼色，她只好丢下樱子，混进队伍，一溜烟跑了。

跑出去很远，回头，发现那个小小的人儿也在身后跑，可是终究跑不快，在乱中摔倒了，她张着两只小手，泪眼婆娑，倒在我们零乱的脚步声和踏起的烟尘里。

18 岁那年，樱子考上南方的一所大学，假期回来，把写字台上她那个小书架里的书丢到旁边，然后把自己的书放进去。她下班回家，看到后就和樱子吵起来了。

像两只身上长满了刺的小刺猬，任何一个由头都会成为她们吵架的借口，比如争抢一条好看的裙子，比如争抢一双不怎么好看的凉鞋，比如争抢一个小小的书架，凡此种种，结果不是目的，吵架才是目的。

那一次樱子哭得泪人一般，跑去跟父母告状，结果当然是樱子取得了阶段性的胜利，她有些得意地扬一下头，说："姐，爸妈叫你过去呢!"

不言而喻，父母把她叫去，狠狠地批了一顿，她倔强地扬着头，不肯认错，结果是晚饭没得吃，早饭也没得吃，午饭也没得吃。

是樱子背着父母偷了些吃的给她，她吃饱了，渐渐活泛过来，跑出去再不肯回家，对樱子抱着不理不睬的态度，樱子得意的神气，没多大会儿工夫就暗淡下去了。

28 岁那年，她出嫁，樱子跑前跑后，帮她选嫁衣，置嫁妆，忙得鼻尖上有了一层小小的汗珠。彼年，樱子已是一个两岁孩子的母亲，樱子比她小，是妹妹。她比樱子大，是姐姐。就算是姐姐又能怎样？就连嫁人这种事儿，她也是比不过樱子的。她暗淡，泄气，这一生，她只怕都会落在樱子的身后。

可是就算不甘心又能怎样？毕竟各人有各人的缘分。

怀孕生子几乎是每一个女人都无法逃避的命运，她也是如此。生产时意外难产，医生问家属，保大人还是孩子，话还没有问完，樱子就哭了，一脸的泪，插话说："当然是保大人，还用问吗?"

那一次，樱子哭得稀里哗啦，所有的泪都是为她而流。

不知不觉间，光阴已老，岁月忽晚，惊回首，华年不再。

这世间，除了父母之外，樱子成了她最亲的那个人，成了她最近的那个人，成了她的主心骨。什么事情，都爱同她商量。

偶尔想起年少时的姐妹淘，她的脸上会堆满会心的笑容。姐妹淘，一起淘出来的时光，一起淘出来的幸福，一起淘出来的亲情。

光阴会老，岁月会老，唯有亲情不会老，唯有爱不会老。

给父母找点“麻烦”

忘记了那天是谁请客，山珍海味点了满满一桌子。推杯换盏畅谈甚欢间，忽然听到朋友小戴给家里打电话：“妈，我和朋友们在一起，忽然想起小时候您给我做的土豆丝饼，两面金黄，内里酥软，咬一口，满嘴都是葱花和土豆的香味，我忽然很想吃！”他的母亲不知道在电话里说了句什么，大约是拒绝了，这个三十几岁的大男人居然用略微有些撒娇的口吻对着电话说道：“您老不是说最心疼我吗？我就这点愿望，不，我不管，不舒服也得给我做，星期天我就回家吃，到时如果吃不到，以后您和父亲吵架，别想我站在您这边！”

不知道什么时候，大家都停止了喧哗，静静地听着小戴讲电话，小戴挂了电话，才发现气氛有些不一样，他尴尬地搓搓手，不知道说什么好。一个朋友率先打破了静寂，豪爽地说：“不就是想吃个土豆丝饼吗？别麻烦她老人家了，天气这么热，累坏了可是大事！叫服务员来，想吃海鲜的还是肉糜的？让他们做去！”小戴摆摆手，连忙说：“别麻烦了，我就是有点怀旧，想起小时候母亲做的土豆丝饼，忽然很想吃！”

朋友之中，小戴其实是混得最好的一个，要车有车要房有房，事业小有成绩，而且是个出了名的大孝子，为了吃一张土豆丝饼，居然忍心麻烦他有病在身的母亲大人。想吃什么，尽可以去饭店里点，又不是花不起那钱，打着怀旧的幌子麻烦自己的老妈，实在有点说不过去。我对他有了一点小小的看法，但却隐忍在心。

隔了一段时间，我和小戴一起去海边钓鱼，等鱼上钩的间隙，小戴掏出手机给他父亲打电话："爸，我上次让您去图书馆帮我查的资料找到没有？我等着急用，嗯，我没有时间，有时间还能麻烦您老人家啊？最好快点，下周末之前给我！"

挂了电话，小戴看到我疑惑不解的神情，耸耸肩笑了："反正他们闲着也是闲着，不如让他们帮我干点事，我省出时间干别的。"我讥讽他："有时间钓鱼，没有时间去图书馆？"小戴说："我平常工作忙，总得拿出点时间休闲一下，劳逸结合才会出效率。"

对于小戴的解释，我有些嗤之以鼻，这是什么逻辑啊？自己需要劳逸结合，却支使父母为他做这做那，这就是所谓的孝子？真不知道他是怎样沽名钓誉，给自己披上一件这样美丽的外衣的。

自此，我有些看轻他，不大与他来往，一个连自己的父母都不体恤都不爱的人，是不值得做朋友的。

偏偏小戴是一个很不知趣的人，还是喜欢和我来往，闲时约我一起喝茶，我推托了几次，终于没有理由再推托才去了。茶香袅袅间，又听到他给父母打电话："妈，我上次让你们给我剥的毛豆剥好了没有啊？过了这段时间，市场上就没有带壳的毛豆卖了，最好给我多剥点，我放在冰箱里，留着冬天吃！做汤做菜，放进去一点，养眼又有营养。"

我终于忍无可忍，对小戴说："超市里有卖剥好的青毛豆，你干吗非要麻烦父母亲手给你剥呢？你不麻烦他们你能死啊？干吗非要把自己的幸福建立在父母的痛苦之上？我本来不想说你的，谁让我们是朋友？其实大家早都对你有看法了！"

面对这铿锵有力的斥责，我以为小戴即使不会挥拳赏我几下，也会翻脸无情，即便是朋友，我的话也有些重。小戴没有想到我的反应会这么大，在错愕中看着我一点一点平静下来，笑着说："你误会我了，我经常给父母找点麻烦不假，但那都是为了他们好，从实际情况出发。我母亲最喜欢我夸她菜做得好，每次一说喜欢吃她老人家做的菜，她都会开心好几天。我父亲不爱运动，退休以后，天天把自己关在家里，除了看报纸就是看电视，为了让父亲多锻炼，我才想出去图书馆查资料这一招，因为图书馆和家的距离有两站地，刚好散步就去了。至于剥青毛豆，是因为最近刚听人说，剥毛豆可以锻炼手指和大脑的灵活性，预防老年病，并不是我真的爱吃青毛豆……"

听着小戴的话，我一时间思维短路，平常总以为给父母买点好吃的，买点好喝的，买几件新衣服，让他们多享受享受，少干点活，就是孝敬父母，谁知道适当地适时地给父母制造点小"麻烦"，让父母觉得自己被需要，也是对父母的孝敬。

子欲养，而亲尚在，那就是一个人最大的幸福！

半师之谊

有一段时间，她的心里像长了草一般，情绪很坏，坏到极点，坏到不可收拾的地步。无法排解的时候，她就打开电脑，开了文档，胡乱地写下一些文字，然后随手丢到市报副刊的信箱里。电子邮件就是方便，每隔一段时间，她都会把一些心情随笔、生活感悟之类的文字发过去。

第七封邮件的时候，她意外地收到了回复。电子邮件的背景是很多颗小星星，右下角有两个卡通男孩和女孩，头抵着头，坐在铁艺的椅子上，相对用吸管喝着什么东西，浅淡的底色，看上去很温馨。

电子邮件尽管没有信笺那样的质感和温情，但是，她还是被这封淡黄底色的邮件轻轻地感动了一下，毕竟不是每一封邮件都有回复。可是，看过邮件的内容，她就生气了，现在的她太容易激动，可能跟她的心境和遭遇有关吧！

邮件的内容先是肯定了她的文章写得不错，文笔清丽，行文隽永，风格清新，紧接着笔锋一转，说某篇文章里，有一处有个错别字，还有一处，标点点错了，随后就唠叨开了，絮絮叨叨地说着标点的重要性。

她觉得这个人很认真，认真到有些迂腐，不过是个标点，新新人类的文章，标点都是随心所欲，随便断句，有什么可值得大惊小怪的。她牵了牵嘴角，夕阳的余晖透过窗棂打在她的脸上，她暗淡地想，这个编辑怕是有 50 岁了吧？一副老学究的面孔，隔着电脑都能闻到其酸腐之气。

对于市报编辑的认真，她很不以为然，再给他发文章的时候，依然故我。而他也不是每封邮件都回，隔三岔五，偶尔回复一下，仍是一副挑剔的眼光和口吻，当然偶尔也会肯定和鼓励，但那样的时候极少。

她有些愤愤不平，不就是一个副刊编辑吗，有什么了不起的？

有一次，她心情不好，正对着家人发脾气，摔东西，母亲唯唯诺诺地站在她的身后，缩手缩脚，任她宣泄。电话就在那种时刻忽然响了起来，是找她的。

一个低沉优雅充满磁性的男声，很好听，是市报副刊的编辑。他开门见山地报了家门，然后很不客气地指出她最近一篇文章里引用的诗句是唐代女诗人鱼玄机的，而非薛涛的。她的脸一下子红了，他看不到，但她自己知道。苍白地辩解了几句，无奈他引经据典，据理力争，说她为文空有姿态，华而不实。她想，他是想说自己的文章很空洞吧！他凭什么教训自己？他算老几啊？她淡淡地说："我写文章只为打发寂寞无聊的时光，并不想成名成家、当什么大作家，所以谢谢你的热心。"

她狠狠地摔了电话，这时节，她没有心情跟他讨论文章的事。可是他的话，还是像鱼刺一样鲠在喉中，上不来，下不去，憋得难受。

情绪风暴过去之后，心情终于和缓下来，她上网搜索了一下，发现他说的果然一字不差，而自己竟然犯了一个想当然的低级错误。她坐在电脑前，仿佛时光停滞了一般，她想了好多问题，包括为文的严谨，也许他说得对，如果做，就要尽可能做得好。

她想给他打个电话，表示一下歉意或者谢意，拿起电话的手，停在半空中，却始终没有拨出去。

那天早晨，进手术室之前，她又开始胡乱地发脾气，绝望和恐惧的气息弥漫得到处都是，一波又一波，她无法控制，忍不住又想骂人，可是，想不到他来了，那个常来常往却从来没有见过面的副刊编辑老师。她呆了，张了张嘴，却什么都没有说出来。

好半天，她笑了，说："以为你是个五六十岁的老学究，爱板着脸训人，想不到你这样年轻!"

显然，他也很吃惊，眼前的女孩和他差不多大，长发，文静秀气，却坐在轮椅上，正在等待人生中不知第几次手术。

他拿着两本精美的唐诗宋词，打算送给她。他也笑了，说："原谅我的好为人师!"

多年以后，女孩真的成了一个作家，报刊和杂志上常常能读到她精美的文章，有了自己的粉丝和读者。当然，她也常常会想起那个有着半师之谊的年轻编辑，想起他的时候，她脸上的笑容像花朵一样，渐次盛开。

小舅舅

小舅舅去世那年 38 岁。

38 岁，应该说是人生最鼎盛的时光，无论生命、思想，还是事业，可是小舅舅却在 38 岁那年，生命最鼎盛的年华里，戛然而止，成为绝响。

小舅舅去世那年的前一年，曾回过故乡。那时候我还小，十几岁的半大孩子，对什么事情都保留着一份似懂不懂的天真，除了欢喜于舅舅带回来的那些五颜六色的糖果之外，再无它。这个人在我仅有的记忆里，只有三两次的会面，岂止是不熟，简直和陌生人一样。

我打量着这个人，面孔虚肿，脖子粗大，眼神无光。据说那时候，他已经生了很严重的病，死神已经在不远的地方向他招手。和我记忆中的小舅舅对不上号。母亲说，小舅舅有才，长得帅，最重要的是人好。在吃不上饭的那些年，每餐饭分给每个孩子一块小小的咸豆腐干，他不吃，只看，别人问他："为什么不吃啊?"他笑，说："我人小，不能帮家里干活，所以不吃。"母亲每次教育我们几个不听话的孩子，都会讲这个故事给我们听。

我曾见过小舅舅穿军装的照片，真的很帅，眉梢眼角都是笑意，完全不是现在这般模样。好在，他天性乐观，走到哪儿，身边都围拢着一群人，听他讲大城市里的故事。他整天嘻嘻哈哈，会见亲友，和乡亲们神侃。自少年时代出去求学，那是他在故乡待得最长的一段时间，大约有一个月吧。

母亲总是在没人的地方流泪，背过身来，然后装成没事人一样，尽量做一些舅舅小时候在家乡吃过的食物，舅舅跟母亲关着门说过很多话，可是大多我都听不大懂。

舅舅走的那天，外祖母没有出门相送，那时外祖母已不能起床，倒是母亲送了一程又一程，恋恋不舍。而舅舅更是一步三回头，走出去很远，仍然回头，看着村庄的方向，时不时地挥起衣袖抹眼睛。

那时候，我真的不懂，干吗搞得那样凄凄惨惨，难道再见不成面了吗？

当真，就再也没见过，小舅舅那年回去后就永远地走了。母亲伤痛难抑，却也不敢当着外祖母的面流泪，怕外祖母受不了晚年失子之痛。可是，无论怎样，都没留住外祖母，不久，外祖母也去世了，至死都不知道小舅舅先她而去这件事。

我至今都不知道母亲是怎样熬过那段时光的，至亲骨肉相继离去，对她的打击可想而知，她常常跑去外祖母的坟前号啕大哭，可是，怎么哭都哭不回失去的亲人，哭不回远去的时光。

多年后，我离开家，去外面读书，每次走时，都是一步三回头，恋恋不舍。

多年后，我离开家，去外面工作，每次走时，都是一步三回头，依依惜别。

多年后，我离开家，去和另外一个人一起生活，嫁为人妻，我哭了，心情纠结，一半是甜蜜一半是忧伤。

多年后，我终于能够懂得，小舅舅当初离开故乡时，那种恋恋不舍、一步三回头的心情。他知道，那一步踏出去之后，就是永别，再也回不来的故乡，再也见不到的亲人。羁绊他步履的，是故乡的山水，是小时候生活过的地方，是老家那些和他有血缘亲情的人。

一步天涯，一步永诀。

今生永不能再见。

羁绊，像一根看不见的线，一头系着家和亲人，一头系着一颗离去的心，不忍，也不舍。那些能羁绊我们步履的，总是我们生命中最重要的人与事。那些能羁绊我们步履的，总是比我们的生命更珍贵的感情。

那么多年过去了，偶有想起当初小舅舅离去时的情景，心便会一阵一阵地抽痛，那个与我的生命与我的生活没有多少交集的人，那个一生只见过三两面的“陌生人”，那个被病痛折磨得不成样子，却依旧在他最后的岁月里，在他心情极度糟糕的日子里，保持乐观开朗的个性，盘腿坐在土炕上给大家讲笑话人，他是母亲的小弟弟，是我的小舅舅。

羁绊，是一个让人产生温暖的词。羁绊里面有不舍，有隐忍，有无奈，有不甘，也有恋念。那些能够羁绊我们的人，必将是支撑我们整个生命整个人生的人。

爱的马拉松

他 20 岁，智商却等同于一个三四岁的孩童，不会表达感情，不会与人沟通，不会与人相处，甚至不会微笑。他的人生哲学里没有给予和接受的概念，他活在自己的世界里，别人无法进入。

他什么都不会，生活中最基本的小事情都做不好，但他却会抢包。在街上，他看到一个美丽的女孩背着有斑马纹图案的皮包，就忍不住过去动手抢。母亲赶来的时候，他已经被女孩扭送到警察局，被指控为抢钱的小偷。母亲气得浑身哆嗦："他不是小偷，他对钱没有概念，他只是喜欢你包上的斑马纹。"这样的辩解无疑是苍白无力的，谁会相信？

在车站，他与母亲走散，居然伸手去摸一个女孩的屁股，因为女孩穿着一条有斑马纹图案的裙子。母亲赶来的时候，他被当成臭流氓，正被女孩的男友暴扁。母亲像一只好斗的老母鸡一样上前与人撕扯，她在背后高喊："我家孩子有残疾，我家孩子有残疾……"

是的，她家孩子有残疾。他是一个喜欢斑马和巧克力派的孩子，原本天真快乐，原本和别的孩子没有什么区别，可是忽然有一天，被医院确诊为自闭症。自闭症不是病，而是一种残疾。年轻的母亲崩溃了，把四岁的孩子丢弃在公园里。

印象里，母亲总是能经受住一切风雨，能够包容一切事物，能够顶住一切困难。其实不然，母亲也不是圣人，也有脆弱的时候，也有放弃的时候，幸好那只是一瞬间的念头，只是曾经，只是过往……

母亲带着他到处求医，各种治疗都没有什么效果，于是母亲按照自己的方法训练他的生存能力，治疗他的自闭症。看到树的时候让他触摸，母亲会一遍一遍地告诉他："树，大树。"看到阳光的时候告诉他："阳光，阳光很灿烂。"看到小溪的时候告诉他："小溪，小溪很清凉。"登山的时候母亲会告诉他："心，心在跳。"母亲甚至拿着镜子教他微笑，嘴角上扬，露出好看的牙齿，那就是微笑。

当母亲发现他有长跑特长时，便将希望放在运动上，带着他开始了艰苦的训练，不断为他鼓劲，给他人生暗示："草原的腿值一万美金，草原的身体一极棒。"甚至在被马拉松教练指责为把自己的意愿强加给孩子时，她也没有放弃。在一个母亲的眼里，自己的孩子是最棒的。

尽管这里面有对母爱方式的反思，但是母爱的真实却不容怀疑，也正因为这种有些自私的爱，她才担心将来，所以说出了那样的话："让我比儿子多活一天。"不言而喻，多活一天，就是为了多照顾残疾的孩子一天。都说伟大的母爱没有终点，可这就是一个母亲爱的终点。

因为不抛弃，不放弃，坚持不断地训练，最终他获得了马拉松比赛第四十九名，名次不重要，重要的是参与，是与人的交往与接触，是融入。当摄影师说："来，看这里，笑一下。"面对镜头，原本表情呆滞僵硬的脸，渐次展开灿烂的笑容。那一刻，母亲流下了幸福的热泪，母子两个深深地拥抱在一起。

马拉松比赛对于运动员来说是一场严酷的考验。自闭症患者对于一个母亲来说，无异于一场爱的马拉松，也是一场体能和意志的考验，不抛弃，不放弃，哪怕这个孩子再笨再傻，也会创造奇迹。

因为爱，一个母亲成就了孩子的人生。因为爱，一个孩子成就了母亲的心愿。爱的马拉松，让我们永远不放弃身边那些需要关爱的人。

当年，杜鲁门当选为美国总统后，一位记者采访他的母亲时说："有这样的儿子，您一定十分自豪。"杜鲁门的母亲微笑着点点头说："是这样的，不过我还有一个儿子也同样使我感到自豪，他现在正在我家的地里挖土豆。"

在一个母亲的眼里，她的儿子无论是总统还是种土豆的，都一样优秀，给予的爱也一样，不会有失偏颇。

流年里不一样的爱

小时候的我，任性，胡闹，妄为。打碎了母亲陪嫁的细瓷花瓶，居然能面不改色心不跳地对母亲说："不赖我，都是咱家那只淘气的猫，追逐一只绒线球球，把花瓶打碎了。"

一脸无辜的我，努力做出平静的样子，尽可能博得母亲最大的信任。谁知母亲并不上当，仿佛背后长了眼睛似的，说："你是不是去花瓶里拿妈妈的零钱，把花瓶打碎了?"事实面前，我仍然抵赖，强硬到底："不是我，不是我，我没有拿!"母亲看着如此耍赖的我，宽容地笑了笑，不了了之。

想吃母亲做的手擀面时，我居然跟母亲装病，躺在床上拒绝吃喝。母亲把手覆在我的额头上摸了一下，问："怎么了？哪里不舒服?"我有气无力地说："病了，就想吃妈妈亲手擀的面条。"

母亲在我的屁股上拍了一下："小馋猫，体温正常，没有发烧，也没有咳嗽，没事装什么病？快去上学吧!"

我懊恼不已，怎么也想不明白，是哪儿露出了马脚，怎么一下就被母亲识破了呢?

中午放学回家，意外地看见餐桌上有一碗鲜香扑鼻的手擀面，异常欣喜地扑过去，一面吃，一面夸下海口："妈，等我长大了，请你吃外国面条。”其实，那时的我也不知道外国究竟吃不吃面条，我只是用那样一种夸张的语气表达自己欣喜的心情。

青葱岁月里，最喜欢的就是漂亮衣裳，那时候总是想方设法跟母亲要钱，积攒得多了，跑到街角，买一条漂亮时髦的裙子。那时候以为，母亲手里的钱是花不完的，完全不曾设想过居家过日子，柴米油盐处处需要钱，也完全不知道母亲是怎样一分一分算计着过日子的。

跟母亲要钱的时候，要得理直气壮，要得天经地义，最后总是母亲以妥协而告终。

那时候的我，和天下所有的孩子一样，在母亲面前，任性，撒娇，说谎；在母亲的宽容里，尽情地汲取那份爱。

时光荏苒，转眼我长大了，母亲老了，母亲变得谨小慎微，谦卑怯懦。

有了自己的小家，家庭、孩子、事业，整日忙忙碌碌，像一只陀螺一样不停旋转。母亲打电话来，试探地问：“你还好吧？有时间回家吗？”我忽然想起，自己很久没有回家了。母亲放下电话之前说：“没打扰你吧？我不给你添乱了！”

忽然有了生疏的感觉，母亲谦卑婉转的语气刺伤了我，如果母亲理直气壮地说：“别瞎忙了，把手里的事情放放，我想你了，回家看看我！”我想我会快乐地接受，像我小时候撒娇耍赖那样。

父亲生病，在医院里做阑尾手术，前前后后忙碌了几天，因为要办各种手续，因为夜里要陪床，因为要解决吃饭的问题。医院里的饭难以下咽，所以每次都是在家里煮了粥，做了小菜送去，前后也就一个星期的时间。出院时，母亲歉疚地说：“耽误你们工作了，我们不能帮你们什么忙，反而拖累你们……”

母亲的声音越来越小，我忽然想起小时候装病，只为骗取母亲做的手擀面，那么心安理得。

带母亲去逛街，给母亲买衣服，母亲总是喜欢却又舍不得，啰啰唆唆地絮叨：“这么好的衣服，这么贵，我又不出门，穿着怪可惜的，太浪费了。”我安慰她：“穿着自己看，心情舒畅，有什么可惜的？”母亲说：“挣钱不容易，很辛苦，还是节约点花……”

我想起自己小时候，总会找各种借口，跟母亲要钱买衣服买喜欢的东西，从来没有想过要帮母亲节约一点，花得那么理直气壮。

时光里，那个我依赖的人，渐渐老去，变成了一个需要我照顾的人，角色转换了，但是差距为什么那么大呢？

我从来不怕给母亲惹祸，所以任性胡闹，妄为。而母亲却总怕给我添麻烦，所以谨小慎微，谦卑。

原来我给母亲的爱和母亲给我的爱真的不一样。

第四辑
走着走着，花就开了

布列瑟农的乡愁

乡愁如酒，绵密醇厚，盘亘在每一个离乡的旅人心中。无论你是来自一个遥远的小村庄，还是来自一个繁华的大都市，无论你是被迫羁旅天涯，还是你天生喜欢流浪，每一个旅人都会在怀中揣上一种叫乡愁的情绪，不是在心头，就是在眉头，离情别绪的忧伤，像音符一样跳动，声声如鼓点，曼妙如琴音。

听马修·连恩的老歌《布列瑟农》时，我便会有这种略带苍凉的感觉。华丽的苏格兰乐风，轻爵士的风格与古典弦乐交织出一种悲情与无奈。浑厚的男声，非常圆润饱满，勾起人们的缕缕乡愁。

乡愁像一种病，要不了命，却怎么都无法治愈，时间越久，乡愁越浓。乡愁像一杯酒，浅尝不醉，深尝不醒。乡愁像一张白纸，上面写满了离愁别绪的忧伤。

多年前，第一次听这首歌，便不幸被击中。黄昏时分，路过一家音像店的窗外，不经意间被轻轻流淌的忧伤的旋律打动，略带伤感和苍凉的曲调，一直抵达心底，牵扯着某种温柔与疼痛。

谁能说得清得与失，谁能说得清错与对？只有一颗远离故土的心灵在低低地吟唱，在断断续续地呼唤着……

《布列瑟农》是一首整体基调略带忧伤的歌，浮躁的时候，兴奋的时候，听这首歌会渐渐趋于平静和归依。很多时候，当不得不选择，当不得不背井离乡离开熟悉的土地和亲人时，忧伤会渐起苍凉，弥漫于心间，挥之不去。

生活在喧嚣的都市中，心中总会有太多的欲望，太多的想法，太多的失落，总有一些时候，我们会在矛盾中挣扎，让我们不知何去何从。我们太需要一个家园，太需要归依，太需要一个能让我们安静的地方，栖息流浪的心灵、疲惫的身躯。

何不做这样一种试想——午夜，一个人的火车，单调而寂寞的车轮声伴随着车窗外沉寂的星空和一闪而过的群山，那些暗淡的黛色远山，模糊不清的轮廓，伴着时光和夜色渐渐远去，远离家园，远离那个在哪里都会让我们魂牵梦萦的地方。

是什么地方的灯光，透过车窗打在脸上，一闪而过，恍惚而迷茫。一个人的夜，去远方，孤寂与忧伤，那不是谁能够选择的。有一种美好和凄惶，无人诉说，也无人分享。

岁月像一条河，被迫离乡或者自愿离开某些人，一次次告别，一次次分离，依依不舍，却又踌躇满志，矛盾的心情，有几人能懂得？如果可能，当渐行渐远时，我愿意成为一种风景，站在过往的路上，装点家园。

我爱上了忧伤的《布列瑟农》，我爱上了音乐之外无限延伸的想象，我一遍又一遍地听，直到听得泪流满面，那是我仓皇无解的悲凉，像茶一样浓，像酒一样醇，是我无法化解的乡愁。

乡愁是一种病，乡愁是一种无法治愈的病，只要离开故土，乡愁便会在心中纠结蔓延。

音乐洗心

清水洗尘，音乐洗心。

看上去温柔无力的水，却有着常人难以想象的力量，持之以恒，水滴石穿。

一身尘土，一身疲惫，清水能够清洗身体上的尘垢，让人变得清爽干净。人生的旅途上，倦怠了，迷茫了，音乐能够涤净灵魂深处的尘埃，让人变得温润静美。

滚滚红尘中，爱，是一掬清水，在生命中流淌，带给人温暖和希望。音乐，是一掬清水，在心灵深处流淌，带给人宁静和禅意。

偶然与木村好夫邂逅。

那时我还年轻。每一次遇到一点小事便会自怨自艾，自我否定，觉得天空很低，觉得世界一片灰暗，觉得世事不公。

有一天傍晚，出来溜达时，听到路边的小店里传出铮铮的吉他声，非常好听。我停下脚步，站在街头，静静地听着……

琅琅的吉他声很干净，像流水一样，晶莹通透，轻灵飘逸。像美酒一样醇厚，像樱花雨一样美丽，像春天树上没有一片叶子陪衬的白玉兰一样绽放。美丽与哀愁，欢笑与眼泪，六根瘦弦，弹拨捻拢，娴熟空灵。

我站在街头，被一种力量慑住了，像被钉子钉住一般。茫然四顾，车如流水马如龙，身边是来来往往的人流，熙熙攘攘，热闹纷繁，而我却视而不见，径直推开那家小店的门，问店主："这是谁弹的吉他？这么好听！"

店主从报纸上抬起头，愣怔了一下才回过神来说："你说他呀，木村好夫。"

从此，我记住了这个名字。

起初，满街跑，寻找木村好夫的唱片，遍寻不见。找了许久，终于在一家小店里找到一张唱片。卖唱片的店员瘦高个，从高高的音像架上取下唱片，小心翼翼地将木制唱片盒递给我，上面积满一层薄薄的灰尘。我心中没来由地疼了一下，这么好听的音乐被束之高阁，是曲高和寡，还是奢侈浪费？

流行和时尚是一对孪生的小怪物，当一件事物不再流行，不再时尚，追捧和疯狂便渐去渐远，像大海退潮一般。

后来，上网时，我会戴上耳麦，一边倾听木村好夫的音乐，一边浏览网页。

木村好夫擅长用吉他演绎日本民间音乐，他通过独具匠心的艺术再创作，把古典和现代完美地糅合在一起，把民族的和世界的融会贯通在一起。他的音乐，朴素淡雅如月光，轻柔内敛，充满想象的张力。轻快跳跃如小溪，让人情不自禁想起雨打荷叶，晚风轻拂风铃时发出的阵阵悦耳的声音。在他精湛的演绎中，我仿佛看到春天如一只母亲的手，轻轻地抚过大地，冰雪开始慢慢消融，小鸟在树丫上尽情歌唱，樱花在枝头热闹地喧哗着……

能够经得起时间淘洗与沉淀的，一定是经典的。朴素淡雅的旋律，滤走了喧嚣浮躁及狂热，有一种纯净的力量，把心中烦恼的阴霾驱散，把心中欲望的沟壑填平。

尼采说："没有音乐，生命是没有价值的。"

音乐不分国界，好的音乐能够使我们远离一些东西，比如浮躁、欲望、奢华。好的音乐是一掬滋润生命的清水，是一缕照进生活的阳光，是心底一抹清新的绿色，是灵魂的栖息地。

用清水洗尘。用音乐洗涤心灵。

光阴的记忆

第一次听蔡琴的歌，是那首《渡口》，给我的震撼是前所未有的。她的嗓音宽厚、温润、低沉，有一种让人安静的力量，能慢慢抚平人的心灵创伤。

那优美的配器 hi-fi……像一颗温柔的子弹，瞬间击中我内心深处最柔软的地方。那些不曾远去的记忆，那些曾经的伤痛，那些过往的温暖与爱，在记忆中一点一点复苏，被一种力量唤醒，催开记忆的花朵。我在歌声里奔跑、找寻，所有的迷失都被丢在脑后，像春天的白雪，在阳光下渐渐融化。

蔡琴的每一张唱片，我几乎都很喜欢。比如 1986 年的那张《伤心小站》，人工混响的音乐和她低沉的声音，精美的演绎，浓缩了人生的体验和真挚的情感。我喜欢她深沉厚重的声音，像一杯醇香的酒，凛冽绵长，唇齿留香，回味无穷。仿佛那是心灵深处的和弦，不经意间触碰到内心深处哪一根神经，有微微的痛。

那时候，下雨天，或者是一个个黄昏，我和他手拉着手在大街上穿行。小城很小，音像店就那么几家，录音机里播放的都是流行歌曲。在小城来来回回溜达的时候，偶然从街边的哪家小音像店里淘到一张心仪的唱片，心中便有无边的喜悦。那喜悦来得简单而快乐，就像一顿意料之外的美餐。

后来，蔡琴出了《机遇——淡水小镇》，我还是一如既往地喜爱。当然，小城的脚步总是很慢，当我们在犄角旮旯里，发现蔡琴的“新歌”的时候，其实说不定早就变成老歌了，但这并不影响我们的惊喜与快乐。

《机遇——淡水小镇》是一张音乐剧的原声唱片，唯美的音乐与歌声，清纯优美的意境，像一朵朵原野上的小花开在午后的风中；像一滴滴朝露，充满了灵性，晶莹剔透。古典音乐的配声，充满了浪漫主义情愫。蔡琴就那样把一个红尘女子的漫漫心路拿捏准确，表现得淋漓尽致。

也是那次，我失手把这张唱片打碎了，我心痛地守着一堆碎片无语，眼泪一点、一点地充满了眼眶，落下来，滴到唱片的残骸上。我从来没有这样心疼过，小时候弄坏了心爱的玩具，长大了弄坏了心爱的衣服，我都没有这样心疼过。

他看到地上的碎片，就和我吵了起来，他大喊：“你没长脑子啊？这么大的人竟打烂唱片，以后我的东西你少动。”

我呆住了，觉得他陌生而遥远，他还是我认识的那个大男孩吗？我大哭着跑出门去，发誓再也不要理他了，我们的友谊从此完结。

和他和好也是因为那些唱片，年少时的友谊看起来脆弱，其实还是很结实的。

时光流逝，一路慢慢走过来，仿佛很长的一段光阴，又仿佛是刹那间的事情。不觉间，这个独步红尘中的女子已经出了三十多张唱片，像一棵常青树一般，一直被我们喜欢和钟爱。午夜梦回，睡不着觉的时候，听一听蔡琴的歌声，回望一下来时的路。我开始怀旧了吗？有歌声相伴的路上，一直都很温暖。

斯卡布罗集市

一个人的下午，泡上一杯香茗，戴上耳机，从晌午至黄昏，慢慢地感觉时光从杯中缓缓地流走。那样唯美而忧伤的声音，诱惑着我，一步一步掉进去，忘记了身在何处，忘记了今夕何夕。

近乎透明的音质，让我心甘情愿地沉沦。

我仿佛看到山林中，清清的溪流跳跃在山涧，摇曳的野花在风中独自妩媚，那些迷迭香、百里香，以及无法叫上名字的小花，渐次绽开，轻轻地在风中欢唱。

草木的一生，非常短暂，它的绽开也许只是一个季节，可一个季节就是它的一生，短暂得让人唏嘘，而人生又何尝不是如此？

你去过斯卡布罗集市吗？它只是一个小小的村庄，那里有一对年轻的恋人，踩着朝露在林中漫步，踩着朝阳在乡间过往，他们的手指紧紧地扣在一起，他们的脸上挂着笑容，他们是相爱的人。明明是非常美好的意境，可是为什么，为什么我的心中会荡起莫名的忧伤，为什么我会有心疼的感觉和流泪的冲动？

你去过斯卡布罗集市吗？那里有醉人的香草和明艳的鲜花，那些弥久的香味让我想起一位姑娘，我曾经是那么那么地爱她。

这首近乎校园民谣的英文歌，常常让我迷失自己，杯中香茗已冷，那些袅袅的香气渐渐散去，我问自己，我是谁？身在何处？今夕何夕？

《斯卡布罗集市》是一首优美的英文歌曲，朴素的乡村民谣风格，优美的吉他音乐，海浪一般轻柔的和声，仿佛回荡在山谷，我无法不喜欢，无法不痴迷，一次又一次在歌中徜徉与驻足。

这首歌的原唱是保罗·西蒙。多年前，第一次听这首歌，竟然不知道名字，只是觉得声音曼妙唯美。莎拉·布莱曼天使一般的嗓音，把这首歌演绎得经典而唯美，虽然她只是翻唱，可是却像子弹一样，要命地击中了我。

那么久了，久到光阴流转，日历泛黄。还记得当初，把这首歌发给一个挚友，他说这是《斯卡布罗集市》，从此，我记住了这首歌，喜欢上这首歌，从此铭记于心，只是，这样优美的曲调依然萦绕于耳际，而他却从此音信皆无。只有我，一个人，在歌声中张皇失措，淡淡的怅惘，风生水起，渐起的苍茫迷了眼睛。

你说过，要做我一生的挚友。你说过，要读我写的文。你说过，要和我在时光里静静地老去。而今，想起这些诺言，竟然是多么的苍白无力。谁是谁的一生？谁是谁的永远？但无论怎样，只要你好，我就好。只要你快乐，我就不会悲伤。时间的两端，有你和我，只要我们还在歌声中行走，在这个世界上生存，知道彼此安好，从此悲喜已不再重要。重要的是，我们曾经的过往，曾经的交集，已足够我们回味今生。

斯卡布罗集市，我的梦中小镇，我心中的圣地，也许有一天，我会过山涉水，找寻我心中永远的村庄。

绿岛

每个人心中都有一座绿岛，我们在梦中都想抵达的地方。

不能忘记那年夏天，朋友约我一起去岛上游玩。起初，我是不太想去的，手里有太多的事情放不下，父母身体欠安，家人需要照顾，诸多的琐事牵绊，几度让我推辞放弃。

朋友一再跟我说，那座小岛要多美有多美，生态没有遭到破坏，简直如世外桃源一般。绿色的藤萝植物，怒放的花朵，碧蓝的天空，淳朴的民风，汪洋的大海，恣意飞翔的海鸥，孤帆远影……说真心话，这样的描述，真的让我心动不已。

我给自己找了诸多理由，手里的事情可以暂时放一放，不会因此而人命关天。父母的身体欠安，可以随时打电话问候。所谓照顾家人，其实不过是个借口，因为任何一个人都不会因为你的暂时缺失而停止生活。

终于，去了那座被朋友描述得无比美丽的岛屿。那天，阳光灿烂，天空蓝得像镜子一样，偶有大朵的白云飘过，仿佛触手可及。码头上停泊着随时准备扬帆远行的船只，远处的海滩上有赤着脚捡贝壳的小女孩，碣黑的礁石上长满苔藓，怒放的花朵昂扬着生命力，叫不上名字的树木比比皆是，丝丝缕缕的藤蔓植物纠缠不休。

我几乎窒息，以惊愕的姿态，屏住呼吸，站在如明信片上的风景一般美丽的小岛上，敞开怀抱，然后对着海风高喊：我来了……

长长的尾音很快被风和海浪吞噬，我的心中不再有块垒，愉悦、怡然瞬间涌进心房。

那几日，我们住在岛上的一个木屋里，毗邻一个天然淡水湖。傍晚，夕阳斜打在这个小小的天然淡水湖上，紫金色的阳光被水面折射出斑斓的光影，我们在湖边采摘了大把叫不上名字的野花，分出几枝插到发梢上，其余带回房间，找个瓶子注满水，然后把大把的野花插进临时花瓶里，不见得有多么风情妖娆，但却是野趣横生。

夜晚，海风从白纱窗帘的一角轻轻地挤进来，逡巡一圈，然后又转身而回，远处的沙滩上，有人点亮篝火，在唱歌跳舞，歌声时有时无地传来……

月光那么清凉地照在木屋的墙上，我早已无心埋首手中的书，丢下书，一溜小跑，向海滩奔去。

那是一个尽情的夜晚，剥掉了伪饰，抛下了欲望，卸下了面具，还原出一个真实的自我。大家都一样，赤着脚，在月光下，围着篝火唱着歌，舞之蹈之，直至精疲力竭。烦恼离我而去，忧伤不见了踪迹，小抑郁打了一个照面就灰飞烟灭。

我不得不承认，人是自然的动物，有天然的属性，回归自然，奔跑，释放，是洗涤心灵的最佳途径，在与自然相处的过程中，有着天然的愉悦。

其实每个人的心中，都有一座岛屿。寂寞的人，心中有一座孤岛，上面种满了忧伤的树，孤独的花，无奈的草。贪婪的人，心中有一座欲望岛，上面种满了发财树，情色的花，升官的草。快乐的人，心中有一座绿岛，上面种满了阳光的树，明媚的花，葱茏的草。

紧张忙碌的都市生活，充满了欲望和诱惑，每一个人都在矛盾和不安中挣扎，不停地寻找，不停地翻拣，以期捡拾到自己想要的。抑郁时，烦恼时，我们不能每时每刻都在自然中奔跑，但我们却可以启动心中的绿岛，多释放一些阳光和氧气，净化心灵。

回程的那天，还没有离去，我的心中便已经多了几分恋恋不舍的意味，想起蔡琴的一首老歌《绿岛小夜曲》："这绿岛像一只船，在月夜里摇啊摇……"这还没有离开，这座绿色的小岛就已经在我的心里开始摇啊摇的。

入选 2014 年辽宁省大连市甘井子区中考二模拟卷

啼血杜鹃

1

现在想起那天的情景，心依旧狂跳不止。面包车在细如羊肠的盘山路上蜿蜒行驶，速度很快，车窗外的景物纷纷地向后闪去，来不及细看是些什么，已经匆匆地从身边掠过。

一个急转弯，我的身体便离开座位跳了起来，脑袋碰到车顶棚，顿时起了个包。我心中恼火不已，这样一个毛手毛脚的司机，我怎么能放心把自己的安全交到他的手上？如果刚才急转弯的幅度再大些，朋友们要想再见到我，恐怕就得到悬崖底下去找了。我觉得自己的手心有些湿漉漉的，心提到了嗓子眼。

司机轻松自如地和别人有说有笑，极其平常的样子。我无法容忍司机的态度，愤然。坐在我身旁的柳姐看到我这个样子不禁笑了。她说："我们这儿的司机走这样的路，倒是稀松平常，极少出事，因为他们已经习以为常了。相反，如果走宽敞平坦的柏油路，你可不要放心大胆地在座位上睡大觉啊！"

我的好奇心一下被激了起来，忙问她："为什么？"她笑，说是走惯了这样的盘山路。

2

这就是绵绵五百里井冈山吗？群山连绵起伏，苍翠葱茏，生机盎然。此刻，我急切要看的就是那些开得如火如荼的杜鹃花。

井冈山市政府坐落于茨坪。这样一个小城，人口不足十万，海拔七百米左右，地处三面环山的低洼处。山与山的缝隙处，一条小路孤独地通向山外。柳姐说："冬天下雪以后，山路就被封上了。山下面的人想上来，或者山上的人想出去都是十分困难的。"

南方的小城竟有北国的风情，可不是想象出来的诗意。

山里的原始生态并没有遭到破坏，飞禽走兽特别多，野生植物有几千种。这次来，目睹了国家二级保护动物"娃娃鱼"，其叫声果然像极了娃娃的啼哭，让人听了，心动恻隐。

这里的建筑也很有特点，错落有致。特别让我感慨不已的是八角楼，因为八角楼的灯光曾经彻夜不眠。这里民风淳朴，老表厚道，以种植水稻、豌豆、茶叶等为生，人情味很浓。

3

上山这天是五月上旬的一个中午，却有股子秋高气爽的味道，空气清新，这里简直就是一个天然的氧吧。山上的温度比城里要低，充满了凉意。我穿着一条薄呢的裙子却依然冷得发抖，幸好柳姐拿来一件她的外套为我御寒。

柳姐不是地道的老表的女儿，她是南昌城里人，小时候随父母到了山上，从此在山上扎下了根。她的长相与性情充满了南方女人的清秀与妩媚，梳着一对长辫子，脸上是没有刻意雕琢的笑容，坦坦荡荡的样子。她说她特别喜欢杜鹃花。

是柳姐为我们做的导游，去了北山的"革命烈士纪念馆"。一楼大厅是党和国家领导人以及地方政府敬献的花圈。两边是毛泽东、朱德等曾经在井冈山战斗过的英雄们的大幅照片和生平简介。二楼是井冈山死难烈士名单。以县为单位，以姓氏笔画为顺序，映入眼帘的是刻入墙壁的密密麻麻的小字。我一下子被震撼了，久久地凝视着。面对这些名字，我深深地鞠了一躬。

拾阶而上，山顶上是曾经在井冈山战斗过的英雄们的雕像，在这里，每一个雕像都有一个故事。

4

下午我们乘车去了黄洋界，沿途柳姐给我们介绍了红军医院。那是极具当地特色的木质结构的房屋，在竹林深处。据说当年红军伤员在此养伤，消息不幸走漏，所有的红军伤员都被杀害了。这是一个悲惨的、让人落泪的故事。再往上走，有一棵大树，树冠硕大，树干粗壮。柳姐告诉我说，这就是当年朱老总和老百姓一起挑粮食上山休息的地方，小时候在课本里学到的文字、插图，如今竟出现在我的眼前，一时浮想联翩。

再往上走就是黄洋界，位于罗霄山脉井冈山北部，海拔 1342 米，是第二次国民革命时期革命根据地五大哨口之一。从山上往下看，绵绵井冈山，山清水秀，尽收眼底。时而会有一丛丛一簇簇鲜红欲滴的杜鹃花点缀在翠竹丛中，隐现在浓雾的后面。

山顶上有“井冈山黄洋界保卫战纪念碑”，岔路口过去是黄洋界哨口军事防御工事。

站在山口，眼前仿佛弥漫着几十年前的战火硝烟，很难想象这么美丽的景致，一花一草一木都曾经经历过血与火的洗礼。红杜鹃可是用鲜血染红的？此时此地，心中纵有千般恩怨情仇，面对这片土地时都将云消雾散。沧海桑田，不变的是这片山水，是生生不息的红杜鹃。

5

回来的路上，见翠竹掩映中有一处残破的房子，上面书写着这样的标语：打土豪、分田地。我惊讶，这样久了，房子与标语还能继续存留完好。柳姐见我傻看的样子便笑道：“那是有一年在这儿拍电视剧时制作的布景。”

我恍然大悟。

回来后我们去了“茨坪旧址”。这里曾经是毛泽东、朱德等办公的地方，有旧木床，泥做的储水容器、南瓜，还有豁口的碗、毛泽东手稿的复印本、院子里的古树、房后的方竹，所有这些，无不与历史有关。

让我体味最深的还有红米饭南瓜汤，养育了一代将军与士兵的粮食，养育了一方人民的粮食。红米煮粥，米粒圆润剔透，有一股天然的清香。

就要下山了，回头看一眼风中摇曳的红杜鹃，点缀在万绿丛中，开得灿烂动人。

去江南看菜花开

每年春天，我能想到最浪漫的事儿，就是坐火车去江南看油菜花，那是一件美好到令人惬意的事情。春天的气息沾染在每一朵黄色的小花上，湿润、清凉，有阳光的味道，明媚而艳丽。

记得那一年，也是春天，阳光明媚，一个人坐火车去江南。

坐的是慢车，慢车是什么概念？就是走走停停的那种绿皮火车，慢腾腾的，像古老的牛车。一路向南颠簸而去，车窗外一闪而过的景物，纷纷沓至眼前，山川河流由光秃秃的萧条变成土黄，变成嫩绿，错眼间，车窗外呈现出一大片金黄，明晃晃的，那是油菜花的黄，漫山漫野，开得没有边际似的，一丛丛、一簇簇、一片片，但却错落有致，井然有序，像明信片上的风景一样，只一个字，那便是——美！

那是怎样的一种惊喜？当然，只是偶然邂逅的惊喜！

江南，油菜花盛开的季节，一派春光明媚，有惊心动魄的力量。天地间，满眼黄花，迎风起舞，摇曳多姿。一朵油菜花，娇小，不起眼儿，一大片油菜花，接天连地，蔚为壮观。迷人的清香，妩媚的风情，招来成群结队的蜜蜂，招来翩翩起舞的蝴蝶，也招来大批热爱自然的游人，和油菜花一起，感知春天的多情，感知大自然的馈赠。

远远地望去，有两个人影在花田间跃动，手牵着手，在大片的油菜花田中漫步，有暖风微熏，从他们身边经过。有菜花的清香，在他们身边萦绕。有大片明亮的阳光，笼罩着一望无际的金黄。那时节，只觉得现世安稳，岁月静好。

江南好，游人只合江南老。

他们自然不会知道，这次地，有一个坐在火车里的人，正无比艳羡地看着他们在花田里漫步，看花，闻香，沐浴阳光，陶冶心灵，净化灵魂，人与自然合而为一，在一片欣欣向荣里陶醉。

惊蛰过后，几场春雨，春风一度，大片的油菜花儿都开了，朵朵迎着风，向着阳，嘟着小嘴，绽开了笑脸。唐朝诗人杨万里曾写过："篱落疏疏小径深，树头花落未成荫。儿童急走追黄蝶，飞入菜花无处寻。"诗人笔下，好一派田园风光，花田小径深，儿童捕蝶忙，菜花开得好，蝴蝶无处寻。

乾隆帝也曾写过关于油菜花的诗："黄萼裳裳绿叶稠，千村欣卜榨新油。爱他生计资民用，不是闲花野草流。"在乾隆帝的眼里，这一朵普通的小菜花，不是闲花野草辈，花落籽实，籽可以榨油，于国计民生有大用。

油菜花其实就是一朵平凡的小花，没有牡丹的国色天香，没有梅花的桀骜不驯，没有水仙的冰清玉洁，更没有菊花的傲霜凌雪，可是却仍然有很多人喜欢它，喜欢它的不娇柔不造作，喜欢它的亲和与平民，喜欢它低到尘埃里的姿态。

油菜花的好，是它会开成大片的花海，波澜壮阔。花开的季节，有如千军万马踏过，蔚为壮观，惊心动魄。只可惜这好，持续不了太久，一场春雨，几场春风，花落萎谢田间，化作春泥。归根结底，油菜花的好，是花落之后，菜籽榨油，为民生大计，这才是人们喜欢油菜花儿的真正原因。

火车从江南过，在大片的油菜花地里穿行，那时节，春正好，花正开，心会随着火车一起在花田里飞翔。那种美是大美，不是心旷神怡所能形容的。明年春天，我还要坐火车去江南，看油菜花盛开。

湿地芦花

你见过绵延百里上万亩的红海滩吗？红海滩自然是红色的，金秋时节，那些生长在滩涂上的碱蓬草由绿变红，经霜之后，变得更加灿烂和耀眼。

驱车数百里，一路尘土飞扬，车子脏得像泥猴，至辽河入海口的红海滩看芦花，闻稻香，观鹤舞。

我不是多么诗情画意的人，但看到如此壮观美丽的画卷，还是深深地感到窒息。那一刻，在渤海的最北部的湾头，湿地生态奇观震撼了我的心灵。

在那片辽阔的湿地上，在那片湿润的蓝天下，生活着多种植物与鸟类。生活在这里的鸟类，无论是高贵的还是低下的，无论是姿势优雅的还是丑陋的，一律和平共处。我曾与美丽的丹顶鹤亲密接触，注视着丹顶鹤从人们的头顶轻轻掠过，在红海滩的湿地上轻轻起舞。

看着丹顶鹤美丽的舞姿，我不由得想起一首老歌：走过那条小河，你可曾听说/有一位女孩她曾经来过/走过那片芦苇坡，你可曾听说/有一位女孩她留下一首歌/为何片片白云悄悄落泪，为何阵阵风儿为她诉说/还有一群丹顶鹤轻轻地、轻轻地飞过……

这首歌是讲一个女孩为救丹顶鹤失去生命的故事。

我正在胡思乱想之际，忽然看到一个八九岁的小女孩，从月牙湾采了一大束芦花，欢呼雀跃地穿过人群。金秋时节是看芦花最好的时节，大片的芦花，似雪如棉，在风中轻轻摇摆，仿佛向人们致意，也仿佛轻轻地诉说着自己的欢喜和忧伤。宋人董嗣杲有诗说："冗花焦叶袅风漪，乱展江乡白渺弥。两岸水枯鸥宿处，一天雪衮雁衔时。"芦花飞雪，似世外仙境，有多少的烦恼和忧伤，在这样的画卷里都会忘却。

一直以为，肥沃的黑土地上，只生长醇香的稻米，只生长茁壮的庄稼，想不到却有如此美丽的湿地和生物。

回程途中，沿途两岸，是一望无际的金黄色稻浪，随风滚动。有心急的农人，已经开始挥镰，提前享受丰收的喜悦。割稻是个苦差事，腰弯成九十度，一刀一刀，汗水滴落，没有机会喘息。农人脸上洋溢着幸福的笑容。我能够体会他们的心情，辛劳了一年，就为这收获的一刻。

把车慢慢泊在路边，走下田间，撸下几颗稻粒，放在鼻子底下深深地嗅一下，放在嘴里慢慢咀嚼，稻香盈鼻，口舌留香，粮食的味道能让人生出幸福感和满足感。

久居都市的人，在滚滚红尘中，抱怨、窃喜，权衡利弊，计较得失，心中都有一本小九九。为失去而焦躁，为得到而欢欣，为车子房子升职而焦头烂额。其实大可不必，带着老人和孩子到外面的世界看看，去看看湿地，去看看芦花，去看看那些自由自在的鸟儿，大自然会洗涤我们的贪欲，净化我们的灵魂，让我们重新找到幸福的感觉。

微旅行

所谓“微旅行”，顾名思义，就是路途近点，景点小点，当天去了当天返回，当然也可以随心情住上三两日，闲适自由，全身心地放松，不需准备太多的行装，不必做太多的计划和准备工作，不必操心是否能吃上，不必操心是否能住上的旅行。因为去的地方大多就近，不是什么名胜景点，所以人流分散，不会有人满为患之忧。在短时间里去就近的地方旅行，既能释放身心压力，又不会影响到工作，可谓一举多得。

朋友小宫疯狂地爱上了这种旅行的方式，她说：之前几年，总是对去远方充满无限的遐想，总觉得远方才有风景，每当假期来临时，总是计划着去心中向往已久的地方，名山大川、名胜古迹、异国风情都在备选之列。于是报名跟团，急急忙忙地出发，又行色匆匆地返回，贪多贪远，总觉得时间不够用，既没玩好，又疲惫不堪。仔细回想一下，都有哪些风景留存心中呢？又似乎并无太深的印象，上车睡觉，下车方便，到了景点就拍照，搞得跟急行军似的从一处赶往另一处，被导游领着购物，每一个景点都是人山人海，每到一个景点都是走马观花，既没有玩好也没有放松好，相反却弄得整个人都疲惫不堪。这样的印象在大脑里自动缓存，所以再提旅行，哪怕只是想一想，都觉得心有余悸。

最近一两年，她舍弃了那些去大地方、远地方、名地方的念头，每年的长假短假，再也不会盲目地人云亦云，再也不会奔着那些让人热血沸腾的景点而去，而是选择就近“微旅行”，既节省了时间精力和物力，又放松了身心。

紧张忙碌的都市生活，竞争激烈的工作，生存的压力，让大家爱上了一个“微”字，比如“微博”，比如“微小说”，比如“微旅行”……

“微旅行”可以有许多的选择，可以把自己的创意发挥到极致，比如森林之旅、农庄之旅、田野之旅，等等，总之是想去哪里就去哪里，想怎么旅，全凭自己做主。

而我，每年都会和父母一起，去附近的小镇住上三两日，我最喜欢的就是去温泉小住。据说温泉水含有多种微量元素，能够起到扩张血管、促进血液循环、促进新陈代谢等作用，对风湿性关节炎、动脉硬化、皮肤病等，都有非常好的疗效。温泉水质爽滑温暖，不但可以洗去尘埃，还可以放松身心，解除疲劳，增进与家人的情感，享受温馨的快乐。

每年都会带上孩子，享受农庄之旅，到附近农村教孩子认识庄稼农桑，摘几朵野花，摘几枚野果，呼吸田野新鲜的空气，沐浴大自然的风华雨露。久居城里的孩子，四体不勤，五谷不分，趁着假期，去田野农庄看看春天的禾苗青青，夏天的庄稼拔节，金秋时节丰收的稻谷和那些沉甸甸的果实，体味一下农人的辛劳和丰收的喜悦，知道苦和甜打哪儿起，来一次亲近自然的心灵之旅行。

每年都会和朋友一起自驾游，队伍不是太大，人员不会很多，只在省内就近的一些地方转悠，过山涉水，以城市为中心，方圆多少里之内。量遍城市附近的每一寸土地，吃农家菜，喝山泉水，在森林中体味一下天然氧吧的妙不可言。空山鸟鸣，野趣横生，三两个朋友，畅谈人生，畅谈理想，不亦乐乎。累了停车休息，饿了找地方吃饭，不用赶时间，不用按计划，最大程度的闲适和自由，把一个“玩”字发挥到极致。

钟情“微旅行”，因为目标小，目标近，省掉了订票跟团之苦，省略了路途奔波之累，省掉了水土不服之忧，省掉了行程安排之烦，让心情自由放飞。

把坏情绪全部放空之后，重新回到城市，开始新一轮的生活工作和学习。喜欢“微旅行”的人都有体验，你若还没有开始行动，不妨来一次尝试。

花　食

生活中，可以食用的花儿很多。不经意间可能都有过吃花的经历，比如茉莉花茶、薄荷饮、玫瑰露、梅花蜜饯、桂花软糖、百合煮粥等。花食用法不同，效果不同，但最终都是殊途同归。雪做肌肤花做肠，吃下诗意无限。

旧年的记忆里，吃花并不是一件多么雅致的事情。年龄稍长一些的人，大约都有过吃花的记忆，生长在乡野的人更是如此。春天，槐花飘香，榆钱飞舞，诗意盎然的季节，却正是青黄不接之时，母亲总会挑选一些最新鲜、最饱满、最养眼的花朵，回家清洗干净，掺上一些玉米面，上笼屉蒸。

槐花白里透着淡绿，一串串，像小灯笼一般；榆钱则是一瓣瓣碧绿的圆，满树枝上都是。好看的花，却未必好吃，掺了花朵的花糕，有一种花粉的甜香，甜得让人腻歪，甜得让人反胃，所以每次吃花朵做的发糕，总是受刑一般。那时候曾留下传世名言：等我有钱了，再也不吃这些破东西。

多年之后，言犹在耳，在槐花榆钱的花信之期，仍然会遥遥地怀想母亲当年亲手做的花糕，那是记忆里不能也不肯舍弃的痛和伤。花糕再难吃，可是它毕竟慰藉和温暖过我寒冷饥饿的肠胃，延续过我的生命。

花朵入菜也不是什么新鲜事儿。油炸野牡丹，不知道有人吃过没?牡丹乃是花中之王，国色天香，油炸牡丹，实在有点说不过去，有暴殄天物的感觉，哪怕是野牡丹。唐人李正封的诗句“国色朝酣酒，天香夜染衣”，形容牡丹，实不为过。只是美食家们偏说，油炸野牡丹是绿色保健食品，鲜花穿肠过，留下香如故。

朋友家里种有多棵昙花树，每年八九月间，昙花开得沁人心脾。昙花羹是一种美味的汤，昙花属仙人掌科，花朵呈白色漏斗状，有异香。有心人会等昙花一现之后，摘下来煮汤，汤汁是奶白色的。据说昙花羹的鲜香和昙花的花期一样有风骨，千年等待，稍纵即逝。

和野牡丹、昙花相比，桂花入菜做各种食品辅助配料就常见得多。仲秋八月，桂花开得正盛，天气好的时候，采摘新鲜的桂花晒干，做桂花糕、桂花饮、桂花酿。不用说桂花的香气，单是桂花的颜色，那种金黄，就已是香薰欲醉。

桂花花朵细碎，香味馥郁，采摘的人必定被熏染得满袖馨香，南宋诗人杨万里曾说：“不是人间种，移从月中来。广寒香一点，吹得满山开。”桂花不是人间的草木，从月宫中移来人间，多少有些仙气吧！是以芬芳之故。

吃菊的经历只怕大多数人都有过，而且最常见的吃法就是当茶饮。那一年，路过杭州，经不住诱惑，去了杭白菊的故乡。时至秋天，满眼望去，街边、路旁，箩里、筐里，席子上，到处都是白瓣黄蕊的小朵菊花，有的尚在绽放，有的已被采摘下来蒸熟晒干，风干成一缕香魂，有风吹来，天上人间到处都是菊花淡淡的香。

菊花只怕是花中最具傲骨的了，经风霜雨露之后，变得愈发甘甜。午后的熏风里，冲一杯菊花饮，看杯中起起落落的菊花，轻轻舒展，慢慢翻转，渐渐绽成一朵，捧一本喜爱已久的闲书，人生最惬意的事，莫过如此。

雪花在很多人的印象里，跟花是不搭界的事物，但是我却固执地把它当花朵的一种。吃雪花的傻事也是做过的。小时候，下雪天，站在庭院的中间，伸手接一朵雪花，放进嘴里，或者是仰面朝天，等待飘飘的雪花正巧落入口中，当然，有时也会找一个干净的所在，把积雪最上一层轻轻拂去，伸手抓一把下面干净的白雪，团成雪球，塞进嘴里，回味时有星星点点的甜。

吃雪花儿，当然是童年时的顽劣之作，而《红楼梦》里的妙玉吃雪，却是别有一番意境和讲究的。下雪天，收了梅花上的雪，装进鬼脸青的花瓮，埋在地下，五年后才取出来煮茶饮。且不论这种吃法对她后来的身世有什么隐喻，也不论茶与禅的玄机，这种吃雪的境界，我辈只有兴叹的份。

吃花是一件诗意盎然的事，吃花文化也有无穷的奥妙和魅力。屈原有名句“朝饮木兰之坠露兮，夕餐残菊之落英”，说明吃花这件事古已有之。花朵的盛事，是味蕾上盛开的一场花朵盛宴。

因风飞过蔷薇

蔷薇的香，浓郁、热烈，有一种透心的甜和媚。一丛丛，一簇簇，开满粉墙，爬满花架，风一吹，那股甜香便四溢开来，沁人心脾，无怪乎很多香水里都能看到蔷薇的影子，因为那香不仅仅甜到发腻，而且带着一种深深的媚惑，迷人本性。

人间最美四月天。

黄昏，在大学城附近散步，看到街边的蔷薇开满一树，小朵、白色、淡粉、鹅黄，柔软的枝蔓上结满了累累的花骨朵，有的已经微微地张开，如婴儿般咧开小嘴，在甜甜地笑。微风过处，那些结满花骨朵的枝枝蔓蔓，便在春风里轻轻摇曳。

花事纷繁而热闹，有浓郁的甜香一阵一阵袭来，然而，我虽然喜欢蔷薇，但它的香味却让我头痛。我不喜欢太过浓郁的味道，不喜欢太过热闹的人事，那香味好是好，但在我觉得，终是香得俗了那么一点点，置身其中，浸染久了，会觉得昏昏沉沉，头昏脑涨。或许，也不能说好与不好，这香味，终因我无福消受吧！

桂花的香，悠远、味长；玉兰的香，淡雅、清馨；梨花的香，清淡、雅致……唯有蔷薇的香，浓郁、热烈。喜欢蔷薇花，却不喜欢它的香味，做不到爱屋及乌，是不是一种真喜欢？

每年四五月间，春光中，满架的蔷薇静静地开放，如画。恍惚忆起儿时，住在一个小小的院落中。小户人家的竹篱墙边，不知是谁种了蔷薇，软软的枝蔓从篱中伸出来，结满了累累的花朵，有盛放的，有刚刚含苞的。年少的我，不知深浅，伸手就想摘花，被花梗上的刺扎到，疼了，哭了。姥姥拍我的手，把我拉到阳光下，一边用针慢慢把我手中的刺拔出来，一边问我："为什么要摘花啊？"我答："好看呗。"姥姥笑："好看就要摘吗？"我答不上来，吭哧半天，憋红了脸，但终究没有明白姥姥的意思。

花离枝头能有几日鲜？当然，那时我并不明白这个道理。一家人围坐在小院里，围坐在花篱下吃晚饭，这是一天中最美好的时光，春光、夜色、花影，一家人的欢声笑语，有风吹过，有花瓣落进碗里，咯咯地笑着，连同花瓣一起吞下。

记忆中的底片常常翻新，唯有这一张，想起来心底就会滋生出暖暖的柔软。我知道，那是一种幸福，永远不再有的幸福，因为总有一些人，总有一些事，会渐去渐远，离我们而去，最终渺不可见，成为心底的回忆。

时间的淘洗，生命中的一些人事已经渐渐远离，花还是那一年的花，人却不再是那一年的人，此年不复彼年，此时不复彼时，唯有珍惜眼前人，珍惜这眼前的时光。

写蔷薇的诗，古已有之，印象最深的，当属宋人黄庭坚的《清平乐》："春归何处？寂寞无行路。若有人知春归处，唤取归来同住。春无踪迹谁知？除非问取黄鹂。百啭无人能解，因风飞过蔷薇。"

好一个"因风飞过蔷薇"，风过蔷薇香流年。

唐人高骈也曾在七言绝句《山亭夏日》中写道："水晶帘动微风起，满架蔷薇一院香。"这位唐末大将，想来也是一个爱花之人，风暖花香光阴好，看见院中蔷薇开得正好，得出如此佳句。

四五月间，春正好，风正柔，花正香，而蔷薇又开。一年一度，与蔷薇相遇在春天里，那种久违的喜悦，如水一样慢慢包裹住我，温润着我的心田，温暖着我的生活。蔷薇香流年，流年因蔷薇而生香，蔷薇因流年而美丽。

垄上桃花笑春风

梨花素，桃花艳，杏花娇。

这其中，要属桃花的颜色好。每年春天，故乡的山坡上、山坳里，到处都是粉艳艳的一片，远远地看着，像天边的云霞，映红天际。春风一度，桃花疯了一般，朵朵开得娇艳动人。

花期鼎盛时节，更像大自然写在田间地垄上的诗行，给朴素的村庄穿上了“霞影纱”，整个村庄都裹在那些粉红的花瓣里，影影绰绰，诗意无限。

至今仍然记得那个曾经栖居过的村庄，山坡下，有一古井，辘轳旁边，井台旁边，也会不期然伸过来一枝桃花，花瓣落进水里，把一井的水都沾染上香气。那些破旧的石屋土房，因为这些桃花而生出栖居的诗意。谁家的狗，在桃树下死劲地吠。谁家的鸡，踩着花瓣啄食。淳朴的村庄，香艳的桃花，相互辉映，远远地看去，更像是一幅浓墨重彩的山水画。

桃花的香味尽管不是那么馥郁浓香，却一样招引那些小蜜蜂，像一个个浮浪的少年，在花朵间穿梭来往，忙得不亦乐乎，忙得不知今夕是何夕。

梨花、李花、苹果花大多是白色的，唯有桃花和杏花粉红，所以古人把男女情事绯闻叫作桃色事件，谁家的女人跟男人好了叫红杏出墙！我暗自揣度，大抵是桃花和杏花颜色好吧！

少年时，看《红楼梦》，老想着黛玉为何葬花。那么多的桃花，满地的花瓣，她葬得过来吗？岂不是多此一举，白费力气？长大了些，渐渐明白，黛玉葬的虽然是花儿，但内心里却是感怀身世的悲凉。

朋友问我，你怎么知道黛玉葬的是桃花？为什么不是其他的花呢？答案当然在书里，《葬花词》里有两句诗，明明白白地告诉我们黛玉葬的是什么花儿："桃李明年能再发，明年闺中知有谁？"可见，让黛玉魂牵梦绕的，让黛玉牵肠挂怀的，除了桃花之外还有李花："未若锦囊收艳骨，一抔净土掩风流。"

说起桃花，自然不能不说说苏州城外一处极富诗意的地方——桃花坞。江南才子唐寅因会试被人所累而隐居桃花坞，写下一首狂浪不羁的《桃花庵歌》："桃花坞里桃花庵，桃花庵下桃花仙。桃花仙人种桃树，又摘桃花当酒钱。"

一首诗让一个诗意盎然的地方小有名气。桃花庵现如今早已不知所踪，唐寅故居边，据说也仅存一块石碑，多少风流韵事都已是过眼烟云，如那桃花逐流水，从时光的码头渐去渐远，依稀没有了踪迹。

古往今来，桃花到底让多少文人墨客感悟伤情，数也数不清。唐人崔护曾写过这样的句子："去年今日此门中，人面桃花相映红。人面不知何处去，桃花依旧笑春风。"意思是说，桃花年年开，那一年的容颜却不再。

人会一天天地老去，明艳的桃花却年年好颜色。久居城里，忙忙碌碌，一颗心，麻木而迟钝。早起，忽见小区里的桃花又开，不由得呆怔良久。想起故乡，这时节，故乡的田间地垄，漫山遍野，早已是桃花灼灼笑春风了吧！

访菊踪

小阳春，西风渐起，晴空万里，大雁飞过，菊花又开，处处都能看到菊花的笑脸。走在街上，谁家阳台上，菊花开得兴味正浓，公园里花坛中，菊花在风中摇曳盛放。

养菊，宋代最盛，到了重阳，观菊，赏菊，插菊，菊花饮，菊花酿，到处都是菊的盛事。

古往今来，以菊花为主题的诗词绘画也是多得数不胜数。菊花之所以受到文人墨客如此追捧，大约是因为菊花傲霜而开、不惧严寒、素洁高雅的风骨吧！

写菊花的名句，当然是陶渊明笔下的“采菊东篱下，悠然见南山”，这是《饮酒》中的一句，与酒毫不搭界，似乎信手拈来，但却是千年以来最脍炙人口的一句。这是一种回归田园生活的理想，不仅仅是现实生活里，也不仅仅是身体力行，还是精神上、心灵上的一种回归。相比之下，陶渊明的另外一句“芳菊开林耀，青松冠岩列”就没有这句俏皮、形象，情景理交融贯通，耐人寻味。

一向忧国忧民的唐代诗人杜甫在《云安九日》中笔调轻松地写道：“寒花开已尽，菊蕊独盈枝。旧摘人频异，轻香酒暂随。”看到菊花傲霜而开，心中喜悦，再沉重的心事，再阴郁的天空，都会晴朗一时，花香酒香，人间美事。

而元稹的《菊花》和苏轼的《赵昌寒菊》则有异曲同工之妙，元稹爱菊是因为“此花开尽更无花”，别无选择之选择？而苏轼爱菊则是因为“百草摧时始起花”，连草都被霜冻死了，同样是别无选择之选择？

南宋郑思肖写过一首《画菊》，与一般的菊花诗不同，这首诗颇具风骨，托物言志，淋漓尽致地表达了内心的想法：“宁可枝头抱香死，何曾吹落北风中。”陆游曾在《枯菊》中写过“空余残蕊抱枝干”，似乎没有这句“宁可枝头抱香死”来得决绝和悲壮。

明代才子唐寅曾写过《菊花》诗：“故园三径吐幽丛，一夜玄霜坠碧空。多少天涯未归客，尽借篱落看秋风。”画过《东篱赏菊图》，立轴，纸本，现珍藏在上海博物馆。诗文齐名的江南才子唐寅，一生酷爱桃花，这首《菊花》诗相比他的其他作品，清新淡雅内敛，没有那种狂放不羁的风格。他的画却不同，这幅《东篱赏菊图》画面疏朗大气，布局细密，远山峭石，凝重紧实，人在画中，浑然一体。东篱寄趣，悠悠自然。

近代的弘一法师也曾写过多首菊花诗，《为红菊花说偈》是 20 世纪最后一个辛巳年所作。题中的“偈”字，是梵语“颂”，偈语，是佛经中的唱词。大师身在红尘外，却借菊花诗表达了自己始终如一的爱国之心。

秋风瑟瑟，落木萧萧，大雁呈人字在空中飞过，菊花又开，当真是秋色无边。灯下，一首一首翻阅那些菊花诗，怡然自得。一盏清茶，一影孤灯，心中却并没有凄清寂寞的感觉，因为窗台上，一盆怒放的菊花正与我相伴，年年岁岁人不同，岁岁年年菊花开。

春风一度槐花开

每年春天，槐花盛开的季节，满城飘散着槐花的香味，招引得蜜蜂嗡嗡直叫，行人在树下行走，会有花瓣落在衣上，伸手弹掉，香味却弹不掉，花香沾衣，历久弥香。槐花花瓣细小琐碎，没有牡丹雍容华贵，没有玫瑰浪漫多情，没有茉莉清新妩媚，没有蔷薇的观赏性。它的香味与别的花儿也不同，体现出来的不独是香，而着重是甜，非常浓郁的香甜、馥郁、芬芳，闻之昏昏欲醉，像醉酒一样的感觉。

城里的槐花和乡下的又不同，城里的槐花总是孤零零的，一棵，又一棵，尽管也是满树华盖，但总是感觉没有乡下的槐花开得壮观和有冲击力。

花开的季节，山坡上，沟沟坎坎上，有槐树的地方，总是盛开大片、大片的槐花，一嘟噜一嘟噜，一串一串，一簇一簇，密密实实地挤着挨着，白色的花朵小灯笼一般，惹人怜爱，香如雪海。有心急的孩子，会爬上树，摘下一串一串的槐花，一边摘，一边往嘴里塞，甜甜的香味和着欢声笑语洒满山间。站在乡间的小路上，花海和香味会遮蔽回家的路，花香人醉不知归。

每年春天，香椿芽是一定要吃的，槐花饼也是一定要做的。食用槐花早已不是什么新鲜事儿，最经典的做法就是，把槐花洗净，用盐渍少许时间，去掉甜味和水分，然后加鸡蛋、味精、面粉，面粉最好是玉米面搅拌均匀，在平底锅里放适量的油，将加了槐花的面糊团成团，压成小饼，煎至两面金黄。

别说吃了，单是看看就喜欢得不得了。金黄色的面饼里，浮雕一样镶嵌着一朵一朵白色的花蕾、绿色的花蒂，仿佛一个幽远的梦，仓促间相遇，不敢大声说话，不敢大声呼吸，怕惊醒这份美丽。

那些槐花，诗一样在舌尖上游走，浪漫而且诗意，有一种回归田园的归属感，是平淡生活里的一份小惊喜。

当然，槐花也可以做成槐花糕，做槐花糕可是母亲的拿手好戏。母亲总是把新鲜上好的槐花洗净沥水，在笼屉里，码一层面粉，码一层槐花，层层铺叠开来，最后在上面缀上干果，比如红枣、葡萄干什么的，大火烧开，小火持续加温，20 分钟后揭开锅盖，扑面都是淡淡的槐花香。在那些淡淡的清香里，深深地吸一口气，只觉得五脏六腑都沾染上了槐花的香气。

一口槐花糕，一口清茶，甜中带香，香中绵软，软中回甘。诗意人生，从槐花开始。

槐花不仅香甜可口，同时营养丰富，含有多种维生素和矿物质，同时还有凉血清热解毒之功效。槐花不仅可以做成槐花饼、槐花糕，也可以做成槐花粥、槐花茶、槐花汤，甚至还有人用槐花包饺子。

槐花茶的做法很简单，我曾经试过。春天的时候，选上好的、没有污染的槐花，在阳光下晒干，然后收到瓶子里密封。喝的时候，取透明的玻璃杯，把晒干的槐花放进去，用开水冲泡。看着一小朵、一小朵的槐花在杯子里渐渐舒展开来，带着阳光的味道，跳舞一样，在杯中起伏，清香慢慢袭来，春天在我的玻璃杯里刹那间绽放，一发不可收拾。

春风一度，槐花又开，一嘟噜一嘟噜，一串一串，一簇一簇，那是我无数个梦里最美丽的一个，因为舌尖上盛开的槐花，才更加璀璨和美丽。

走着走着，花就开了

五月底，惊喜地发现院中的合欢花开了，一团一团，粉艳艳的，轻如羽扇，满树锦簇，如云似霞，煞是好看，招引得过往行人驻足仰视。

有一日，我从外边回来，望西北，有一团黛青的云压下来，风起，花落，天，快要下雨了吧？树下，一个老人在捡拾被风吹落的合欢花，抻着衣襟兜住，一边弯腰，一边嘴中念念有词。我忍不住有些莞尔，这老头，发都白了，腰也驼了，莫非他学黛玉葬花？莫非他学《甄嬛传》里的贵妃娘娘在雨中捡拾合欢煮水，做合欢花茶饮？我一边走一边回头，看他那衣襟里兜住的，哪里是什么合欢花，分明是一襟的喜悦。

六月中，去二龙山游玩，一池清水，满塘碧荷，迎风摇摆，风一吹，满池清香扑面而来，那香味，来得淡而远，清而幽，不浓郁，却自有一股沁人心脾的芬芳。二龙山的莲，那可是有出处的，一枚千年古莲子的种子，生于斯，长于斯，有着历史的浩渺，有着时间的沧桑，开出大片美丽的荷花，印证了生命之不朽。在北方，这一片荷，简直就是一个奇迹。

早有小女孩立在塘边拍照，左摆一个姿势，右摆一个姿势，乐此不疲。我也爱荷，“出淤泥而不染，濯清涟而不妖”，就爱其离尘出世的风骨。

七月初，路过一处公园，在车中看见木槿朝荣，编花成篱，大朵大朵的木槿花开满一树，不闻花香，也不见清幽，却是自顾自地开得热闹纷繁，遂想起李白的一首诗《咏槿》：“园花笑芳年，池草艳春色。犹不如槿花，婵娟玉阶侧。”

木槿花朝开夕落，生命只争一夕，我有悲壮惨烈之感，花却无知无觉，自是争奇斗艳，花期绵长。每天清晨都会发现蓓蕾新绽，有人喜欢用木槿花煮粥，有人喜欢用木槿花煲汤，还有人喜欢煮木槿花当茶饮。偶尔，我也会取一朵木槿花煮茶，看着那朵木槿在杯中舒展、妩媚，心中念念不忘的，却是它生命的短暂与璀璨。

八月风动桂花香，米粒一样的桂花，蛰伏在枝枝杈杈的细叶间，花朵细小，明黄，琐碎，细细地看了，才知道那些细小的颗粒原是它的花。花小不是事儿，奇香才是它的魂。隔老远，但觉暗香浮动，花香袭人，闻之欲醉。

最喜桂花糖，桂花糕，桂花饮。童年犹喜，软糯香甜，总会缠着妈妈多买几颗，然后捂住装糖的衣袋，欢喜得夜里也舍不得睡。最喜桂花糕，桂花的香，蜂蜜的甜，打造出一道别具风味的小点心。最喜桂花酿，酒香醇长绵厚，隐隐约约地透着桂花的香，像婉约的宋词，缠绵悱恻。

九月天，大雁飞过，菊花迎霜而开。南宋爱国诗人郑思肖在《画菊》中说：“宁可枝头抱香死，何曾吹落北风中。”风骨，气节，铮铮之音，掷地有声。李清照也曾对菊寄予无限的温婉和惆怅：“东篱把酒黄昏后，有暗香盈袖。莫道不销魂，帘卷西风，人比黄花瘦。”好一个人比黄花瘦，菊瓣细长，若比黄花瘦，想想就会心痛，当真堪怜。

父亲喜欢种菊，有一株名曰二乔的双色菊独得父亲偏爱，浇水，施肥，百般侍弄。每年菊花黄时节，父亲喜欢打电话叫我回家吃蟹。赏菊吃蟹，天伦亲情，人生最惬意的事情，莫过如此吧！

十月秋风起，芦花飞雪，湿地芦花在风中翩翩起舞，随风摇曳，像一个个不知疲倦的舞者，像一个个精灵，姿容素雅窈窕，舞出自己的风骨。

我喜欢去海边，随手摘两枝芦花，回家插进花瓶中，也不用注水。那个人问我，芦花虽然也叫花，却不香，不艳，也不妖，有什么好？好与不好，因人而异，我却独独喜欢，大把的芦花，配一个青花瓷瓶，像西方的古典油画，色块对比虽不那么抢眼，但却能感受到生命的意蕴。几分萧索，几分苍凉，裹挟着几分诗意。

十一月，松柏秀。天寒地冻，霜透大地，这时节，绿意尽无，天苍苍，野茫茫，大地之上唯有苍松翠柏，傲然寒冬。

泰山顶上一棵松。自古泰山松树甲天下，去泰山游玩，见到那棵名见经传的“秦松挺秀”，虬枝蜷曲，苍劲古拙，也见到了乾隆皇帝御制《咏五大夫松》摹刻，当然，也见到了泰山顶上的“迎客松”。

十二月，梅凌寒。万物凋敝的时节，唯有梅花在冰天雪地中盛开，梅花不妖，不媚，不惧严霜，不畏严寒，足见其傲骨出尘。

江南赏梅佳处，苏州光福邓尉山一带之香雪海。光福梅花甲天下，梅开时节，片片凝脂，香如雪海，蔚为壮观，明末清初的大才子冒辟疆在他的《影梅庵忆语》中也略有记述，寻梅，访梅，当去梅之故乡——驿外断桥边。

一月初，花中君子兰花开，其叶苍翠，其花端庄，其寿绵长，百年不老。空谷幽兰，是说兰花喜欢幽静之所，静室生香。

母亲最会养君子兰，三舅舅那年从长春带回一株君子兰的小苗，母亲精心侍弄，那株花从此在母亲的家里生根发芽，繁衍不息，三十多年过去了，三舅舅早已驾鹤仙去，唯那株君子兰依旧在母亲家里开得灿烂似锦。三舅舅少小离家，求学在外，羁旅天涯，从此再没有回过故乡，母亲想他的时候，总会看看那株兰花。

二月中，嫩寒锁春玉兰初绽。早春，白玉兰像一个骄傲的公主，傲然盛放于枝头，不惧寒冷，悄然告诉人们，春天来了。

小区里有几株玉兰树，不多，大约十来株吧。有紫色，有白色。紫是那种粉紫，白是那种乳白，不抽叶，先开花，每年春天，在院子里最早看到的就是白玉兰的倩影，那时节，天还冷着呢！每每下楼，总会在玉兰花下伫立一阵子，那花儿，似乎能察人意，开得恣意，开得绚烂，自顾自地。

三月末，蔷薇开得热闹纷繁，花朵虽小，但花瓣繁复。花枝有刺，花骨朵累累，把花枝都压弯了。花香四溢，招引成群结队的小蜜蜂飞来飞去，穿行花间。

春天，细雨、微风，傍晚走在街上，映入眼帘的，是那一树一树的蔷薇，挂着晶莹的水珠，带着芬芳的香气，远处的楼房，有温暖的灯光，映照得花影扑朔迷离，常有小情人在花影下窃窃私语，说不完的柔情蜜意，抵首缠绵，时而嘟着嘴，显然是生气了；时而咧嘴而笑，似乎分享了什么秘密。那是春天最美丽的街景。

四月中，牡丹盛开，牡丹本是花中之王，国色天香。李白有诗："云想衣裳花想容，春风拂槛露华浓。若非群玉山头见，会向瑶台月下逢。"

前年春，朋友送了一株盛开的白牡丹，喜欢得不得了，放在窗台上，朝也看，晚也看，今天浇水，明天拭叶，谁知那牡丹竟然不识好歹，渐渐枯萎，生意无多。急忙询问朋友，人家说，把那花送到阳台上，冬天也不用管。依朋友的说法做了，心中却是七上八下，忐忑不安，怕它冷，挨不过冬天。可今年春，那株已经渐渐枯萎的牡丹，竟然活泛起来，开出一朵大大的白花，也算意外惊喜。

走着走着，花就开了。

世间都是喜花人，如若无花，这世界会是怎样一番光景？不会变成黑白图片吧？有一点可以肯定，会少很多意趣和生趣。开到荼䕷花事了，只要不枯，花有重开日。细数花事并流年，怎生数得尽？

第五辑
温一壶月光

半岛小夜曲

阳春三月的迎春花谢了，五月底的野蔷薇也谢了，转眼间小扇子一般的夜合欢就开得粉艳艳的，张扬不羁，夏天慌慌张张的，就那样不期而至。

三面环海的半岛城市，即使是三伏仲夏，也不会让人热得发狂。

半岛的夏夜，宁静平和，迷人而沉醉，走在街上，凉风习习，霓虹闪烁，街中心的广场上，时常会看到一个年纪略大的大叔，优雅地吹着萨克斯，他深情、专注，极力用肢体语言诠释着音乐的内涵，而且不管有没有人，他都沉浸在自己的曲调中，那份忘我，那份投入，让人情不自禁地被带入音乐的氛围。

常常会有人驻足围观，优美的萨克斯乐曲，自然会招来很多喜欢广场舞的人们，随着乐曲翩翩起舞。一切都是那么闲适，自然，舒适。星星在遥远的空中眨着眼睛，晚风轻轻地拂来，滑过肌肤，有微微的凉意，舒适，怡然。

侧耳细听，那首优美的萨克斯曲，居然是蔡琴那首经典的《绿岛小夜曲》：这绿岛像一只船，在月夜里摇啊摇，姑娘哟，你也在我的心海里飘呀飘。让我的歌声随那微风，吹开了你的窗帘，让我的衷情随那流水，不断地向你倾诉……

萨克斯的曲调优美，低沉，轻缓，仿佛一个低沉的声音在耳畔轻轻诉说着什么，给人力量，让人安心，像一声声柔软而熨帖的话语，轻轻地抚摩着你的心，伴随着清凉的海风，时断时续地飘过来……

这里是渤海与黄海交汇处一个美丽而舒适的半岛城市，仲夏的夜晚，人们休闲消夏，喝啤酒，吃西瓜，侃大山，过着闲适的夏夜生活。

在霓虹灯下，一路走来，有小情侣在花影里喁喁私语，抵首缠绵，仿佛要说尽一生的情话。有年岁大的老夫老妻，在马路上就着月光灯影遛弯，虽不曾手牵着手，但中间相隔一尺的距离，是一生修行而来的默契。谁家的孩子，举着烤鱿鱼，撒着欢儿地跑，留下一路银铃般的欢声笑语。谁家的男人在小吃摊前，穿着拖鞋，光着脚丫，满嘴跑火车，说中东局势，侃钓鱼岛问题，一副天下兴旺匹夫有责的神气。有老婆婆拿着小板凳，摇着蒲扇，在街口和左邻右舍闲聊，兴致来了，也会给孩子们出几个谜语猜猜。也有老爷爷，端着茶水，拿着烟袋，兴致勃勃地讲上几段《杨家将》《聊斋》，或者《三侠五义》什么的。谁家的女人，在这夜的暗影里，扯着嗓子，悠长地喊：那个谁，回家睡觉了，明天还上不上学了？

市井生活，鸡零狗碎，琐碎繁杂，在这夏夜里都悄然隐去，只剩下这和煦的风轻轻掠过，朦胧的夜色，让奔波劳碌的生活有了诗意。

一路走来，感受着夏夜里的晚风，蛐蛐低吟浅唱，月光清浅明亮，花影婆娑，树木幽幽，这活生生的生活画卷如一轴烟火图，只让人觉得现世安稳，岁月静美，远远隐隐传来优美的萨克斯曲《绿岛小夜曲》，低吟浅唱，仿佛又回到了多年前的过去。

趿拉着鞋，在路灯下慢慢地走，忘记了想要去哪里，忘记了初衷，一颗心宁静恬美，不再焦躁，不再郁闷，只觉得这仲夏夜，美得如诗一般，美得如童话一般，让人不忍心睡去……

入选 2015 年辽宁省大连市中考阅读理解试卷

温一壶月光

蒹葭苍苍，白露为霜。

初秋季节，风乍起，月微寒，凉凉的月光斜进窗棂，在墙上慢慢游移。暗淡的屋子里，因为月亮仙子的光临，因而有了些生气。

半床明月半床书，抱被拥书不亦乐乎。只是书里人生，关乎的都是他人的苦乐。

如水一样的音乐轻轻浅浅地漫上来，喝茶闻音不亦乐乎。只是乐里人生，有如闻禅悟道。清凉的月光下，淡淡的乡愁一阵阵袭来。

秋凉的季节听《二泉映月》，只觉得寒气冰骨，更加冷了。二胡的音色似一个人在耳畔低低细语。泉之冷，月之寒，泉月相互辉映，咿咿呀呀，呜呜咽咽，凄厉欲绝的袅袅之音，勾画出一个人内心世界的清醒与剔透，也借映月解读了对人生和命运的不满与抗争。

时光是一条河，所有的人和事，都是时光河流上漂移的小舟。不管是金戈铁马、铮铮铁蹄、沙场征战、战火烽烟；也不管是红颜柔情、千娇百媚、暗香萦绕、不朽传奇，穿越厚重的时光，都将成为一缕烟愁。

唯有月光，千年不变的月光，映照万里河山，烟笼花影婆娑，眷顾世间人情冷暖，幽幽地散发着一缕轻柔的亮光。那一抹清凉的诗意，勾起多少离乡之人无尽的乡愁？激发出多少文人墨客满怀的才情？最经典的当然是那句“举头望明月，低头思故乡”，羁旅之人，聚少离多，漂泊在外，想家的时候，温一壶月光当茶饮，对着月亮，千里解相思。

唐人于良史有句：“掬水月在手，弄花香满衣。”语出《春山夜月》，与《二泉映月》有异曲同工之妙，不过是一个深刻写实，把人事沧桑、心中波澜，借助泉水与月光淋漓尽致地宣泄出来；一个浪漫唯美，禅意犹存。静水映满月、波光潋滟，一阵微风掠过，月光碎落，在水上起舞，掬一捧水在掌心，月光其实在心里。这里讲究的是意会，并不是月光真的在掌心里。摘一朵花，衣袖盈香，几日不散。

宋代《嘉泰普灯录》有句偈语，也与月亮有关：“千江有水千江月，万里无云万里天。”这句话的意思是说，江不分大小，有水便有月；人不分贵贱，佛性在人心。月映百川，每一条江河里都有一个不尽相同的月亮，走到哪里，月亮便会出现在哪里。

阿炳的月光，喝下去，清冷，寒凉；于良史的月光，喝下去，小资，缠绵；佛家的月光，喝下去，清淡，通透。

山河万里，头上共一盏明月，清辉普照人间。可是对于思乡的游子来说，月亮还是家乡的那一盏最明。思而不见愈想见，以至于，相思成灾。

年年岁岁月相似，岁岁年年人不同。再大的变化，想家的心情却是不会变的，只会一日比一日更甚。漂泊之苦，思乡之痛，温一壶月光当茶饮，那是治愈乡思最好的药。

“梅花”过境

只要看到“梅花”这两个字，相信很多人都会不由自主地想起寒冬腊月独自盛开在冰天雪地里的那朵梅花，那种不畏严寒的风骨，那种凌雪怒放的气节，不知让多少人钟情和赞赏。

只是，此梅花非彼梅花，此“梅花”和 2005 年的“麦莎”“海棠”一样，都是台风的一个代号，有着非常美丽的名字，但却是和红色预警关联在一起的，它带给人们的不是浪漫诗意，而是恐慌和不安。

台风之前几天，天气就开始异常闷热，湿度大，气压低，天空低垂，给人压抑难耐的感觉，让人想起《动物世界》里的一些镜头：那些小动物们在巢穴附近，躁动不安，忙着一趟一趟搬运食物，或者到处乱窜，充满警觉，两只眼睛里写满惊恐。

其实在自然界面前，人和那些小动物一样，都是极其渺小的，本能的反应也差不多。媒体喋喋不休地讲述着预防灾难的种种措施，电视里直播各方面的准备情况和应急措施，具体到每一个个体，都在忙碌着预备蔬菜水果，储备食物和水，把车开到没有树的地方停好，把花盆搬回家中，把门窗封闭，然后嗅着那些紧张和不安的气息，静待家中，忐忑不安地等候“梅花”过境。

台风和暴雨往往像亲兄妹一样，总是结伴而来，台风没来之前，总是暴雨先到，一直不停地下雨，像是谁把天捅漏了，雨点很大，打在肌肤上，有疼痛的感觉。然后在电视里看到一些情况，防潮堤冲垮了，街上的水淹没到小腿，人和车都在水中游，有很多人在雨水里抢修、疏导。海边巨浪冲天，狂风呼啸，就连家旁边那条季节性的小河，平常干涸，此时也是黄水滔滔，泥沙俱下，几乎漫过小桥。

地图上，“梅花”来势凶猛，迎面直击的走势图，相信把很多人都吓到了。大雨夜，想象着“梅花”像一个坏脾气的老巫婆，任意肆虐，房屋被摧毁，树木被折断，水电被切断，那是一种什么样的场景？不寒而栗，睡意皆无。

强湿度的空气让人胸闷气短，让人想跑想跳想做点什么，可是又不知道该做点什么，很像抑郁症的症状，觉得有一种压迫感，把人紧紧地包裹住，越想挣脱越挣不脱。体质越差的人，这种感觉越明显。

做好种种准备工作之后，静候“梅花”过境，然，“梅花”却像一个顽劣淘气的孩子，撇开了一直预警的登陆位置，从朝鲜北部沿海登陆，红色预警也改为蓝色预警，一路继续狂奔撒野去了。

与“梅花”擦肩而过，直到此时，一直紧紧绷了几天的神经才稍稍松弛下来。夜晚，尽管有半轮明月，天空湛蓝，但接近地面的地方仍然是雾气弥漫。白天，尽管有阳光照耀，但却并不明媚，像被包裹了一层轻纱。“梅花”过境不久，到处还遗留着“梅花”的影子。

一个诗意美丽的名字，却被冠在一场不可抗拒的自然灾害上，据说台风是由 14 个国家组成的世界气象组织——一个台风委员会来命名的。美丽诗意的名字之下，却是一场灾难，“梅花”肆虐过后，我们的家园却不可避免地遭到破坏。

在不可抗拒的自然灾害面前，人类是一群弱小的生物，地震、海啸、台风、暴雨等，任何灾难来袭，都会让人类陷入险境。地球是人类赖以生存的家园，这个家园需要大家共同去维护，少一些私欲和贪婪，多一些和谐与共识，极度开采和挥霍地球的资源，终将会得到惩罚。

为地球，为家园，为我们赖以生存的环境，伸出你的手，做一点自己力所能及的事。保护家园，爱护家园，少一些灾难的侵蚀，多一些阳光的明媚。没有地球这个大家园，怎么会有我们的小家园？皮之不存毛将焉附？这不是高调，这是亲临“梅花”过境之后，来自心灵深处的启示。

春天来时，请叫醒我

春天是以怎样的姿势闯入我们的生活的？每个人站在不同的角度，对春天的理解和感受自然也是不一样的。

《乐府古辞》里有这样一句诗：阳春白日风在香。意思是说春天的风是暖的，是柔的，是香的。

春天的风抚摩过屋顶的积雪，积雪禁不住风的柔情，便开始顺着雨檐滴滴答答；春天的风抚摩过沉睡了一冬的小草，草儿活泛起来，一点一点绿了；春天的风抚摩在人的身上，像母亲的手，和煦温暖，心立刻汪成一摊水，滴下来。

春天像一首钢琴曲，时而急促，时而舒缓。浅浅的绿意，像是宣纸上滴下的墨，一层层洇染开来，山峦，田野，被一层新绿裹得密密匝匝。一步一步走进画里，才发现，那些浅淡的绿，实在落实不到哪一个点或面，不由得想起唐朝诗人韩愈的句子："天街小雨润如酥，草色遥看近却无。"春天来的时候，总是具体而又抽象，只能一点点地用心去体味和感知。

在北方，季节的交替总是那么清晰明了，仿佛一个喜怒哀乐都写在脸上的人，昨天还是寒气袭人，今天就看见街边的一棵树，没有一片叶子的枝丫上，赫然跃上一朵清馨妩媚的白玉兰，独自在料峭的风中芬芳。

春天总是以这样的方式，不经意地闯入我们的生活，带给人们惊喜和悸动。我喜欢乘车时，风涌进车子里时的那份煦暖欲醉，轻轻地拂着肌肤和发丝。

在故乡，春天是孩子们奔跑时手中柳笛的一声声鸣响，像小鸟一样把欢乐和喜悦丢进风里；在故乡，春天是父辈们在阳光明媚的田野里播撒下的一粒粒种子，把梦想种进春风里，把希望揉碎到泥土里；在故乡，春天是谁家房前屋后，开得热热闹闹的梨花杏花李花，纷纷扬扬。

可惜故乡只是在梦里。

久居都市，满眼满心都是繁华与忙碌，城市就像一个九宫格，每个人都必须在这些格子里跳来跳去，思维意识的瞬间停顿，就意味着要被淘汰出局，所以不敢有丝毫懈怠。上班、下班、吃饭、应酬，琐琐碎碎的事情，让我们忘记了季节的交替，听不到春天的脚步声。

我曾经在一张白纸上写下一行字：春天来的时候，请叫醒我的耳朵和眼睛，叫醒我沉睡已久的心。和相爱的人一起去种一棵树，就算独木不会绿荫覆盖，但至少会在心里留下一片阴凉；带上孩子去广场上放风筝，春天的风会把风筝带得又高又远，也会把孩子的笑声带上云际；以步代车，走在熙熙攘攘的人流中，嗅着春天一点一点弥漫开来的气息，感受着季节交替时那种不动声色的魅力。

仰望春天，别辜负春天！春天像一首美妙无比的交响乐，把我们每一个人都裹进去，别让迟钝和慢热，辜负了春天的大好时光。

走在春天里

喜欢北方的春天。

在四季分明的北方，春天是一个明快的季节，缤纷的色彩充满诗意，萧条灰暗了一冬的城市，眨眼间就换上了绿色的春装，带给人们的不仅仅是视觉上的冲击，还有心灵上的碰撞和愉悦。

路边的树儿绿了，在风中摇曳。树上的花儿开了，争妍斗奇。我想起一个词——艳丽。

是的，艳丽。

从前很讨厌“艳丽”这样的字眼，觉得有一种不易觉察的俗和张扬裹在其中，可是开在春天里的花儿，特别是在这样季节交替明显的北方，被光秃秃的暗色调覆盖了一冬的城市，被这开得艳丽的花儿照亮了，心中忽然就喜欢上“艳丽”这两个字。艳丽，真好！它在城市沉重的底蕴上涂抹出一笔明媚的色彩。

早晨，裹挟在人流中，挤上电车，紧紧地抓住扶手，忽然就闻到了春天的气息，风从门缝窗隙拥挤进来，丝丝缕缕轻柔温润，带着湿漉漉的韵味，一下子弥漫进整个车厢里。我贪婪地吸了一下鼻子，顿感心中舒畅痛快，豁然开朗。

想起柯罗笔下的《春天树下的小道》，还有《芒特的嫩叶》，田野，森林，河流，嫩叶，甚至牧羊女，在柯罗的画笔下生动起来，像音乐一样缓缓地流淌，银灰，玫红，浅黄，嫩绿，这些色彩穿透时空，扑面而来。我看到了春天，柯罗的春天，不可阻挡地在我的眼前铺展开来。

我相信没有一个人能像柯罗那样去爱，爱到极致，爱到疯狂，不同的是，他的爱人是大自然，是春天。他曾说过："我唯一的爱人就是大自然，我终身对她忠贞不贰。"他是一个不折不扣、至情至性、热爱春天的人，他终身未娶，把自己交与了大自然。

电车在城市中穿行，缓缓地。

行走在春天里的人们，脚下多了明快，脸上多了惬意，不再那么匆忙了，不再那么拥挤了，也不再那么追赶了，走在春天里，是多么美好的事，还要追赶什么呢？所以，不再追赶，享受着春天里的悠然自得。

其实，北方的春天来得晚，去得快。到处还没有绿意的时候，我们就可以清晰地感觉到春天的脚步，感觉到春天的渐渐逼近，可是真正绿意染透天际的时候，只有那么一点短暂的时光，也正因为短暂，所以才格外珍爱。

心情渐渐舒展，季节像一只手，轻轻地抹平了我皱着的眉头，电车上的人很拥挤，我第一次没有那样烦乱而抵触地看着那些人，有人踩了我的鞋尖，我亦只是回头，对那人淡淡地笑一下。我惊讶自己的变化，原来我也能宽容地待人待己，这一切都和春天有关。从春天的眼睛里看世界，不再为别人犯了一点小错而咄咄逼人。

把厚重的棉衣丢弃在柜子里，把围巾手套搁置起来，我轻轻地舒展了一下肢体，我要将长久地沉寂在心里的郁闷丢弃在一个叫冬天的地方，将心中渴念的春天叫醒，让春天绽放。

清明节的文化符号

清明是一个非常有特色的传统节日，除了祭祖扫墓，追思先人外，也是春游踏青，与大自然握手言欢的节日，可以尽情享受春天带给我们的生机与明媚。此外，清明也是一个很重要的节气，在一年二十四节气中，唯有清明和冬至是跨界的异数，身兼二职，即是节日也是节气。

民间习俗主要是以清明祭祖为主调，清明这一天，带上全家老小，祭祀祖宗先人，以示不忘根本，时而思敬之。除此之外，踏青，春游，放风筝，荡秋千，踢蹴鞠，插柳……可谓花样繁多。

清明节最早出现在汉代刘安编著的《淮南子·天文》中："春分后十五日，斗指乙为清明。"秦汉时期虽然有了清明节一说，但尚不属国家法定假日，大约更偏重于节气的划分。到了唐代，清明节的地位得到显著提升，"祭祖扫墓"被正式编入"五礼"之一，所谓"五礼"，即吉礼、丧礼、军礼、宾礼、嘉礼，而清明节归属于吉礼，施祭祀之事，连同寒食节一起，放假七天，称得上是首个黄金周。到了宋代，清明节仍然延续唐代的放假习俗。清明长假，人们祭祖扫墓，春游踏青，一边恭敬地祭祀祖先，悼念亲人；一边和朋友踏青游玩，欢声笑语。这是一个很奇妙的节日，祭祀游玩两不误。在我看来，这里的祭祀，更多的是一种缅怀，是一种追忆，而不是悲伤，不是难过。亲近自然则是一种本能，更是一种身心的愉悦。

清明节到宋代已至鼎盛，无论皇家还是民间都很重视这个节日，其热闹程度不亚于元宵节。宋人吴惟信曾写过“梨花风起正清明，游子寻春半出城。日暮笙歌收拾去，万株杨柳属流莺”。春光明媚的西子湖畔，游人如织，到了傍晚，虽然游人散去，笙歌停歇，唯有流莺婉转，但是不用担心，春色依旧在，挂在杨柳梢。宋代孟元老在笔记体散文《东京梦华录》中记载了过清明节的情景：“京师清明日，四野如市，芳树园圃之间，罗列杯盘，互相酬劝，歌舞遍满，抵暮而归。”其热闹的盛况，可想而知。

到了明清时，清明节已不再那么隆重，民间虽然也时不时地有人过，但官方却相当不以为然。

作为节日的清明节，到今天仍是很重要的节日。作为节气的清明节，仍然是很重要的节气。每年太阳到达黄经 15 度时，标志着清明节气正式开始，此时节，春暖大地，草木萌发，梨杏开花，芳草始发，到处都是生机勃发，一片欣欣向荣。

清明节，是我们这个民族根植到血液里、根植到骨头里的文化符号，这个有着两千多年历史的节日与节气，与一个民族一起走过来，从一些诗词典籍里便能看出一些端倪，记载清明节的文章简直不计其数，这说明清明节在人们心中的地位和影响力。

谷雨之雨

谷雨时节的雨，最能滋养万物，比如山川，比如田地，比如树木，比如植物……

得谷雨之水的滋养，植物更加丰腴，土地更加肥沃。谷雨之雨是滋养万物的精灵，是大自然赐予生灵的幸福。

庄稼人所有的希望都是从谷雨开始的，有句谚语说："谷雨前后，种瓜点豆。"说明到了谷雨时节，各种农事活动都已经到了紧要关头。插秧播种，春种一粒粟，秋收万颗子。当然，也会有心急的农人，不等谷雨来临，就提前开始修理农具，平整土地，买种子和化肥，做着各种前期的准备工作。

谷雨有"雨生百谷"的意思，谷雨的雨，春雨贵如油。谷雨下雨，农人们一定会欣喜若狂，因为这预示着这一年风调雨顺，不会白忙活，会有个好年景。

"谷雨"这两个字，一读起来，心中就会生出温润的感觉，仿佛有一种湿答答的意韵缠绵而来。"沾衣欲湿杏花雨，吹面不寒杨柳风。"谷雨时节，雨是杏花春雨，风是杨柳斜风。雨有情，风有意。

春雨缠绵，飘飘洒洒，仿佛一个满怀心事的少女，无限伤感与惆怅，一个人对着春光悄悄地感伤一回，惆怅一回。树木悄悄地回绿，仿佛不经意间，芽叶开始绽放葳蕤。花儿渐次开放，迎春、玉兰、樱花、杏花、李花、梨花，春意纷繁枝头闹。

昨日还是细雨如酥，转天煦风暖阳，雾霭散尽，杨柳依依，阳光如万道金线，耀眼生辉，积聚了一冬的寒意，顷刻间化为乌有，阳气回升，连泥土草木都散发着静静的幽香。角落里不起眼的草儿、虫儿，一起和着春天的节拍唱响。

春雨像一首诗，抒情和缓，没有夏雨的暴虐，没有秋雨的急躁，更没有冬雨的冰冷。春雨更像母亲的手，轻柔地抚摩着山川大地河流，不动声色地传达着心中的温情暖意，山川因为这多情的春雨绿了起来，河流因为这多情的春雨醒转过来……

春雨像一阕词，清凉透明，缠绵悱恻，滤掉了心中的烦恼与喧嚣，滤掉了心中的浮躁与悸动。滚滚红尘中，无法把持的时候，不妨在轻风细雨中淋上一会儿，那些清凉的雨丝会让人清醒与参悟，那些细细的风会让人平静与智慧。

信步郊外，河畔烟雾迷蒙，山中花放柳翠，大田一望无际，有三两农人在田间忙碌，扶犁点种忙春播，隐隐地闻得远处鸡鸣犬吠之音，山坳里缓缓升起一缕炊烟……

久久地凝望着，仿佛又回到了远古的农耕时代，你耕田来我织布，省略了人类文明进化的各种过程，回到理想中的田园生活，没有纷争，没有欲望，没有诱惑，岁月静好。

谷雨之雨，滋养万物之水。

樱桃红时芭蕉绿

南宋诗人范成大在《四时田园杂兴》中说："牡丹破萼樱桃熟，未许飞花减却春。"北方很少种有牡丹，更不会依牡丹成型而判断樱桃是否成熟。

四时依季而行，风暖花香的季节，也是樱桃上市的季节，超市里、菜场上到处都有卖的，就连大街上小巷里，也有商贩提篮叫卖的身影。晶莹玉润剔透如宝石一般的樱桃，品相好的卖到几十块钱一斤，品相稍差一点的，也会卖到十几块钱一斤。然，不管多贵，到樱桃上市的季节，总会买上一些，一饱口福。

樱桃多汁，甜润，喜欢樱桃，要追溯到小时候。那时候，不管谁家房前屋后，如果种了一棵樱桃树，我们会从开花的季节开始期盼，一天跑去看好几次，看看什么时候花落结果。然，每次都会失望，樱桃的花期很短，转瞬即逝，有点像樱花，花落很久，才会看到一粒小小的米粒大小的绿，然后就盼望着这粒绿长大变红。等待的过程是令人心焦的，当然也是幸福的，等待让我们小小的内心多了一份充实和安慰，虽然那一粒小小的绿，最终也只能长成黄豆大小的红，放进嘴里有淡淡的酸，有微微的涩，有星星点点的甜，可是，在物质贫乏的童年时代，一颗小小的樱桃却是一个色彩斑斓的梦。

俗语说，樱桃好吃树难栽，吃了樱桃就动了去看樱桃树的念头。朋友在郊区有一处庄园，这个季节，枝头上的樱桃红彤彤的一片，在阳光下闪着晶莹的光，整个果园里弥漫着淡淡的甜香。

碧绿的叶子底下，是红润的樱桃，像玛瑙，像宝石，摘一颗放进嘴里，汁液饱满，甜香醇厚，口齿生津，酸甜可口，慢慢回味，竟似有淡淡的酒香。大诗人白居易对樱桃的滋味深有体会，写得真真的，他在《樱桃歌》中说："荧惑晶华赤，醍醐气味真。如珠未穿孔，似火不烧人。……琼液酸甜足，金丸大小匀。"

宋人蒋捷对樱桃却有另外一番感受，他在《一剪梅·舟过吴江》里深深地感叹："流光容易把人抛，红了樱桃，绿了芭蕉。"每每读到这一句时，我便会心生怅惘，一年一度，红了樱桃，绿了芭蕉，时光匆匆流逝，有握不住的无力感觉。

我爱樱桃，不过是喜欢樱桃的甜美多汁，和那种小小的果实带给我心底的欢喜，而词人喜欢樱桃，却是借樱桃的颜色，一红一绿，一年又一年，光阴易流逝，豆蔻弹指老，春愁和思乡之情，借小小的樱桃和芭蕉，把自己的感受传递给别人。

一直觉得蕉下听雨是一种浪漫唯美的意境，雨打芭蕉，淅淅沥沥，那种清晰的节奏可以与音乐媲美，只是芭蕉这种植物，多生于亚热带，北方很少见，当然，有闲情逸致的人，也会把芭蕉移植在自己的庭院里，作为观赏植物。

我曾多次构想，去花市买一盆芭蕉，植于阳台，然后，在漫漫长夜，在微雨的午后，喝热茶，读好诗，听雨点打在芭蕉叶上那种淅淅沥沥的诗意，然，这份小小的心愿终未得尝。李清照有词："窗前谁种芭蕉树？阴满中庭。"我的窗外没有芭蕉，只有木槿、忍冬和樱花，小小的心愿成了美丽的梦想。

樱桃和芭蕉这两种植物，原本不搭界，之所以放到一起说，都是因为宋人蒋捷惹的祸，是他的词，让我看到红樱桃，就想起了绿芭蕉，在我的心中变成孪生一般。

樱桃红时芭蕉绿。

年年岁岁，但愿现世安稳，岁月静好，吃了樱桃，又看芭蕉。

年年七月半

才过七夕，又近中元。

农历七月半是一年一度的中元节，所谓的中元节是道教的一种叫法，依上元而来。上元节是农历正月十五，也就是元宵节，到处张灯结彩，欢庆祈福。下元节是农历十月十五，也就是水官节，为祭祀祖先。中元节在印度佛教里又叫盂兰盆节，是印度佛教徒为了追荐祖先而举行的“盂兰盆会”，民间俗称鬼节。

中元节是一个传统的节日，民间的风俗各有不同。像江苏福建山东等地有放河灯的习俗，以纪念逝去的亲人。香港有“烧街衣”的习惯，天黑后会在路边烧一些纸钱，摆一些供品。而在晋北地区会捏一些花馍，送给小辈，祝愿福寿长久。还有一些地区有捏扁食、吃鸭子、祭祀祖先、祈求丰收等习俗。

在我的家乡，七月十五是一个祭奠逝者的日子，虽没有清明那般盛大和隆重，但也是一个很特别的日子，有时间的人会在这个特定的日子里去给逝去的亲人上坟，没有时间的人会在天黑后，选一个三岔路口的地方，烧一些纸钱，洒一些酒水，除了祭奠亲人，也会给那些无名无姓的流浪“鬼”烧些纸钱，“结鬼缘”。

除此之外，七月十五这一天，在我的家乡，家家户户都会做一些茄饼。为什么要在七月半鬼节这一天吃茄饼，至今我也不得而知，虽然小时候特别不喜欢七月半这个节日，但还是非常喜欢鬼节这天做出来的美食——茄饼，好吃美味，滋味惊艳。

小时候不喜欢这个节日，是因为老辈们常用“七月半，鬼乱窜”来吓唬不听话的小孩子们，虽然没有见过鬼是什么样子，但在文艺作品和老辈人口口相传中得出一个根深蒂固的印象，那就是披头散发，青面獠牙，面目狰狞，阴气森森，让人心生恐惧的模样。好多年里，夜里自己不敢去厕所，有时候去看露天电影，不知是谁在暗影里喊了一嗓子：“鬼来了!”顿时吓得毛骨悚然，魂飞魄散，撒丫子一憋气跑回家。所以逢到鬼节这样的日子，多调皮的孩子都会变得乖巧听话，不在外面乱跑，早早回家上炕睡觉，等天亮之后就顺利过“鬼门关”。现在想起来觉得很可笑，可是那时候真的害怕一不小心碰到个“鬼”什么的。

不喜欢“鬼节”是怕碰到鬼，可是茄饼的魅力和诱惑又巨大无比，小时候不是天天都能吃到这么好吃的食物，所以内心里非常纠结，过还是不过成了一件大事，其实过不过，这一天都将到来。

夜读杨万里的《中元日午》，写得行云流水，俏皮可爱：“雨余赤日尚如炊，亭午青阴不肯移。蜂过无花绝粮道，蚁行有水遏归师。今朝道是中元节，天气过于初伏时。小圃追凉还得热，焚香清坐读唐诗。”在诗人杨万里的诗里，中元不过是一个节气，时光虽然到了中元节这一天，仍是暑热难抵，跑到小花园里乘凉却不得凉，只好在唐诗里寻凉。

重阳诗话

天高地远，秋高气爽，又逢双九重阳老人节。

敬老孝亲一直被我们中华民族纳入优秀美德的范畴，是衡量一个人品质的底线和标尺。因为一个人如果忘记出身和父母，就是忘了本，所以自古就有百善孝为先的说法。

农历九月初九是我国传统的重阳节，古老的《易经》中，把六定为阴数，九则为阳数，两九重逢，故为重阳。古人的习俗，多半是在重阳这一天，登高望远，喝酒赏菊。晋代文人陶渊明在《九日闲居》诗序文中说："余闲居，爱重九之名。秋菊盈园，而持醪靡由，空服九华，寄怀于言。"文中提到菊花和酒。大概在魏晋时期，双九重阳已有了饮酒、赏菊的习俗。

自古以来，写重阳的诗很多，最为著名的当属唐人王维的《九月九日忆山东兄弟》："独在异乡为异客，每逢佳节倍思亲。遥知兄弟登高处，遍插茱萸少一人。"作者想家念亲的心情，跃然纸上，兄弟们登高望远，只有他一个人独在异乡，佩戴茱萸时发现少了他一人，想念之情化作怅然若失。

唐代诗人孟浩然写过一首《过故人庄》，是一幅乡野风情的画卷，田园风光，自然淳朴，乡野话桑麻，把酒赏菊花，悠然自得："故人具鸡黍，邀我至田家。绿树村边合，青山郭外斜。开轩面场圃，把酒话桑麻。待到重阳日，还来就菊花。”我非常喜欢这首诗，孟大诗人，还未曾离开庄子就已经有些舍不得了，想着九九重阳，再来蹭饭聊天，喝酒赏菊。性情纯朴直率，真诚可爱。

宋代女词人李清照写过《醉花阴·薄雾浓云愁永昼》：“薄雾浓云愁永昼，瑞脑消金兽。佳节又重阳，玉枕纱厨，半夜凉初透。东篱把酒黄昏后，有暗香盈袖。莫道不消魂。帘卷西风，人比黄花瘦。”这首词清丽温婉，缠绵悱恻，不过想念的不是亲人，也不是朋友，而是丈夫。

写重阳的诗多得数不胜数，李白曾写过《九月十日即事》，杜牧写过《九日齐山登高》，王勃写过《蜀中九日》，关汉卿写过《沉醉东风重九》，李煜写过《谢新恩》，柳永写过《斗百花》，晏几道写过《蝶恋花》，辛弃疾写过《踏莎行》……1989 年，农历九月初九被我国正式定为老人节。

在人们传统的观念中，双九重阳是个吉利的数字，双九即生命长久，健康长寿。中华民族敬老孝亲的传统，一代一代承接下去，那是我们的根也是我们的魂，是我们的一脉相承的美德。

聆听秋日树语

元曲作家白朴有一首小令叫《天净沙・秋》，是这样写的："孤村落日残霞，轻烟老树寒鸦，一点飞鸿影下。青山绿水，白草红叶黄花。"这首小令与马致远的《天净沙・秋思》有异曲同工之妙，这首词中并无一个秋字，却道尽秋的风流与韵致，词意之外无限延伸，让人生出想象的空间。

如果说秋天是一幅壮美的油画，那么所有的树木便是这幅油画中不可缺少的一笔，或浓墨重彩，或轻描淡写……

喜欢秋天的树木，秋天的树木会说话，用枝干，用树叶，用果实。

不管是果实累累的，还是枝头空泛的，那些树木，站在秋天的风里，傲然挺立，构成秋色图中最和谐的韵律。试想，如果没有树，秋天再美，必然会觉得少了点什么，必然会黯然失色。远山静默，湖泊淡定，唯有树木会让我们的视觉错落和延伸。

秋天的果树，枝头沉甸甸的，红的是苹果，黄的是鸭梨，小的是红枣，大的是秋桃，层层叠叠，把个树枝都压弯了。孩子跑，老人笑，绕着树，久久不肯离去。收获是一种快乐和喜悦，想来树木如人，也是如此吧！

秋天的枫树，红彤彤一片，火红的枫叶，经霜愈加的红，像仙子的胭脂，抹红了秋天的唇，使秋天愈发的妩媚和多情。喜欢秋天的枫叶，每每总会采摘一片夹进书里，那是秋天送给大自然的一枚书签。宋代诗人杨万里曾写过：“小枫一夜偷天酒，却倩孤松掩醉容。”秋天的枫叶像喝醉了酒，一夜之间便红了脸。

秋天的银杏，黄澄澄的一片，金黄色的叶子与秋天的颜色相近，旋转着，飞舞着，用诗的韵律注释着秋天。树下，踏着厚厚的落叶漫步的情侣，为我们注释着生活的浪漫与美好。宋代女词人李清照曾写过：“谁怜流落江湖上，玉骨冰肌未肯枯。”这便是银杏叶的风骨。即使落地，仍是玉骨冰肌。

秋天的白杨树，即使落光了所有的叶子，仍然挺拔笔直如士兵，矗立在蓝天下，没有退却，不畏严寒，没有私心，倔强磊落。曾经在课本里学过茅盾先生的《白杨礼赞》：它没有婆娑的姿态，没有屈曲盘旋的虬枝……它伟岸，正直，朴质，严肃，也不缺乏温和，更不用提它的坚强不屈与挺拔，它是树中的伟丈夫！

秋天的松树，苍翠墨绿，华盖如荫。那些不落的松针，便是松树过冬的衣裳，在金色暖调的秋天里，那一滴绿，无疑是欣喜和生机。李白有诗：“阴生古苔绿，色染秋烟碧。何当凌云霄，直上数千尺。”一个“染”字用得非常之妙，绿与黄互相渗透与渲染。

树的生命，走到秋天，尽管不是生命的尽头，但却是生命的极致，层层剥落的新绿如脱掉一层层的华衣，其间经历了怎样的历程，不是一言能够道尽的。

那些树，无论以怎样的姿势存活于世间，无论以怎样的树语向我们诉说，无论是俯视的还是仰望的姿态，它们都是人类永远的朋友。

郑板桥有一副题对：“删繁就简三秋树，领异标新二月花。”三秋之树，瘦劲秀挺，落叶不是伤感与衰败，落叶只是它的宿命，落叶只是它年华的轮回，正是因为落叶，而得见生命的厚度与真谛。

立冬时节

又是一年立冬时。

节令是一个很奇妙的小怪物，踩着光阴的节点，精、准，稳、狠，冬天带着一点小小的慌张，一路小跑，匆匆而来，一不小心，迎面撞了个满怀。

季节有时序，没有半点的马虎与错乱，节令一到，天地万物仿佛得到号令一般，闻令而动。立春，是少女眼睛里温柔的水波，春情荡漾，泛着波纹，有几分羞涩，也有几分矜持；立夏，是少妇性感的红唇，绿意滔滔，热浪滚滚，热烈且妩媚；立秋，是中年女人那一声不经意的叹息，那声叹息虽然幽微，但仍能让人感到复杂的情绪，有几分喜悦，也有几分惆怅；那么立冬呢？立冬是一个上了年纪的女人吗？独自守着时光这只古老的木船摇啊摇，看不出悲喜，分不出好恶？晨钟暮鼓，仿佛老僧入定。

霜降杀百草，秋天里最后一个节气也没能留住，仓促中从手里滑落，时光像刹不住闸似的，任由寒冷一路走下去，千山凋敝，万树寒瘦，清冷凛冽。寒冷的季节不用锣鼓喧嚣，已经素面登场，虽然还没有到滴水成冰的季节，但清水已有了冰骨的凉意，整日里抱着臂膀，缩手缩脚，仍然能感到手脚冰凉，怎么都捂不热，天，真的冷了。

这时节，最喜欢的是温暖有阳光的地方，老人们喜欢坐在墙根底下，一边晒太阳，一边侃大山，享受着冬日暖阳的贴心贴肺。立冬前后的阳光最是温暖和煦。春天的阳光有几分野性，像脱缰的野马一般，疯跑；夏天的阳光有几分骄躁，像坏脾气的女人，没有理性，而且无所顾忌；冬天的阳光有几分寡淡，像贫血一般，苍白而没有实质。唯有立冬前后的阳光，打在人的身上，暖洋洋的，让人生出慵懒与安慰。搬一只小凳子坐在落地窗前，晒着阳光，听着音乐，像喝醉了酒，晕眩起来，也像一个老人一般怀旧起来。想起小时候的冬天，那是真冷啊！现在的冬天没有小时候的冬天冷。那时候，立冬穿上妈妈亲手缝制的花棉袄、花棉裤，一直到第二年的清明还舍不得脱掉，有小半年的时光都是穿着厚重的花棉袄和花棉裤，过着简单快乐的日子。

窗台上的一株菊花仿佛不知道季节的更迭，兀自怒放着最后的璀璨，想起元代学者墙东先生的两句诗："黄花独带露，红叶已随风。"这时节，虽菊有花黄，但红叶早已是随风漫卷。每天傍晚下楼散步，那些法国梧桐的黄叶，在脚底下盘旋飞舞，跳着轻盈的舞蹈，像油画一般美丽，节令不同，带给人的感受也不尽相同。

立冬之后，寒冷愈演愈烈，一发而不可收拾，放纵地往冷里一路纵深，仿佛是和谁赌气似的，冷得凛冽，冷得彻骨，不冷不足以证明冬天的存在。秋去冬来，秋收冬藏，这时节，需要找一个温暖的地方蛰伏起来，静静地聆听大地与冬天的对话，慢慢回味这一年的付出与收获，享受季节的轮回带给生命的美好律动。

意象冬天

冬天是从哪一天开始的？确切的时间真的不曾留心。是从白露凝霜，是从雪花的贸然造访，还是从汩汩流淌的河流停止了喧哗开始的？反正有那么一天，杂乱无章的景物逐渐被白雪掩埋，呈现出画意；呼呼的北风怒号着，毫无文人笔下的诗意；行人瑟缩着臂膀从街上走过，我知道冬天真的来了，冬天迫不及待地拉开了大幕，急急地登上了季节轮回的舞台。

如果是在城市里，下雪天，三两知己会聚在一家咖啡馆里，屋外寒流回旋，屋内暖意融融，银匙轻轻地搅动着杯里的咖啡，霎时浓香四溢，一口还没有喝，人便被这香味熏染得微醉，偶尔说一两句话，低低的声音，仿佛怕惊醒谁的梦，悠长的午后时光里，像一个没有时间概念的老人，慢慢体味着仿佛静止的时光，岁月静好，时光无痕。

如果是生活在古代，下雪天则是读书天，喝酒读书品茶聊天，陆放翁的一句诗："莫笑农家腊酒浑，丰年留客足鸡豚。"这句诗最能表达古人的心情。下雪天，留客天，绿蚁新醅酒，红泥小火炉。窗外，白雪映窗，肃杀寂静清冷。屋内，主客盘腿相对而坐，滚烫的火炕上，一张小方桌，热酒一杯，暖茶一壶，热气袅袅，畅谈甚欢。

如果是生活在乡村，落了一夜的大雪之后，乡村的早晨是寂静的，村庄，房舍，草垛，茅屋，街道，树木，那些平常熟悉的风景，都被覆盖在皑皑的白雪之下。是雪给村庄披上了一件美丽的外衣，于是村庄变成我们眼中美轮美奂的童话世界，变得既熟悉又陌生起来。

太阳出来之后，天地之间反射出一片耀眼的白光，刺目惊心，挂在树杈上的雪花，还没有来得及落下就化成了亮晶晶毛茸茸的小冰碴。小河里，听得见水声，看不见水，厚厚的冰面之下，有鱼在游，有水在流。

时光变得像一个多情的少女，似乎分外留恋雪后的村庄，脚步迟缓凝重，懒洋洋地游移，给人一种错觉，仿佛时光静止不动。偶尔，能闻到一两声鸡鸣犬吠，能听到谁家的女人扯着嗓子唤孩子的小名，能看见谁家的烟囱冒起缕缕白烟，让人想起岁月静好、现世安稳一类的词汇。

空旷的乡路上，积了一层厚厚的白雪，有行人踩在上面，耳边响起“咯吱、咯吱”的声音，带着韵律和节奏，在乡路上留下一串串脚印或车辙。有心急的村人会赶早去城里置办年货，添置家里短缺的东西，比如衣服鞋帽，比如瓜子红枣之类的小零食。当然，主要是买一些村子里比较稀罕的东西，带着知足和恬淡的神情，一路走，一路笑，笑容仿佛被冻结在脸上，久久不散。

乡村的年总是和雪结伴而来，没有雪的年总会觉得少了年味，像过年没有贴大红的福字，没有贴火红的对联一样。雪地上的红灯笼、红对联，分外妖娆。小孩子们穿着新衣服，喜欢在雪地里撒丫，小手小脸冻得通红，在雪地上堆雪人，打雪仗，放鞭炮，听着一声声清脆的炸响，把欢声笑语撒得院子里到处都是。

大人们则有条不紊地忙着年俗，买米买面，储备过年期间的食物。忙着蒸年糕，贴年画，贴对联，剪窗花。福字倒着贴，取谐音“福到了！”年画则多数是年年有余五谷丰登之类的祝愿。大家在雪地上忙进忙出，很累，但开心快乐。

曾经有一个小小的愿望，等将来不工作了，没有了牵挂，回乡村生活，不为别的，只为这雪。

落了雪的乡村是恬淡的，是迷人的，是静谧的，它让浮躁的心变得踏实下来，它让粗糙的生活变得浪漫起来，雪国童话是乡村里最美丽的时光，雪后时光不用劳作，闲下来便在那些覆盖了皑皑白雪的村舍间游走，像走在一个晶莹纯粹的世界里。

雪花是春天的信使，一年又一年，从春天出发。

雪花是冬天凝固的泪

写雪的诗，最喜欢柳宗元的《江雪》，意境清凉唯美，带着淡淡的禅心和禅意："千山鸟飞绝，万径人踪灭。孤舟蓑笠翁，独钓寒江雪。"山上无鸟，路上无人，在一条孤零零的小船上，一位老者穿着蓑衣戴着斗笠，独自在大雪覆盖的江面上垂钓。

喝一口清茶，闭上眼睛，独自体味这首诗的意境，犹如一幅水墨图，呼之欲出。阴暗的天空之下，风走云垂，远山沉默，近树光秃，暗淡的光线，乌蒙蒙的背景，被雪这个精灵映衬得有了些许的光亮，有了些许的生气。片片的雪花，仿佛天国的信使，悄然来访人间。

雪的世界，凉，冷，脆，寒，但却难以抵挡心中的喜欢。

喜欢下雪天。

薄暮时分，天空低低地垂下来，仿佛触手可及，有黛黑的云自北边翻滚而来，渐渐压至头顶，天空变得暗淡和压抑，让我有了想大口喘气的欲望，仿佛一条失水的鱼。

我站在窗边，看着远处的山，楼房，学校，还有街边光溜溜的没有一片叶子的树，街道上慢慢蠕动的汽车和人流，仿佛一切都静止不动，像明信片上的风景一样，美则美矣，但却毫无生命力可言，晦暗，呆滞。

其实静止只是相对而言，那只是站在高处向下看时的一种错觉，这个时节，这样的天气，人们一定是步履匆忙地往家里赶，往有温暖和光亮的地方赶。唐朝诗人白居易说：“绿蚁新醅酒，红泥小火炉。晚来天欲雪，能饮一杯无?”

这样的天气，这样的意境，适合三两知己，围炉而坐，畅谈慢饮。暂且抛下烦恼和压力，抛却欲望和功利，像雪一样纯净而美好，像雪一样执着而诗意。

我站在窗边，思量着给哪位好友打电话，邀约一起喝酒或饮茶，忽然看见一片小雪花轻轻地飘过来，像一位略带羞涩的少女。轻轻地、低眉、颔首，潋滟。我心中柔软地动了一下，有了想伸手接住的冲动。

那片雪花晶莹、剔透，轻柔绵软。透明的晶体，在微微的气流中，毫无支撑地失去了方向感，它像精灵一样随风起舞，上下翻飞，像一个舞姿曼妙的舞者，把美丽动人的舞姿毫无保留地献给了天空，直至精疲力竭，最后才慢慢旋转到窗前，缓缓飘落，仿佛带着不舍和留恋……

随后，很多的雪花，仿佛听到了信息和号令一样，纷纷赶来，优雅而柔软的舞姿在风中摇曳，天空中渐渐弥漫成棉絮一样，纷纷扬扬，没有一刻的工夫，远处的山，楼房，树木，街道，变成了一片银装素裹的世界，仿佛童话里的白雪世界。虽是天将向晚，我的眼前却是明亮一片。

我终于还是忍不住，起身去了露台，伸出手，接住一片皎洁的雪花，这精灵一样的舞者，在我温暖的掌心里，片刻的工夫，汪成一滴水，它悄无声息地融化在我的掌心里，像一滴泪。

我想起一句谚语：“瑞雪兆丰年。”雪花落入泥土，用它多情的眼泪，润泽广袤无边的大地，无私无悔地付出自己的全部，直到全部融入泥土，和大地融为一体。我暗想，明年一定会是一个好年景！因为这雪，我看到了一些我期待的画面。

第六辑
另外一种路标

凸显在生命底色上的葵花

当一些人事渐去渐远，当一些时光悄然而逝，我以为自己已慢慢忘记了的，却忽然，在某一个夜晚，重新邂逅在午夜的时光里。睡不着觉的时候，漠然地瞪视着天花板，一些人事有如浮雕一样凸显在眼前，来来去去，逐渐清晰起来，有如千军万马，奔腾而来，然后拖着烟尘而去。

喜欢回忆，是不是真的老了？老到只剩下过去，老到只剩下回忆？

很多个夜里，无论是睁着眼睛还是闭着眼睛，都能看见外祖母种的葵花，大朵大朵，一片金黄，向着太阳，摇摇摆摆，活色生香。看上去就像一张古老的油画，外祖母，外祖母种的葵花，外祖母养的狗，外祖母养的鸡，还有外祖母种的树，还有我，都是这张油画上重要的组成部分，散发着一股浓郁的乡土气息。

生活在这样一种田园派的画里，当然是一种福气。孩提时代，几乎每一个人都有一大堆的糗事，淘气、疯闹、恶作剧、上树摘杏、下河摸鱼，惹是生非、无所不为。闯了祸，然后心神不宁地等着父母去善后，以为是天大的事情，吃不下，睡不着，长大以后才知道，那不过是人生中一个小得不能再小的插曲。

我小的时候喜欢跟在外祖母身后屁颠屁颠地跑，像一只小小的跟屁虫，特别是闯了祸之后，我像一只乖巧的小猫，低眉顺眼地跟在外祖母的身后，以求护佑。

外祖母喜欢种葵花，大朵大朵的葵花，仰着脸儿，向着太阳，站在外祖母精心侍弄的菜园子，风一吹，叶子哗啦哗啦地响，朵朵葵花摇曳生姿。

那时候，我还小，七八岁的样子，正是调皮顽劣的年纪，看见那些金黄色美丽的葵花，心中便生出恶作剧的念头。

外祖母像守护宝贝一样守护着她的葵花，然而，我们还是能寻到间隙，趁着外祖母不防备时，悄悄地绕到菜园子里，然后偷偷地摘几枝葵花握在手中，在风中奔跑、招摇，一路跑，一路笑，笑声散落在风中，吹进外祖母的耳朵里。

外祖母从屋子里出来，颠着一双小脚在后面追，只是她哪里能追得上我们敏捷如风的脚步？追了几步，外祖母便扶着一棵树，站在那里大口大口地喘息，一只手指着已经跑远的我们，说不出话来，像一条失水的鱼，让人看了，心中生出憋闷和窒息的感觉……

那时候，外祖母的身体已经很孱弱了，单薄、瘦削，并且患有哮喘，每每犯病，连呼吸都很困难，而我却并不懂得心疼和体谅，常常惹她生气。隔三岔五，趁外祖母不注意，不是薅了她的菜，就是揪了她的花儿，甚至连树上米粒大小的青杏樱桃都不放过。小小的人儿，找了比人还长的木棍子，敲落满地的籽实和树叶，把外祖母气得只有倒吸气儿的份儿。

那样的年纪，只能体会自己的快乐，却并不懂得外祖母的辛苦。体弱多病的外祖母要照顾一大家子人的生计，处处都精打细算，菜园子里那些菜，除了自己吃，还要换油盐酱醋，所以她看得格外紧，怕鸡啄了，怕猪拱了，怕人偷了，再想不到，却被我这个捣蛋精偷偷地薅了。

外祖母心痛的时候，总会说："作孽啊！又不能吃，白白浪费好东西。"她生气的时候，总是不理我，我知道自己惹了祸，于是低眉顺眼地跟在外祖母身后，做出一副乖巧的样子，外祖母心软，没几天就忘记了我犯的错，又和从前一样，给我蒸鸡蛋羹。

时光易逝，转眼之间，所有的光阴都成了人生的铺垫，那些拿着葵花在风中奔跑招摇的画面，早已在记忆深处定格。那些葵花，渐去渐远，终于幻化成一些模糊不清的画面，成为记忆深处不能触摸的疼痛。

另外一种路标

去书城闲逛，看到一些设计精美细巧的书签，简直令人爱不释手。虽然很喜欢，但却一张都没有买，我没有买书签的习惯，一直都是信手拈来身边那些触手可及的东西，夹在书里当书签用。

看到书签，我会想到路标这个词。

生活中，我们不管去哪里，在最显眼的位置都会有路标作指示，不管走多远，都不会走丢，都不会迷路。而书签更像是我们在书中游走时的另外一种路标，无论什么时候，拿起这本书，都会找到当初游走时的脉络和途径。

我喜欢把信手拈来的东西做书签。比如一片明艳的花瓣、一片碧绿的树叶、一枚新买的衣服上的标签，甚至是一张发票等，不管是什么东西做了我的书签，过一段时间再拿出来看，都会有亲近之感。哦，那些东西都曾在我过往的生活中出现过，一点一滴，都是记忆。触手，有温暖，有余温。

搬家的时候，整理旧书，赤着脚，坐在地板上，一本一本旧书从指间划过，带着岁月的印痕，微微泛着黄。有干枯的花瓣从书中跌落下来，空气中弥漫着一股淡淡的植物清香，不经意地划过我的鼻息。随手捡起那些花瓣，轻轻地握在手里，竟然瞬间变成粉末，撒落一地，恍惚觉得，那碎落的粉末像流走的时光，不管多么辉煌，也不管多么失意，全都变成尘埃，散落在记忆里。这样一想，不由得心中一惊，叹时光易逝，呆怔半晌。

年少时，喜欢唐诗宋词，喜欢三毛和席慕蓉，喜欢一些古旧的书。比如《阅微草堂笔记》，比如《菜根谭》之类竖版的线装书。晨曦之中，和着薄薄的微光，随意披着一件旧外套，坐在院外的花架下，看猫儿狗儿打架，看花瓣上的露水，闲闲地翻一本书，没有目的，也没有功利心，纯粹是为了愉悦自己。有时候也会在夕阳尽染层林的晚夕，拿一本书，坐在院中的枣树下，偶尔看两眼，偶尔看看墙边的虫儿飞或爬。不太专心，但适度的闲散总会让心飞得更远更愉悦。

那时候读书，总会把随手摘来的花瓣树叶之类，拿来做书签用，随手夹在刚巧翻过的书中。暮春的时候，小院边上的丁香树开满深紫、淡粉、白色的碎花，馥郁的芬芳总会令我迷惑不已。随手摘下小小的一枝夹在书中，读书的时候，总会闻到一股春天的气息。

失恋的时候，会把那些深紫的玫瑰花瓣一片一片地揪下来，随手夹进书中，带着淡淡的忧伤和浅浅的遗憾。那些满眼的残红，刺伤了我的眼睛，可是终归没有舍得丢弃，一片一片置于手边的宋词中。后来，再读宋词的时候，看到那些花瓣，总会想起一段旧情，想起那个他，玫瑰尚余芬芳，不知道他过得还好吗？

和朋友去郊外爬山，看见伞状的蒲公英，也会轻轻地采撷一朵，放到书中做书签。去外地旅行，看见经霜的红叶，也会收集几片带回去。读书的时日，总会跟那些花瓣和树叶扯上千丝万缕的联系。

后来有了网络，电子书以方便快捷的方式发挥着优势，慢慢侵袭了我的生活，读书闻墨香的时光越来越远，远到我的那些书，搬家时才发现，早已沾满了灰尘。

树叶失掉了水分，变得干枯。花瓣失掉芳泽，再无馨香，可是那些书，那些读书的时光，却是记忆深处永远的亮色，那些信手拈来的书签，则是我生命中的另外一种路标。

父亲的箫声

父亲年轻时正经是个文艺男青年，虽然是行伍出身，但却是多才多艺，一支洞箫吹得风轻云淡，吹得明媚生花，吹得轻柔婉转，吹得风生水起。

箫声虽然音质圆润清幽，但多少还是有些呜咽之意，多少带些悲凉之寂，听上去有些凄惶，让人生出莫名的悲伤。它没有笛声清亮明快，更没有二胡婉转悠扬，但父亲却有本事把洞箫吹出欢愉之音，那是他的心境使然，还是对生活的热切?

年少时，看见父亲站在后园的杏树下吹箫，姿势挺拔俊逸。那时节，夕阳西下，倦鸟归巢，杏花春雨，长箫幽咽，斯时斯刻，如画如景，美不胜收。花影里，父亲神色有些凝重，长箫在手，吹得风动花落。

一阵箫声过后，杏花簌簌而落，我看不见飘逸，只望得到凝重，看着父亲的背影，我不知道父亲此时此刻在想些什么，但我心中却生出水一样的柔情，山一样的坚毅，那是父亲用箫声传递出来的信息。

父亲吹箫，不为纵情，不为恣意，更不是随意挥洒才情，当然，更不是想当什么文艺男青年。

那年月缺衣少粮，谁有那闲情逸致瞎耽误工夫？只因因缘际会，偶然得到一支洞箫，父亲用它排解心中的苦闷和烦恼，遇到高兴的事情或不高兴的事情，父亲都会找一个没人的地方吹上一曲，如酒，能解忧。

那时候，我并不知道父亲为什么喜欢吹箫，其实父亲也会拉二胡、吹口琴，但却很少见到父亲拉二胡，父亲似乎对箫这种乐器情有独钟。我那些舅舅们个个都是吹拉弹唱的好手，父亲混迹其中，自然也沾染上一点“艺术”细胞。

那支长箫，顶端拴有两个妩媚的红穗头，经年累月挂在东墙上，是父亲的钟爱之物，闲时，父亲常常把那支长箫取下来，拿在手里把玩，用一块柔软的细布反复摩挲擦拭，眼神中极尽温柔之色。

我见过父亲在月下吹箫，月亮清瘦地挂在天边，若有若无的月光朦胧如纱，篱笆上的夕颜花害羞似的闭合了，万物静谧，唯有父亲的箫声呜呜咽咽，如泣如诉。月下听箫，听得我黯然神伤，我知道奶奶的离去，让父亲生出些许孤独和伤感，箫声正是诉说内心苦寒的媒介。我也见过父亲在街边的柳树下吹箫，那一年杨柳依依，柳枝新绿，父亲的伤感缘自妹妹的新嫁，前路茫茫，父亲的箫声有祝福，有牵挂，更有对未知的担忧。

“怨去吹箫，狂来说剑，两样销魂味”，这两句词是清朝才子龚自珍的名句，出自《湘月·天风吹我》。父亲自然不会舞剑，只是闲来偶尔弄箫，年龄见长之后患了糖尿病，每日忙于养生保健，箫也不大吹了，问起，父亲笑说：“人老了，吹不动了。”言语间，有些许的无奈和落魄。

我看着父亲，两鬓霜花尽染，走路也不再像从前那般虎虎生风，那个曾经专横霸道的人去哪儿了？取而代之的是一个越来越虚弱、越来越无力的老者，看得我心中生出痛楚。我说：“我想听您吹箫。”父亲笑，把箫放在嘴边比画着，虽然也能吹响，但曲调却没有当初那么流畅了。

谁都无法和时光抗衡，父亲亦是。

我一时无语，耳边依稀响起父亲的箫声，穿过岁月，穿透人生，曲调圆润优雅，仿佛是一个沧桑的声音在我耳边低沉轻诉，听得我眼中生出泪花。那是一段多么美好的时光，那是父亲最美好的岁月。

我以为父亲的箫声从此终结，谁知那日回家，竟然又听到父亲的箫声……

卷珠帘

见过最美丽的珠帘，是小时候外祖母家门楣上挂的珠帘，每一颗珠子都是一种植物的籽实，质地坚硬光滑的圆形空心珠粒，深咖啡色带些许白点，又或者是黑灰色，泛着一种天然的光泽，晶莹，剔透，看上去很漂亮。有爱美的女孩子用这种草珠子串成手链戴在腕间，走路时，手臂摆来摆去，带着一种天然的风情，或串成项链戴在颈上，自有一股天然的雅致和诗意。草木有本心，你赋予它灵魂，它给予你全部。

最初邂逅草珠子是在老家的后院，在葳蕤葱茏的后院有一种植物，宽叶长秆，盛夏季节花始开，穗状，淡黄琐碎，每一枝分蘖的顶端都会长出类似稗草的花序，花序的下面是一颗或者多颗绿色的草珠子，圆圆的，比黄豆大一些，风一吹，便兀自摇曳。秋风起时，这些草珠子方才成熟，蜕变成黑色、白色、灰色、抑或杂色有光泽的草珠子，这些小东西非常可爱，有灵性。

起初，只知道草珠子是一种天然草本植物的果实，后来才知道它还有两个充满禅意的名字，叫草菩提或佛珠子，在佛教中有一草二木三菩提之说。这种草珠子去芯，形成一个天然孔道，用丝线串起来，挂在门楣处，风吹帘动，发出轻微的琅琅之声，草种便散发着植物的淡淡清香，虽没有古人风雅，但却别具田园风情。透过珠帘看门外的梨花似雪，杏花娇艳，菜园子里绿油油的小菜苗，如梦似幻，别有诗意。

外祖母的珠帘一直在我的记忆中荡来荡去，那是记忆中一抹挥之不去的乡村生活，安宁，恬美，与世无争。外祖母梳鬟，乌光油亮，小脚碎步，常常轻挑帘子，从屋里探出半个身子，向正在梨树下嬉戏的我们大喊：吃饭了！……

外祖母的声音很好听，婉转悠扬，带着水音，特别是那声“吃饭了”，更加具有魅力，能够穿透时光，在耳畔回响。

脚步渐去渐远，再也回不到的过去，只能留在梦里，留在心中。

灯下闲翻古籍，看古人留下的诗词小说，涉及卷珠帘的情节颇多，李白有一首《怨情》是这样写的：“美人卷珠帘，深坐蹙蛾眉。但见泪痕湿，不知心恨谁。”

这首诗写尽了一个女子的幽怨情态：慢慢卷起珠帘，然后是一个人枯坐，深长久远地等待，等而不得，先是愁眉不展，然后是泪湿香腮，慢慢滴下，先是愁，后是怨，然后泪下，最后是心中堆恨。恨谁？不知道，总是与她相关的人吧！不相干的人，恨有何益？不见怨语，但见恨意，整首诗，短短二十个字，字字传神，层层推进，深浅有序，信手拈来，不由得感叹，当真是生花妙笔。

卷珠帘，故事藏在珠帘里，总会带给人无限的遐想和期许，想那帘内之人，燃一炉沉香，玉手如葱，轻拢慢捻，古琴悠悠，声声入耳。珠帘漫卷，帘动处，杏花天，几分索然，几分离愁。那个故事，不用我说，多半是悲欢离合人间事。

北宋文学家欧阳修在《玉楼春》中写道：“红楼昨夜相将饮。月近珠帘花近枕。银缸照客酒方酣，玉漏催人街已禁。”

好一个月近珠帘花近枕，月影轻移，花影婆娑，晚风轻拂，月光透过珠帘洒在饮酒之人的身上，时间向晚，城门已关，该睡的人都睡了，一片安静恬美。千年的月光依旧清凉如水，花香迷离，踏遍万水千山，穿越珠帘，在梦中与你相遇。

才女李清照也曾写过缠绵悱恻的《如梦令·昨夜雨疏风骤》：“昨夜雨疏风骤，浓睡不消残酒。试问卷帘人，却道海棠依旧。知否？知否？应是绿肥红瘦。”

一夜酣睡，宿醉未消，喝了多少酒且不说，只是一味地追问，那花儿开得怎样了。问谁？当然是卷帘人，卷帘人是谁？大多说是侍女，小部分人认为是作者新婚的老公。且不管这个人是谁，在唐宋时期，不管是达官贵人，还是平民百姓，好像家家户户的门窗上都挂着帘这东西，要不然，怎么会出现在众多的诗词歌赋之中？

写珠帘的诗词很多，多到无法一一列举，栊帘，绣帘，珠帘，软帘等，大多说的是一种东西。唐宋时期的人，对帘比较讲究一些，唯美，精致，考究，入得诗词也入得丹青，诗情画意。到了明清时期，帘这种东西，不再是装饰，不再穷讲究，而变得实用，成了生活的必需品，保暖，挡风，防蚊蝇。

现代人也用珠帘，相对材质有了很大的突破，有贝壳的，有仿珍珠的，有琉璃的，有人造水晶的，花样繁多，令人眼花缭乱。

“珠帘不动微风暖”，回望时光的长河，仿佛一道珠帘隔在中间，始终是影影绰绰，烟尘四起，即便珠帘不动，即便微风熏暖，也不大能看清来时的路。

珠帘卷起，只为等你。

无数次午夜梦回，依稀记得年少时光里的我，穿着白衫，睡在老屋的凉床上，草珠子的帘子轻轻随风摆动，外祖母拿了一把芭蕉扇，坐在旁边，轻轻地为我驱赶蚊虫……

轻罗小扇摇清风

夏夜，闷热难当，摸黑爬起来去露台上小坐。

远处的山黑黝黝的一片，近处的树纹丝不动，露台上的花草都睡着了一般，静寂无声，就连一落黑就开始闹腾的蚊虫也都消停了许多，街灯睡眼蒙眬，茫然地看着周遭……

越来越无法忍受空调的凉，那种人工的凉，凉到彻骨，钻进骨缝里有微痛的感觉。热得睡不着的时候，一个人悄悄去露台上小坐，与安静下来的城市独自守候片刻，让心慢慢着陆。心静自然凉。

凝望天空中的迢迢银河，星星依旧多得数不过来，只是那些似曾相识的星星，似乎再也没有小时候看到的那么明亮，像蒙上了轻纱，影影绰绰，扑闪着眼睛，看着人间众生。

小时候的夏夜，天空湛蓝清亮，空气中有着甜甜的草香，温润，滑湿，有着厚重的黏腻。几乎每一个夜晚，我都会和外祖母一起在花架下乘凉。外祖母穿一件月白色的大襟衣衫，青裤绑腿，即使那么闷热的夜也不例外。头发梳得纹丝不乱，在脑后绾一个光光的髻，左手持一杆长长的烟袋，右手轻摇蒲扇，有一下没一下地摇着，没有固定的节奏和韵律，什么时候想到了，就摇几下。

我不知道那样漫长的夏夜，外祖母在想什么，她总是在很长时间里保持一个不变的姿势。外祖母年轻的时候一定是个美人儿，有着漂亮的美人髻，高鼻梁，大眼睛，说话湿软，做事爽利，美中不足的就是身体一直不大好，病病歪歪的样子。

我顾不上外祖母在想些什么，夏夜乘凉时，总会有很多事情要做，忙得脚打后脑勺。我会仰起头，细数天上的星星，想牛郎织女那个美丽不老的传说。我会捉一些萤火虫，放进先前准备好的纱袋里，夜晚不点灯的时候，把纱袋放进蚊帐里，会有一球荧光闪烁。我会在暗影里，使劲嗅着蔷薇和青草的甜，会和身边的小猫小狗很热闹地玩上一会儿。

间或也会有谁家飘出艾蒿熏蚊的浓烟，白天把半干的艾蒿结成发辫模样，夜里烧的时候便会冒出浓烟，岂止是蚊虫受不了，就连人也会被熏得半昏。运气不好的时候，碰到左邻右舍用艾蒿熏蚊，我和外祖母就会及早撤退，不敢恋战，省得被当成蚊子呛。运气好的时候，大半宿都没有人熏蚊，我和外祖母安静地待在夏夜里，吃着自家园子里种的瓜果，闻着花香，看大丽花在篱笆边骄傲地盛开着。

消夏遣夜是夏天里最愉快的一件事情，躺在花架下的椅子上或凉席上，听外祖母讲古说今，讲她爷爷奶奶遗留下来的故事，讲她爷爷的爷爷、奶奶的奶奶口口相传的老掉牙的故事。比如牛郎与织女的故事，比如孟姜女的故事，等等，有些故事外祖母讲了很多次，但总是乐此不疲。有些故事我听过很多次，但每次都听得兴致盎然。

多数时候，外祖母的故事还没有讲完，我就在不知不觉中睡着了。醒来的时候，会发现外祖母坐在我身边，一边轻轻地摇着蒲扇，为我摇来清凉，驱走蚊虫，一边听着收音机，收音机音量调到极小，需凝神细听才能听得到。外祖母的心很细，我猜想，若不是怕吵到我，就是怕吵到邻居。外祖母喜欢听评戏、影子戏、二人转什么的，漫漫夏夜，总会有一些咿咿呀呀的缠绵之音，隔着光阴传来，令人恍惚，有不真实的感觉。

时间是个最经不起考验的东西，如水，顺着指缝四溢开来，兜不住，收不拢，不知不觉间，滴翠变老绿，那些旧年的事，变成了老旧的事，那些经年的人，还在记忆中来回奔走，猝不及防就会与你打个照面，就像这个闷热难耐的夏夜。

轻罗小扇摇清风，古人风雅，用折叠香扇，抑或团扇；乡人纯朴，用葵叶制成蒲扇，伏天的时候拿。轻摇蒲扇，凉风自来。童年，外祖母，黑白花的“板凳”狗，蔷薇香，芭蕉扇，银河迢迢，流萤乱飞，那一段纯粹而快乐的时光，那一段温馨而透明的乡间生活，如大写意一般，疏疏朗朗，占据了人生的一大段时光，成为人生中一段最美好的底色。

多年后，城市，霓虹，广告，咖啡，工作，旅行，抑郁，焦虑，等等，替代了那一段轻罗小扇摇清风的岁月，现代文明蜂拥而来，侵蚀了每一个角落，席卷了每一个人。

不舍，却拉不住岁月的手。不忍，却再也回不到过去。

每个人都有一个回不去的故乡，每个人都有一段想回又回不去的岁月，那是精神与心灵最后的依托。

字条上的流年

许多旧时光，蜷缩在人生的某一个角落里，静默不语，像一只蝴蝶安静地蛰伏着。我们在漫漫人生路上跋涉的时候，与那些旧时光不期而遇，那些旧时光，像花丛中惊飞的蝴蝶一般，翩翩起舞。

沧桑的岁月里，总会有一些小惊喜在前面不远的地方等着我们。收拾旧物，发现一只不起眼的硬纸盒，上面积满了灰尘，几欲扔掉，终究有些舍不得。拿到外面，捏着鼻子，抖落灰尘，然后打开纸盒，一段青春岁月扑面而来，措手不及，与我狭路相逢在这悠长的午后时光里。

纸盒里盛着一些被折成各种形状的小字条，有浅粉的被折成玫瑰花形状的小字条，有深蓝的被折成小星星形状的小字条，有淡绿的被折成船形的小字条，各种各样，形状各异，总有十几条之多。

这些小字条，大多是男生送的，少数是女生写的。

旧年的时光里，没有即时通讯工具，更没有手机可以发送短信微信之类，所以同学之间往来，多半都是私底下传送小字条。一张不起眼的小字条，往往承载着男生和女生藏在心底无法对人言说的小秘密。

常记得那年夏天，一群男生和女生去海边游玩儿，我们赤着脚在沙滩上嬉戏，捡贝壳，翻石板捉小螃蟹，在沙子里挖蚬子……

那天，天空蓝得没有一丝云彩，风软软的，绵绵的，带着炙热的温度。碧蓝的大海像镜子一般，一望无际。碣色的礁石旁边泊着古老而笨重的大木船，有渔人在船上喝水煮东西吃。远处的海岸线上，树，孤零零的，一棵，又一棵，互相不挨着。有叫不上名字的野花，在树下摇曳……

那只是青葱岁月里，无数精彩时光中最平常的一个午后，可是那个午后，我收到平生第一张小字条，一个男生写给我的小字条。他赤着脚，在沙滩上蹚过，路过我身边的时候，把一个浅粉的折成玫瑰形图案的小字条，出其不意地塞进我的手里。

我的心慌乱成一团，手心出汗，洇湿了那张漂亮的小字条。几度猜测字条上面的内容，是他喜欢我了吗？约我看电影？跟我借笔记？我不得而知。心中急得火上房，却不敢轻举妄动。耽搁了良久，踟蹰良久，趁着同学们都不备，终于找到一个没人的地方，悄悄地打开那张小字条，上面有一行娟秀的小字儿：你的眼睛可真大啊！

我承认，我无法参透这一行小字的意思，这个男生究竟想要表达什么呢？是想说我的眼睛很大很漂亮吗？是想说我的眼睛很大很难看？我不得而知，琢磨了很多天，仍然不解其意。那颗跳动频率很高的心终于平缓下来，进入正常的轨道。

那张被折成船形的淡绿色小字条，是初中时一个老师送给我的，至今，我仍然记得那个老师的模样，戴眼镜，头发略长，面色有些苍白，酷爱写诗，很有些文青的范儿。但她真的不是文青，很老了，而且有些酸腐气，教我们语文。

有一个学期，期中考试，我因为琼瑶小说看多了，心猿意马，不着边际，考试烂得一塌糊涂，怕同学们嘲笑，又怕回家受到父母的责罚，所以世界末日一般，唉声叹气，流泪不语。

那天午后，上课铃响了，同学们都陆续回教室了，我在教室外面的蔷薇花下，遇到那个酸腐的语文老师，她把一张船形的小字条塞进我的手里。

那时节，蔷薇花开得正好，枝枝杈杈上，累累都是花骨朵，风一吹，香味扑鼻。我握着字条回到座位上，慢慢打开来，上面写了一行很有些风骨的草书：“待到秋来九月八，我花开后百花杀。冲天香阵透长安，满城尽带黄金甲。”

琢磨了两天，我终于懂得了老师的苦心，她是想告诉我，别的花都开完了，我也会有开花的机会。

还有那张深蓝色折成小星星形状的小字条，是一个女生送给我的，至今，我仍然记得那个女孩的模样，高挑，纤瘦，羞涩不语。那时候，她喜欢上一个男生，被暗恋折磨得幸福又憔悴，小字条上，满满都是她浓郁得化不开的心事……

许多的旧时光，一旦被惊起，便挡不住，拦不住，纷纷坠落眼前，那些旧时光里曾经相遇过的人，一个个走到我的眼前，那么熟悉，那么亲切，隔着时光，依稀尽在眼前。

字条上的流年，是一段美丽的情愫，在通讯不是很发达的年代，字条因它的独特性和神秘性在同学之间流转，传递着小秘密和小心事。那些小字条，被时光覆盖了一层瑰丽的颜色，在记忆深处芬芳。

手写的贺卡

邮局分管我们这一片小区的投递员是一个年轻人，个子不高，爱笑，一笑脸上有两个酒窝，人憨厚诚实，不管刮风下雨，风雨不误，尽职尽责。

那天，他略带羞涩地对我说："姐，买几张贺卡吧！过年时，亲手写上几个字，送给亲戚朋友同学，既大方得体又不失温情，同时还能联络一下感情，珍藏一份幸福……"

他生怕我不买，所以一口气说了很多话来游说我。面对他恳切的眼神，我无法不动摇。我知道他们每年都有这样的任务，就算是对他工作的支持，我买了几张。可是面对那些贺卡，我忽然变得忐忑起来，好多年不写字，握笔的手有些颤抖和生疏，而且根本不知道把这些贺卡寄给谁合适。

进入无纸时代，肥瘦不一的手写字一律变成了整整齐齐的方块字，连收到的邮件，信皮上多数也是打印出来的地址和名字，人们很少再有耐心坐下来，一笔一画写几个字。

过年过节时，手写的贺卡替换成电子贺卡，轻轻一按鼠标，心中的问候与牵挂便传向四面八方，方便快捷，快速即时。好是好，但是总觉得电子贺卡里缺少了一点什么，千篇一律的模板，千人一句的问候，让人变得漠然。就算收到贺卡，心中也无惊喜和波澜。

我不由得怀想起学生时代。年少时光如诗。那时候，过年过节，同学之间总会互相送一些贺卡之类的小礼物。精心挑选喜欢的贺卡，反复斟酌词语，写上能够表达心情的句子，一不小心写错了字，懊恼之情溢于言表，责怪自己怎么就那么不小心呢！

手写的贺卡，不会像电子贺卡一样，轻轻一按删除键，一句问候和祝福便会自动消失。手写的贺卡，更具有人文关怀色彩，更富有人情味。很多人，像收藏邮票钱币一样收藏贺卡，把那些关心和祝福的话语，一张张搜集起来，珍藏在心底。闲暇时，把那些贺卡拿出来回味，每一张贺卡都是一个故事。

无纸时代，手写的贺卡是一份惊喜和感动，不管你的字是洒脱飘逸，还是不堪和丑陋，那都是来自远方、来自亲人、来自朋友之间最珍贵的问候，这世间有人记得你，总是让人感动的事情。

信息时代，尝试保存一些东西，比如手写的日记，比如手写的贺卡，比如手写的情书，不是保存在冰冷的机器里，而是能够看得见摸得着，那是一种温暖和踏实，那种快乐不是在冰冷的机器里找寻的，而是拿在手里、记在心里的。把温情和祝福付诸笔端，落纸生根。

红色小人书

每个人的成长路径都不一样，我的童年时光是伴随着红色小人书一起长大的。在一家图书馆里，偶然发现一套红色经典小人书，有《小兵张嘎》《闪闪红星》等，惊喜之情油然而生，那种猝不及防的相遇，不由得让我想起年少时光。

在知识与物质一样贫乏的年代，小人书无疑是孩子们的精神食粮。那些暗淡无光的夜晚，那些一个又一个寂寥的日子，那些贫穷落后的岁月，多半是在小人书的陪伴下度过的。因为有小人书的陪伴，再贫穷拮据的日子，再枯燥乏味的日子，都会感到温馨惬意。困苦的生活，因为小人书而增色不少。

小人书，顾名思义，小孩子们喜欢看的书，其实就是连环画，有点像现在的口袋书，图文并茂，故事性强，通俗易懂，故事内容正面阳光，积极向上，生动好看，画工精巧细致。

许多栩栩如生的人物，最初都是通过小人书认识的，比如《闪闪红星》里的潘冬子，《红灯记》里的李玉和、李铁梅，《小兵张嘎》里的张嘎，《鸡毛信》里的海娃，《狼牙山五壮士》里的五个英雄人物，等等，这些小人书里的人物，形象丰满，刻画生动，给了我们最初的美丑判别标准和价值取向，那就是要做好人，要善良无私，要勇于奉献。得益于这些小人书的启蒙，爱憎分明，几乎成了那一代人的整体性格。

那时候的小人书虽然很便宜，几分钱到几角钱不等，但这相对于一个孩子来说也是一笔巨款，所以多数时候，大家都是互相传阅和借阅。记得小时候，我常常去舅舅家找表哥借小人书，他有上百本小人书，锁在一个木头箱子里，像一个神秘的宝藏。常常是我们眼巴巴地瞅着他的木头箱子发呆，他却不肯借，最后只好用我们最心爱的东西跟他交换，比如糖果，玻璃球，手绢，铅笔等。一个玻璃球，可以换取一次借阅的机会。如果书包里藏了一本小人书，肯定是吃饭无心，睡觉不眠，小人书读完好几天，还沉浸在故事里，兴奋不已。

那个时代走过来的人，大多数都有小人书情结，因为小人书带给我们太多的快乐和启迪，带给我们最初的阅读快感，带给我们对另外一个世界的向往，那是心底一个柔软的结，多少年之后，依然存在。

在物欲横流的今天，在物质文化极其丰富的今天，不知道还有没有人读小人书？电脑网络报纸传媒，信息爆炸的年代，小人书早已被尘封在角落里，早已被束之高阁，这种阅读方式和故事内容渐渐被人们遗忘。

时光匆匆，渴望小人书能够再一次进入视野，成为孩子们追捧的启蒙读物。

其实我觉得，不管时代如何变迁，那些积极健康正面的东西，都应该成为社会的主流，它们会引导我们的脚步，会净化我们的心灵，少一些欲望，少一些纷争，用灵魂和文字对话。

抄格言的岁月

前几天整理旧物时，偶然从箱底找出一摞日记本，有塑料皮的，有缎面的硬皮本，都很旧了，上面积满了灰尘。捧在手里，心里愣怔了一下，然后慢慢滋生出老朋友重逢的欢欣和喜悦。

这些日记本里的内容，其实并非心情琐事之类的日记，而是从书上抄录下来的名言、警句、励志短文、唐诗宋词等，封面上是描粗的钢笔字“拾贝集”。捧着本子，呆呆地看了很久，那是我整个青葱岁月里爱不释手的宝贝。当年，有同学要借阅，我还舍不得呢！一遍又一遍翻看的过程中，本子的边缘已经起毛和打卷了。

十几岁的青春年华，喜欢一切美好的东西。但是多年前物质匮乏，信息和媒介远远没有今天发达，见到报纸杂志和书籍便如获至宝，一页一页觅得自己喜爱的句子，然后工工整整地抄录到本子上，那便是我所有的精神食粮。

后来，工作了，结婚了，岁月如白驹过隙，一晃而过，时间也被分割得七零八碎。抄录格言的嗜好，也不知什么时候被搁浅在岁月的沙滩上。我变成了全世界最忙碌的人，上班，下班，人事纷争，鸡毛蒜皮的事情，把内心塞得满满的，不停追赶着时间的脚步，再也没有时间静下心来把那些喜欢的句子抄录在一个好看的本子上，甚至连拿钢笔写字的机会都很少。不知道从什么时候起，写字只需在键盘上噼里啪啦地敲，看书也在网上下载，方便快捷了，但却与那些一笔一画认真落到纸上的方块字渐行渐远了。

那天回来时，在楼道里捡到一个海蓝色的软皮本，是邻居的一个孩子不小心掉的。随手翻了翻，不禁哑然失笑：骑白马的不一定是王子，他可能是唐僧；带翅膀的也不一定是天使，妈妈说，那是鸟人。走别人的路，让别人无路可走。我不是随便的人，但随便起来就不是人。

时代不同了，价值取向也不同了，现在的孩子不喜欢那些板着脸严肃说教的东西，也不会像我们那样，把抄录下来的格言当成宝贝，因为活在当下，有太多的途径可以获取自己喜欢和需要的东西。

在键盘上敲字的时候，听许巍的《完美生活》：青春的岁月/我们身不由已/只因这胸中/燃烧的梦想。低沉沙哑怀旧的歌声，一下子击中我。时光无情，带走很多东西，却带不走我们对美好生活的向往。

怀念抄格言的旧时光，那是我青葱岁月里一点一滴的真情所在。阅读无处不在，最是珍爱那份手写的柔情和温馨。

家　书

电子时代，谁还会有耐心手写一封家书呢？在电话、视频、手机短信、微信、即时聊天工具等花样繁多方便快捷的时代，谁还会望穿秋水、等待鸿雁传书？“家书抵万金”的时代终于一去不返。

可是不知道为什么，我还是会对手写的家书特别眷念。一滴饱含情愫的浓墨，静静滴落在宣纸上，或簪花小楷，或龙飞凤舞，白纸素笺，一横一竖，一撇一捺，横平竖直，墨香缱绻。闻着纸墨的芬芳，斟词酌句的同时，想起家人的一颦一笑，想起家人的关怀挂念，心中会泛起美好温馨的涟漪。

家书是传统文化的载体，几千年来，承载和绵延着生生不息的亲情文化。唐代诗人杜甫写下千古不朽的名句：“烽火连三月，家书抵万金。”明人袁凯也曾写过关于家书的诗：“江水三千里，家书十五行。行行无别语，只道早还乡。”袁凯得三千里外家书一封，信中写了整整十五行，每一行表达的都是一个意思，那就是：早点回家！字字句句，殷切之意，溢于言表，怎么能让人不感动？

家书有时候也不仅仅是家书，更多的时候，是一种心意，一种愿望，一种传达，一种安慰，一种守望。传递的是人与人之间的那份真诚与挚爱，传承的是一脉相承血浓于水的亲情文化。

前人留下来的经典家书也很多，最著名的当数三国时期的诸葛亮临终前留下的那封不足百字的《诫子书》，字字珠玑，铿锵有力，掷地有声，成为后人存身立世的名篇，是真正裨益人生的大补之药。另外像清朝名臣曾国藩的家书很励志，留下很多传世名言；画家郑板桥的家书虽然只有为数不多的 16 封，却是修身为文的典范；林觉民的《与妻书》，其实是与妻子的诀别信，感人肺腑，充满民族大义；还有作家沈从文的家书，田园牧歌般的爱情和梦呓般的情话："我行过许多地方的桥，看过许多次数的云，喝过许多种类的酒，却只爱过一个正当最好年龄的人。"

那些传承下来的家书还有很多很多，有着经久不衰的魅力和时光的印迹。

傅雷先生的家书不是普通的家书，而是被后世当成家庭教育的范本。学生时代读《傅雷家书》，只觉得生硬、老套、隔离，甚至一知半解，最多也就算是知道，后来经历多了，才渐渐有一点懂得书中的用情之深，而"知道"和"懂得"，这中间远隔千山万水。那些教诲，那些思想，情感真挚，才情并茂，令人受益匪浅。

写家书的时光是人生中最美好的时光，因为心中满满都是温情，都是牵挂，都是爱，像清流小溪逐于笔端，传递出的温度足以感动所有人。收信的时刻是最安慰的时刻，不管信中说的是什么，报喜抑或报忧，又或者仅仅是庸常琐事，但只要有了你的讯息，那就是内心深处最幸福的时刻。

家是每一个人的大后方，不管这个家是大而温暖还是小而破败，都是内心深处永远的牵挂，最后的归宿。而家书则是每一个人与家之间的桥梁，是人与人之间紧密联系的纽带，这个桥梁和纽带传承的是一脉亲情和民族文化。

手写的家书已渐行渐远，但是家书的经典魅力却不会被磨灭。想念手写家书的美好时光，想念读信时的会心微笑。传承家书文化是每一个人都应该担负起来的责任。

火车上的闲读时光

火车摩擦铁轨，发出“哐当哐当”沉闷而有力的声音，那种声音机械而重复，人们被拘在一个狭长的绿色铁皮箱子里，义无反顾地向着远方前行。

有那么一段时间，天天在火车上往返。晨起搭乘火车而去，夜晚搭乘火车而返，因此火车上有了大段空闲而寂寞的时光。耳边是旅人空泛的闲聊，嘈杂而无聊，眼睛看着车窗外千篇一律的风景，匆匆闪过。时间一久，终于厌倦了，再上车之前，会随意地拿两本书塞进包里，留待途中解闷，打发时间。

那时候，打开我随身带的手袋，里面会有两种东西，一支口红和两本书。口红是那种艳丽的玫红，书是那种心情类文字的闲书。

有一个朋友说，旅途中最适合看那种枯燥的书，需要琢磨的书，比如哲学，比如诗词，因为寂寞的旅途比枯燥的书更乏味，所以会暂时性地把那些平常看不进去的书当作珍宝，死磕硬啃，以解旅途中的空虚和困顿。当然也因为长长的旅途中，有时间把那些难以消化的文字慢慢咀嚼和反刍。细细品味朋友的话，觉得多少有些以毒攻毒的意思吧。

我喜欢选择那些闲散适意的心情文字，旁若无人地读上一段，然后抬起头来看看车窗外倏忽闪过的山岭和庄稼，偶尔会有树和花。想着那些在尘世里深交浅爱的人们，间或书里会掉出一张不知道什么时候夹进去的风干的花瓣书签，那上面有岁月的印迹和时光飞逝的脚步。

旅途读书变成一种享受，那些难以消磨的时光，会在读书中悄悄地溜走。那段时间，我喜欢看一些古诗词，偶尔记一两句，生吞活剥，囫囵吞枣，不求甚解。

素白的纸张，整齐的方块字，轻轻抚摩的时候有淡淡的墨香。那些方块字在神奇的排列组合之后，居然散发出那么大的魅力，令人难以抵御和招架。火车在一个小站停靠的时候，居然以为到了终点站，匆忙下车，然后看着火车慢慢离去，像个决绝的情人，把我一个人孤零零地丢在一个陌生的小镇。

那时候，夕阳的斜晖打在钢轨边的一朵小野花上，我心情沮丧地挨着时光，急切地盼望着搭乘下一趟车在天黑之前离开这个陌生的小镇，去我想去的地方，而不是被抛到这个叫不上名字的地方。

现在想起来仍然会失笑，那都是读书惹的祸。因为阅读，空闲而寂寞的旅途因此有了淡淡的诗意，有了浅浅盈怀的喜悦，那些文字抛却了华丽与浮躁，与我相遇在时光的旅途中，让灵魂得以暂时的栖息。

很欣赏一句话：布衣暖，菜根香，读书滋味长。像一杯淡淡的绿茶，滤走了滚滚红尘中的功利之心，褪去急躁、浮华，只剩下一颗安宁闲适的心。

寂寞的旅途，有书相伴，还有何求？那些文字不会功利，那些文字不会丢下我而去，只要愿意，那些文字便会与我厮守终身，成为终身侣伴。

单车上的浪漫时光

等待总会让人生出苍老或荒凉的感觉，时间被无限抻长，这一秒和下一秒都是煎熬。不管是等待一个人还是等待一件事情的进展，这种感觉都像是杂草丛中傲然挺立的大树，突兀而彰显，就像这一刻，我等待的，不过是十字路口上一个小小的红灯，可是内心中仍然会觉得这般漫长和煎熬。

越来越没有耐心，越来越浮躁，像一种病，植根到血液里，怎么都甩不掉。红灯坏掉了一般，久久不变，车后的长龙愈来愈长，就连车内的空气仿佛都变得稀薄了，让人压抑和窒息。焦躁不安地左顾右盼的时候，忽然看见车旁闪过一辆单车，单车上是一个身材修长的少年，车后座载着一个面容姣好的穿长裙的女孩。

少年的车技很好，在长龙一样的车阵中左冲右突，风驰电掣。女孩抱住他的腰在后座上哧哧地笑，偶尔也会尖叫，抽空喊一句："慢点!"仿佛这一条长长的马路上只有他们两个人，肆无忌惮，无所顾忌，青春飞扬。我还在发呆的时候，其实他们已经远驰而去，留下一串清脆的笑声散落在马路上。

路人侧目，我也侧目，困在车里独自叹气时，记忆像一只魔瓶里放出来的七彩光影，将我密密匝匝地箍住。多年前，我也曾年轻过，也曾这样坐在一个人的单车的后座上，星期天去看电影，傍晚去山上看夕阳，甚至和一帮同学骑着单车去海边看大海。

青春的底片上总是写满单纯与快乐，与物质无关，与欲望无关，与功利无关，轻轻地坐在他的单车后座上，那便是我最美丽最安静的时光。

两只手想揽住他的腰，却又不敢，小心翼翼地揪住他的衣角，羞涩而又快乐地看着他的背影，一颗心抑制不住地嗵嗵狂跳。和喜欢的那个人挨得如此之近，仿佛听得到彼此的呼吸，简直让人晕眩。

悠长的午后时光里，大大的太阳在头顶上一路跟随，只听得车轮摩擦着路面发出沙沙的声响，一阵风吹过，裙角被轻轻掀起。那些浓密的树叶发出唰唰的响声。有蝉藏在树叶里，时不时地叫上几声。树那么绿，那些绿仿佛能滴下来似的，阳光就从那些绿叶中间跌落下来，斑驳陆离。车速不是很快，可是仍然觉得那些树还有光影纷纷向后倒去。

我傻傻地想着心事不出声，他突然间摇了几下铃，发出清脆悦耳的声响，把我从梦中拽了出来，我不知道跟他说什么好，一路上都沉默不语，内心里只盼着这条路永无止境，而我和他，就这样一直走下去。

多年后，我和他再无交集，可是那个漫长的夏天，单车后座上的美丽时光，就像一幅永不褪色的油画，珍藏在我的记忆深处。

也曾记得刚结婚那几年，囊中羞涩，捉襟见肘，不管去哪里都是他骑着单车带着我，而我在他的单车后座上，再也没有了当年的矜持羞涩与不安，轻轻地揽住他的腰，内心平静安宁。他一边骑着单车，一边跟我说话，无非都是柴米油盐，生活琐事。

还记得那一年，过情人节，他大约是想浪漫一把，下午早早地回来，骑着单车带我去郊区一个朋友的农场。朋友的农场里种满瓜果菜蔬，还有鲜花，树上，架下，花香隐隐，我们采了一大把月季花，打算回家插瓶，只是回家的路上，发生了一件意想不到的事情，单车坏在了半路上。

晚风习习，凉爽宜人，那些低矮的丁香还有绵槐鬼魅地趴在路边，四周静悄悄的，两旁的山静默不语，马路上连过路的车辆都很少，我和他站在马路中间，看着坏掉的单车束手无策。

发了半天呆，最后他还是决定亲自动手修车，可是怎么修都修不好，链条上的机油抹了他一脸，狼狈而滑稽，最后只好把单车扛回家了。

那条路，那么长，怎么走也走不完。他扛着单车，在长长的马路上晃荡，累得几乎快散架了。所有的浪漫，所有的情调，全都被折腾个精光，大半夜才回到家里。

多年之后，想起那一幕，只是想笑，抑制不住地想笑，觉得那一晚的丢盔弃甲是那么真，那么美。那么真实地泄气过，那么真实地疲累过，那么真实地无可奈何过。可是当初，可是那一晚，可是当时，我真的很想哭。

即便泄气，即便想哭，那仍然是人生中最真实的时光，最美丽的时光。

后来有了车，方便了，快捷了，他再也没有骑单车载过我，而我也没有机会再在他的单车后座上享受一下那种曼妙的时光和恍然的心情。

岁月匆匆催人老，忽而之间，就已人事全非，那些美丽的画面，那些青涩的时光，那些葱茏的心情，仿佛就在昨天，仿佛就在眼前。

被定格的散碎时光

在岁月的长河中，总有一些时光让我们无限留恋，那些时光是贯串我们人生的一个个镜头。

前段时间搬家，收拾杂物的时候，在箱子底部找到一本旧影集，深蓝色的布纹纸封面，尽管已经有些褪色、暗旧，但触手依旧有暖暖的感觉，那里面有我一段幸福而美丽的时光，被定格在岁月深处。

第一张照片是我和妹妹小时候的合影，一帧二寸的半身小照。那时候六七岁的样子，家里没有照相机，父亲带我们去照相馆里拍的。妹妹的羊角辫是父亲给梳的，一高一低，样子有些滑稽。而我则噘着嘴，气嘟嘟的样子，想来照相前一定是为了什么事情不开心，一副不情不愿的样子。

第二张照片是一张全家福，是当时一个在大城市工作的亲戚回小城探亲时给拍的。照片的背景杂乱无章，暗旧的房子，灰蒙蒙的街道，父亲穿着中山装，风纪扣扣得紧紧的，手拘谨地握住衣襟。母亲则穿着对襟立领的灰色条纹衣服，紧紧地抿住嘴唇。而我则好奇地注视着拍照时亲戚手里那个神奇的照相机，轻轻一按快门，我们就被装进了照相机里。从那时开始，我心中存了一个梦，一定要自己买个照相机，留下人生中最精彩的画面。

一页一页地翻看着那些文物一样珍贵的照片，因为那时拍照的机会少而又少，所以那些老照片显得珍稀而宝贵。

旅行结婚时，跟朋友借了一架傻瓜照相机，朋友千叮咛万嘱咐，出门在外，千万要当心，别弄坏了，别弄丢了。我点头如鸡啄米，只要他肯借给我，想来什么条件我都会答应的。捧着照相机爱不释手，看说明书，擦镜头，忙得不亦乐乎，回来后简直有些舍不得把照相机还给朋友，也因此，又勾起了我买照相机的念头。

那时候刚结婚，经济条件不是太宽裕，积攒了大半年的样子，终于花了几百块钱买了一台傻瓜照相机，捧着照相机左看右看，心中美美地想，结了婚就是好，自己的事情自己做主，再也不用请示父亲了，哪怕顿顿吃咸菜，喝稀粥，但看着心爱的照相机，也觉得幸福啊！拿着那架傻瓜照相机，左照右照，给亲戚朋友照。因为自己不会冲洗照片，所以花了很多冤枉钱。

后来又开始流行录像机了，朋友结婚，出门旅行，都用录像机拍摄了全程，然后接到电视上播放，看着漂亮的画面，我无法不心动。弟弟出差去日本公干，死缠硬磨让他捎带买了一架 DVR。早期的录像机又大又沉，出去玩儿的时候，扛在肩膀上，把脖子都累歪了，所以没几天就被淘汰了。

现在的我，偏爱数码照相机，小巧方便灵活，走到哪里都带着，照片拍下来后，直接输进电脑，想看的时候，打开电子影集，无论是落寞时光，还是欣悦时刻；无论是游柔美多情的江南，还是游豪放粗犷的北国，都是我照相机里记录下来的散碎而幸福时光。

当然，手机拍照让生活变得更加数字化。花儿草儿，猫儿狗儿都是我手机里的常客，逮着什么拍什么，用手机记录生活才刚刚开始，未来还不知道还会有什么更新奇的变化，期待中……

毕业季

家附近有一所大学，最近几天路过时，总会看到一些学生三三两两地聚在一起，在学校门前那块金色的招牌前拍照留念。

四年的时光转瞬即逝，一转眼分离在即，那些青春洋溢、脸上写满不舍的年轻人，很容易让人想起一些旧事。纯净的笑容，微旧的校服，风中摇曳的花朵，总会让人想起一些沉淀的岁月，想起一些旧日的时光，总会令人想起许巍的那首《完美生活》。小众歌手许巍，激情四射，充满魅力，用略带沙哑和粗犷的嗓音，把人身不由己地带回到那些模糊而遥远的青葱岁月。

打开那本尘封已久的同学录，各种各样的字体映入眼帘，行书、楷书、瘦金……临别赠言或恋恋不舍，或满腔豪情，字字珠玑，念念不忘。能打动我们的，不是那些临别的话语，不是那些激情的赠言，能打动我们的，是一腔的离愁别绪，是从此不再的校园时光。

你还记得这样的留言吗?

今天的欢声笑语，今夜的清风明月，美好但却并非永恒，还没有来得及分享最后一杯酒，转眼间，我们却要各奔东西，道一声珍重，我的朋友!

但愿我们的友谊，像春天一样欣欣向荣，像夏天一样热情如火，像秋天一样色调温暖，像冬天一样洁白庄严，如四季一般永恒。

那些临别留言，像风一样穿行在我们的青春岁月里。

又是一年一度毕业季，即将毕业，离开熟悉的校园，离开朝夕相处的老师和同学，即将奔赴新的学校或者是工作岗位。淡淡的忧伤，浅浅的离愁，弥漫在校园的上空。

青葱岁月里，最美丽的时光就是校园生活。还记得那个睡在你上铺的兄弟吗？还记得那个为你占座的同学吗？还记得那个和你打架的朋友吗？还记得吃散伙饭时那些抱头痛哭的画面吗？是谁让你笑着流泪？是谁让你哭得不能自已？

还记得最后一夜的狂欢，同处一室的兄弟，相处一室的姐妹，用最后一夜的狂欢，祭奠那些狂放不羁的青春。有人唱歌，有人弹琴，有人充满激情地朗诵诗歌，有人醉酒，有人忧伤，那些美好的青春岁月，那些绽放的校园时光，从此，永远不再。

曾经的疯狂，曾经的无奈，曾经的抱怨，到头来只剩下两个字：不舍。

为了梦想走到一起，如今，再度为了梦想而分离，正如当初拖着一只小小的行李箱而来，如今，再度拖着小小的行李箱而去。

孤绝的背影，洒脱的姿态，无非都是为了心中的梦想。只要心中有梦，青春就不会老。只要心中有梦，容颜就会永远美丽。

有包浆的小板凳

母亲家里有一个宝贝，是一只矮脚的小板凳，原木材质，做工精巧，拙朴厚实，看得出来，做的时候着实花了不少的心思。因为年代久远，那只矮脚的小板凳已经变得油光锃亮，原木的花纹已经被时光打磨出光泽，有了质感，让我想起一个专业用语——包浆。

那只矮脚小板凳虽然有了包浆，但却并不是古董，看着虽好，但由于年代久远，混在一大堆现代风格的家具中，显得独树一帜，不怎么搭调。母亲一辈子搬了好几次家，每一次搬迁都会丢掉一些东西，但是无论丢掉什么东西，母亲却从来没有舍得丢掉那只矮脚小板凳，她视它为珍宝。

有一段时间，我特别不理解，一只破矮脚小板凳有什么了不起的，当宝贝一般放在家里，那颜色、那样式，都土得掉渣，放在哪里都碍眼，留着它有什么用?

有一次我趁母亲不注意，把那只矮脚小板凳丢到楼下的花丛里，母亲回家遍寻不见，问我板凳放哪儿了，我支支吾吾，不敢实话实说，母亲急了，说："一只小板凳放在家里，又不碍你们什么事儿，难道它自己长腿跑了不成?"说到后来，母亲竟然哽咽起来，掉下眼泪，我知道我闯了祸，飞奔下楼，在花丛里找到小板凳，拿回家后悄悄藏在柜子后面。

后来，母亲偶然在柜子后面发现了那只小板凳，惊喜之情溢于言表，我心中有些愤愤不平，一只破板凳而已，看得比亲闺女还亲，天底下哪有这样的道理？再后来，我终于知道，那只比亲闺女还亲的破板凳居然是母亲的陪嫁。

母亲出身小户人家，陪嫁并不算丰厚，而且都是些平常的东西。我小时见过的有青花瓷瓶、被褥、衣裳之类，我万万没想到，这只平凡而普通的矮脚板凳也是母亲的陪嫁，而且随着岁月的变迁，那些东西都不见了，母亲的陪嫁只剩下这只矮脚小板凳。

有时候，母亲会盯着这只小板凳发呆，而且看着看着眼圈就红了，我猜想，她是看到了自己的青春岁月，看到了自己梳麻花辫、当新嫁娘的美丽时光。母亲叹气，长长的气息像一个感叹号，感叹时光的流逝。

这只并不丑的矮脚板凳是母亲的父亲亲手做的，母亲的父亲也就是我姥爷。那时候，姥爷已经得了胰腺癌，虽是早期，但无药可医，人已是气息奄奄，瘦弱不堪。母亲是他唯一的宝贝女儿，掌上明珠，女儿要出嫁，姥爷挣扎着从炕上爬起来，做了这只手工精巧的矮脚板凳，可见用心之良苦，用我姥爷的话来说，就是留个念想。

这只矮脚板凳跟随母亲很多年，母亲无论走到哪里都带着它，像亲人一样，它见证过母亲一路走来的风风雨雨。母亲有时候也会跟这只板凳说悄悄话，高兴的事情或者烦恼的事情，这只矮脚板凳都是母亲最忠实的听众。

有时候我会想，姥爷送给母亲这只矮脚小板凳的时候，是把自己所有的牵挂和祝福都深藏其中了吧，他想看着自己的女儿健康幸福地过一辈子。

致，终将远去的童年

童年是一个人最美好的时光，在父母的羽翼庇护下，过着安稳快乐无忧的生活。生病了有人照顾，摔倒了有人扶持，心情不好时有人安慰，情绪低落时有人鼓励，青梅竹马，天真无邪，当真是少年不识愁滋味。

我的童年时光大约可分为三大块，游戏人生、美食当前、放马江湖。

所谓游戏人生，自然是玩耍，玩耍是孩子的天性。我小的时候可玩儿的游戏简直太多了，脑袋上顶着一片南瓜叶，手里擎着一朵向阳花，在阳光下肆无忌惮地奔跑、唱歌。文绉绉一点的女孩子们，聚在一起跳格子、跳橡皮筋、踢毽子、过家家、剪纸等；野性十足的男孩子们聚在一起打仗，也就是模仿战斗片里的敌我双方迂回冲锋，爬墙头、射弹弓；还有一些男孩子会爬树，摘槐花、打青杏、掏鸟窝。最厉害的是远生，他爬树捅马蜂窝，结果被马蜂蜇得鼻青脸肿，面目全非，眼睛肿成一条缝儿，远远地看着像没睡醒似的，好几天都不能去上学。

所谓美食当前，自然离不开一个“吃”字，而且吃的都是原生态的美食。春天，杏子像指甲那么大时，就开始爬树摘杏，实在爬不上去就拿长棍子打，当然也不仅仅局限于青杏，瓜果梨枣，逮什么吃什么。菜园里的小葱刚一露头，也不管是谁家的，拔两棵就走，回家葱就饼子。当然，也不仅仅局限于葱，像黄瓜、茄子、韭菜、萝卜，遇到什么揪什么。偶尔也会烧烤，调皮一些的男孩子会在大雨过后，去河套里抓一些鲫瓜鱼，架在火上烧烤，烤得香味四处流溢。当然也不仅仅局限在鱼的身上做文章，像老玉米棒子，土豆地瓜、花生黄豆都在烧烤之列。

所谓放马江湖，自然是做一些力所能及的事情，当然是以大人的姿态。比如顺着地垄去拾豆、捡花生、捡玉米粒，捡拾一点点就够吃一顿的。运气好的孩子，不用被父母拘着做这做那，可以找个水草丰美的河边，去放马。当然，没有马也可以去放驴，再不及去放羊，最差就是放猪。因为不管是放马，还是放驴，都可以逍遥自在地骑在马背上或驴背上，而放羊和放猪就差远了，总不能骑着一只羊或者一头猪吧？有一回，远生跟小伙伴们一起去放牲口，人家骑在马背上或驴背上，他没有马，只有猪。他因为和小朋友们打赌，所以骑上猪背，那猪也不含糊，狂飙起来，把远生摔了个嘴啃泥，那嘴肿得很大，好几天不敢吃东西。

童年时光，无论是游戏也好，原生态美食也罢，就算是放马江湖，也都是开心快乐的事情。一个人，这一生无论走出去多远，最终都无法走出童年，童年的游戏、童年的味觉、童年的新衣，童年的大事小情都将是人生最初的记忆，深入骨髓。

童年时最渴望的就是长大，后来真的长大了才知道，一个人唯有童年时光才是最美丽的，无忧无虑，纯真快乐，七彩斑斓。只是，等到我们明白这一切的时候，却再也回不去了。

童年是一杯酒，香醇自然，日久弥香。童年是一盏茶，清澈幽远，回味无穷。童年是一杯水，清澈透明，纯粹美好。每一个人的童年都值得用一生的时间去回味，山山水水，一草一木，一颦一笑，都曾有情。

致，终将远去的童年。

最后一次温暖的定格

城市里有了轻轨，速度快而不颠，舒适干净，可是不知为什么，我还是喜欢电车慢悠悠地穿行在城市里，脸儿扭向车窗外，看着那些每天千篇一律的风景。

城市的一隅，有个修鞋摊子。那对乡下小夫妻，日日忙碌，脸上却永远挂着开心的笑容。电车旁边的人行道上，牵着手的小情侣，男孩不知说了一句什么，让女孩脸上有了似嗔似喜的表情。行色匆匆的人群，慢得像牛车的私家车，努力隐忍着不按响喇叭……

一幅画面忽然映入我的眼帘，一个年轻的女子牵着一个老太太的手过马路，老太太的脸上绽放出孩童一样纯真欣喜的笑容。我看得呆了，内心里有温暖的东西慢慢滋生出来。

最后一次牵母亲的手过马路，是哪一年的事儿？模糊的记忆里反复搜寻，那时候还小，怕走丢了，所以寸步不离地牵着母亲的手，母亲的脸上写满关爱与呵护。幸福就像那些充满氢气的气球，越飞越高。从什么时候开始，我撒开了母亲的手？母亲老了，去超市，去菜市场，总是一个人独来独往，等到没车的时候，一溜小跑穿过车水马龙的长阵。其实我们应该一直牵着母亲的手，像母亲关爱与呵护小时候的我们那样。

我想起了很多最后一次。

最后一次在父亲膝下撒娇是什么时候？是要新裙子还是那块奶油面包？哭得泪眼模糊，父样摇头叹气，最后从伙食费里拿出钱买了那条奢侈的白裙子。倒是记得长大后，老是板着脸训父亲，这做得不对，那做得也不好，思维方式落伍，看问题的角度老土。其实哪怕我们长大了，独立了，偶尔在父亲面前撒撒娇，让父亲觉得他仍然被需要，让父亲觉得他的臂膀仍然坚实有力，我们依然需要他的支撑，这有什么不好？

最后一次跟爱人说谢谢是什么时候？那时候，盛世华年，初识的爱恋清新美丽，哪怕对方说了一句赞美的话，都会回报一句谢谢。经年之后，恋人变成了爱人，朝夕相对，耳鬓厮磨。爱人在厨房里忙碌，为你洗衣，为你烧饭，为你的冷暖安危挂怀，可是这一切都变得天经地义，连一句谢谢都不肯轻易出唇。

最后一次跟孩子玩耍嬉戏是什么时候？打沙包，跳格子，下跳棋，抢电脑，争电视频道，喧哗声能掀翻屋顶，那是什么时候的事情了？日子过着过着，就变成了一个面孔严肃的老夫子，生活里只剩下指责与批评。“说，为什么没完成作业？老师打电话来了。星期天不好好学习，玩电脑游戏，谁批准你玩儿了？”不知从什么时候开始，和孩子的关系变成了上下级的关系，脸上的表情僵化，很久不会笑了。

是琐碎的生活磨钝了我们的心吗？牵着母亲的手过马路，说一句我爱你，说一句谢谢，真的很难吗？答案当然不是。从今天开始，从现在开始，从此刻开始，把这些细节融入生活中去，生活肯定会是一个全新的样子，不信你试试。

入选 2009 年福建漳州地区联考试卷

第七辑
岁月不语任芬芳

大师的境界

第一次看到“悲欣交集”这四个字的时候，我还很年轻，年轻到没有沾染任何底色，年轻到根本不能领悟这四个字的深意。当然，现在也不能说就悟透了其中的道理，但随着岁月的流逝，对于弘一大师的身世和生平有了初步的了解，这四个字愈加深刻地嵌入到记忆中。

“悲欣交集”这四个字，是弘一法师的绝世之笔。字体清瘦飘逸，镌刻于崖石之上。看到这四个字，让我的内心生出一种深深的悲悯之情。我曾妄自揣测，“悲”是指慈悲的悲，在这里大约是带有一种感恩和感悟的双重意思吧。当然也有人把这个字理解为对死亡的恐惧，对尘世间事物的羁绊，不过在我想来，弘一大师的境界，不会如我辈凡心。他曾在新诗《落花》中说：“人生之浮华若朝露兮。”人生再怎么飞黄腾达，都如早晨的露珠，转瞬即逝。

曾经看过大师的照片，生活照还有剧照，都是黑白的。大师出身富裕家庭，曾经东渡日本留学，他的俗家名字叫李叔同，是一个极少见的认真之人。无论是早期的红尘翩翩佳公子，还是留学归来致力于新文化运动，以及后来学佛，都做得很彻底，也很有成就，对戏剧、书法、美术、诗词、音乐、篆刻等都有极深的造诣。遁入佛门之后，专心研修律宗，终成一代祖师。丰子恺先生曾说：“模仿这种认真精神做事业，何事不成，何功不就?”

李叔同先生决定于杭州虎跑寺出家的时候，那个温柔美丽的日本女子，曾在寺外呼天抢地，哀声若鸣，苦苦挽留。一墙之隔的弘一大师，怎么会听不到这来自红尘深处的挽留？可是他终究去得彻底而决绝。

弘一大师晚年，过着清苦的日子，一碟咸菜一碗粥，如若没有坚强的意志和精神的支撑是很难坚持的。他晚年致力于律宗，律宗讲究的是清规戒律，一言一行都要有规矩，是佛门中最难的一宗。

大师衣衫褴褛，身体清瘦，到处云游讲学。以我凡俗的眼光来看，人是应该有信仰的，无论是宗教还是别的什么，那是支撑我们在人生路上奔波的信念，是做人的信念。

“悲欣交集。”今夜，我又一次想起这四个字，从富贵到贫穷，看似只有一步之遥，其实中间隔着千山万水，哪里是一步就能迈过去的，“放下”这两个字，看似轻巧，其实需要多少的勇气和智慧，只有自己知道。多少人，一辈子，哪怕拿不动了，也不肯要那个“弃”字；从贫穷到富贵，也许一步就迈过去了，从富贵到贫穷，在自愿选择的情况下，很多人都没有勇气逾越那道鸿沟。

作家张爱玲曾说：“不要认为我是个高傲的人，我从来不是的——至少，在弘一法师寺院围墙的外面，我是如此的谦卑。”

弘一大师传奇的一生，令多少人钦佩，透过岁月的烟尘看去，依旧清晰，无论是活在精神家园里，还是在缤纷的尘世，找到一隅心灵的栖息地，是何等的弥足珍贵。

栀子花开香流年

在每个人长长的一生中，总会有一些记忆是带着香味的，在记忆深处散发着幽幽的暗香，伴着我们的人生一路走来。

大约是初二那一年，班里来了一个新老师，姓林，是个英俊帅气的男老师。他喜欢唱歌，喜欢种花，很活跃的那种。不知为什么，他尤其喜欢栀子花，他在一个陶罐里种上栀子花，放在窗台上，空气里立刻弥漫着浓郁的芬芳。

那时候，大家都很爱上他的课，因为他字正腔圆的普通话特别标准，特别好听，在到处都是方言的校园里，显得那么与众不同。

同学们都很喜欢他，静也是。静不大喜欢说话，她像一朵独自守着寂寞的小花，不大合群，讲话爱脸红，下课的时候，看着大家嘻嘻哈哈地玩耍，她并不介入，一个人静静地想着心事。她的不合群，让大家都很排斥。不就是长得漂亮一点吗，有什么不起啊！穿得好看了不起啊，有什么可骄傲的？

没多久，班里传言，我们英俊的林老师，喜欢上静若处子的静，理由是，林老师独自去静的家里家访补习的次数很多，而且静每次都做好吃的招待他。甚至有人说看到林老师和静在校园后面的白杨树下约会。

其实传言并没有什么根据，但是大家都宁愿相信这是真的，因为在青涩的年华里，在对爱充满遐想的年纪，林老师的举动无疑触怒了大家。

传言越传越盛，林老师终于被学校调离了我们班，这样的结果让人始料不及。看不到英俊的林老师，大家都有些不太开心。

我和大家一样，除了惋惜，也盼望着什么时候能与林老师不期而遇。虽然在一个学校里，但单独相遇的概率并不大，所以那点小小的愿望成了一个奢侈的梦想。

有一次，午休，去学校楼后的白杨树下读书，说是读书，其实就是找个借口出去放风。那时候，刚好是夏天，不远处，大片金色的向日葵在风中摇曳。我抱着书本看得发呆，正胡思乱想时，林老师喊我："那个谁，你过来一下。"我丢下书，一溜烟跑过去，林老师说："我有一本书丢在办公室了，你去帮我拿一下。"

我怯怯地问他："老师，可以问您一个问题吗？"他点点头。我小声咕哝了一句："您真的喜欢过静吗？"林老师笑了，说："是，我喜欢她，和喜欢你们大家一样，因为静的父亲那时候刚刚去世了，她很悲伤，所以我关注她多了一些。"

"这样说来，您是被冤枉的？那您为什么不解释？"我有些惋惜林老师的被调离。林老师看看我说："很多事情是解释不清的，你还年轻，很多事你不懂，我送你一句话，那就是：'身正不怕影子斜。'一个人真正做到问心无愧就可以了，无愧于天，无愧于地，无愧于自己的良心，才配得上一个大写的人。"

身正不怕影子斜。多年以来，这句话一直被我珍藏在心中，被我当成做人的标准和原则。每每看到栀子花开，我都会想到林老师，会想到林老师说过的话和那些白色的栀子花。它们一直在我的青涩年华里散发着芬芳，时有暗香袭来。

脱掉自卑的外衣

自从转学来到这所学校，朱春花觉得所有的地方都不对劲了。

首先是名字。在以前的学校里，不管是老师还是同学喊她的名字，她总是很快乐地答应着，从来没有觉得有什么不妥，就像春天开花，秋天结果一样自然。可是转学以后，她最怕别人叫她的名字，因为班里那个长得很帅的单眼皮男生罗晓，总会很及时地从哪个角落里跑出来，补上一句：春花，上酸菜。然后大家一起笑，笑得朱春花鼻尖上冒出虚汗，脸蛋红得像一只秋天里的柿子，心慌慌地跳，恨不能找个地方藏起来。

其次是说话。在以前的学校里，大家都是一样的口音，一样的方言，谁也不会笑话谁。可是转学以后，新同学都说着纯正标准的普通话，比她原来学校里的老师说得还好，夹在一群糯米一样柔软和好听的声音里，她总是俺呀俺的，显得那样格格不入。每次罗晓跟在她身后学她，一口一个俺们那嘎达，她就不敢再开口说话。最要命的是英语课，老师一叫她朗读课文，大家就会在底下抿着嘴偷偷地乐。

还有衣着。平常大家都穿校服，所以朱春花并没有觉得特别地失落，可是一旦可以不用穿校服，她就傻了眼。那些同学穿得一个比一个漂亮，牛仔裤，镂空衫，公主裙，韩版的雪纺裙，简直可以开时装发布会了。唯有她还穿着以前买的那些色调单一款式陈旧的衣服，像一只灰扑扑的小老鼠。人多的地方她不敢去，大家在谈论周董的新歌、韩寒的新书时，她低着头拼命做事，收拾别人丢下的垃圾，替大家拿东西，收集矿泉水瓶子。

朱春花前所未有地失落，小小的自卑像被摇晃过的可乐，稍一触动就会四处流溢。她拼命地收敛自己，尽量不与人交往，尽量不去人多的地方，像一只谨小慎微的小老鼠独来独往。

只有独处的时候才是她最快乐的时光，她的拘谨和木讷会在这一刻里烟消云散。她会和一片叶子上的青虫快乐对话，和一朵花儿惺惺相惜，和一只苹果做好朋友，但却害怕和同学交往，怕那些嘲笑的目光、讥讽的话语、不屑的轻蔑，这些足以让她受伤，让她逃匿。

那天，上英语课时，老师又让她朗读课文，她只好硬着头皮站起来，本来就很重的口音，加上一紧张又开始结巴，原本应该是很好听的朗读，她有本事读得支离破碎，语速磕磕绊绊和极其严重的口音混在一起，听上去很滑稽。罗晓终于忍受不了了，他捂住耳朵喊了一嗓子："别读了，折磨死人不偿命啊！"有人小声附和："就是，难听死了。"有人低声笑。朱春花的难堪达到极限，眼泪在眼圈里转了好几个圈，终于缓缓地落下来。脸色由白变青，由青变紫，最后落荒而逃。从此，她落下了后遗症，只要一听到有人在读英语，就会心里发抖，腿肚子抽筋。

朱春花一个星期没有理罗晓，狭路相逢，也会绕道而行。罗晓像根小尾巴似的跟在她身后道歉："我不是故意的，实在是你读得太难听了。"不听则已，一听更让朱春花伤心，这哪里是道歉，分明是在她受伤的心上撒盐。

为了表示自己的诚意，罗晓还给她买了两块德芙巧克力，外加一个有小熊图案、非常漂亮的硬皮本。朱春花有些动心，她非常喜欢那个有香味的硬皮本，可是一想到罗晓给她的难堪，她就忍住了，白了他一眼说："用两块巧克力换取我碎落一地的自尊，你也太会算账了。"

罗晓低声下气地问她："那你想怎样？"朱春花想了想说："你教我说普通话吧？我帮你补习功课。"朱春花虽然很OUT，衣饰落伍，口音难听，名字老土，但是她的学习成绩还是相当不错的。罗晓指着自己的鼻子问："让我教你说普通话？你还是饶了我吧！你基本上无药可救，没有多少重塑的可能，别瞎耽误工夫了，有那精力还不如放在学习上，考个重点什么倒是不成问题。"

朱春花扔给他一个卫生球眼，不屑地说："我就知道你不行，你除了会讥讽别人嘲笑别人，其实什么都不行。""谁说我不行？我还偏要试试，把你培养成央视一姐董卿的普通话的水平。"罗晓被朱春花的激将法激得豪气干云，可是冷静下来，又有些后悔，朱春花那普通话的水准怎么练都带着一股泥土的芬芳，怎么可能会成董卿那样，有着风铃一般甜美的声音？

罗晓打退堂鼓，可是朱春花却来了劲头，没完没了地缠着他问这问那，中午吃完饭，别的同学都去操场玩儿，她对着小镜子练口形，把不该卷舌的地方去掉，该卷舌的地方，努力把舌头翘起来，很滑稽，很费劲，但效果也很明显。不厌其烦地找罗晓纠正和补充，罗晓居然也很快地进入了角色，担当起老师的重任。

学校举办英语大赛，主持人要从学生中选拔，很多同学都跃跃欲试，朱春花犹豫了好几天，想报名又不敢，怕同学们笑话。不报名，又觉得失去了一个锻炼自己的好机会。跟罗晓说起自己的想法时，罗晓惊讶地把嘴张成O形，朱春花的脸"腾"地一下就红了，一直红到耳朵根。谁知罗晓说："我正想跟你说呢，你去试试吧！你的成绩那么好，差距就是普通话不标准，可是经过为师这段时间的强化训练，你也该期满出徒单飞了。"

罗晓摇头晃脑的样子，让朱春花好气又好笑，她和罗晓击掌为盟，拿出所有的勇气和力量，真的去找老师报了名。

听说朱春花报了名，很多同学都等着看笑话，谁知正式选拔那天，朱春花流利的外语，标准的发音，不但让同学们大吃一惊，也让主考的老师大跌眼镜。

脱下自卑的外衣，剩下都是满满的自信，努力和收获永远都是成正比的。

朱春花最近常常做梦。梦里，她看见自己变成了一片轻柔的羽毛，在天上快乐地飞啊飞。除了名字这个标志性的符号没有改动之外，她基本上融入了老师和同学之中。

天下无贼

车过凤凰小城时，天已经透亮了。这个有着三百多年历史的小城，在青纱一样的晨雾中，显得古色古香。每次车过这里，我都会从车窗伸出脖子，浮光掠影地瞅上一眼。

扭回头才发现，火车上已经上了很多人，虽不是很拥挤，但已是座无虚席。一个四十岁左右的男人，担了两筐葡萄最后上的车，非常熟练地从方便袋里抽出报纸，抻开铺在过道上，然后席地而坐，像是坐在自家的炕头上一样悠然自得。

我盯着那两筐葡萄，籽粒饱满，晶莹剔透，尚且挂着一层白霜，十分诱人。想必是担到大城市里卖个好价钱吧！

我无心猜测他是做什么的。

是夜。

母亲打电话来，声音嘶哑而且苍老，微弱得像一只有气无力的猫，可是却一句一句砸在我的心上。我惊悸，从床上跳起来，胡乱地穿了一件衣服，跑到街上，在夜间银行的提款机上筹到两万块钱。我揣着这些没有半分感情色彩的纸币，直接去了火车站，跳上了一辆最早开往 D 城的慢车。

我在内心一遍一遍咀嚼母亲说过的话，那些话像一条毛毛虫在我的心上爬，濡湿而难受。

过道里席地而坐的男人，不错眼地盯着我看，我心中一动，是我长得很漂亮吗？可是一个卖葡萄的小贩，他的眼光和品味会好到哪儿去？悄悄爬上心头的一丝不易觉察的喜悦，回光返照般瞬间逝去，我被自己打回原形。

可是那个男人又一次把目光落在我的身上，我接住他的目光，与他对视，他的目光便虚弱地躲闪，看着别处。我失笑，也转头看着别处。想想不对啊，这个男人盯着我看，有什么企图？劫色？不可能，我又不是什么静水照花人见人爱的美女，充其量不过是一个想尽力抓住青春尾巴的女人。

很快否定了劫色这一说，我吓了一跳，剩下的只有劫财一条了。我下意识地摸了摸口袋里的两万块钱，还好，还在，并没有长翅膀自己飞掉，也并没有跟我不辞而别。这可是急等着救命的钱，不能丢的。

我佯装漫不经心的样子，用眼角的余光扫视那个男人，男人有着很宽的额头，有几条纵横分明的皱纹，古铜色的肤色，大眼睛，目光很温暖，很真诚，怎么看都不像是坏人。可母亲说，坏人的脸上没有写字，一不能看长相，二不能看穿着，我别上了他的当才好。

男人的手上裂了细小的口子，正低着头往手上贴创可贴，抬头时看见我看他，他对我笑了笑，露出一排整洁的牙齿，想说什么，终于没有说出来，一副欲言又止的样子，令我的心中重新布满了疑云。

火车在一个小站上停了下来，坐在我身边的人下车了，那个男人以最快的速度收好报纸，然后挤到我身边坐下来，我侧身往里边挪了挪，他便也随着我往里挪，我有些沉不住气，心跳得很快，莫非要动手了吗？

他扭头看我，用手掩住嘴，声音小得像夏夜里的蚊子，说："哎！"

我不可遏制地想起了电影里的特务接头，鬼鬼祟祟，肯定没有好事儿。亦扭头看他，说："哎什么哎？再挤我，我可喊抓流氓了！"

男人闻听此言，把没有说出来的半句话生生地咽回肚子里，脸一下子红到脖子，像喝醉了酒，半天方说：“你……你……你这人怎么这么说话啊？”

男人一时情急，说出来的话竟不成句，我笑，没有再说什么。照我平常的脾气，哪会这么轻易地饶了他？可是这会儿，身有重金，又有使命，多一事不如少一事，所以暂且忍着不理他。

真要命，他的眼睛难道是X光，隔着口袋就能看见里面的钱？我的心悬到嗓子眼，心里合计该如何脱身，或者去洗手间把钱换到贴身的口袋里，防患于未然。

主意打定，我起身往洗手间的方向走，谁知道那个要命的男人，也起身在我后面亦步亦趋。我心中愤恨不已。蟊贼，你的诡计已被我识破，尚不知抽身，这不是找死吗？

刚想对他发火，他忽然抓起我的手，把一张小字条以迅雷不及掩耳之势塞进我的手心里说：“我下车了，我看你好像有什么心事，别想不开！”

我疑惑地看着他，就为跟我说这个？他露出憨憨的笑容，回身担起两筐葡萄，随着人流下车了。

我一直看着他的背影。渐渐地，他担着葡萄，游离出我的视线。

展开手中的小字条，上面写了一行歪歪扭扭的字，不看则已，一看令我羞愧不已，恨不能找个地缝钻进去。原来字条上写着：你忘记把裤子的拉链拉上了。

我低下头，果然牛仔裤前边的拉链忘记拉上了，夜里匆忙，致使春光外露。

我呆怔在那里，半天没有回过神来。

良心的底线

那天晚上，我有些胃疼，吃了药好容易睡着，忽然被一阵电话铃声惊醒。我抓起电话，没好气地问："谁啊？都这么晚了。"电话彼端响起一个怯怯的声音："有一件事情在我心中憋了很久，想找个人说说，不然我睡不着觉。"我忍不住低声笑起来："先生，你真幽默，我这不是倾诉热线，再说现在是午夜两点，有没有搞错啊？"刚想挂掉电话，彼端的男人像长了千里眼一样，用近乎哀求的口吻说："只占用你十分钟的时间，麻烦你听听，那件事搁在心里，真的很难受。"

半年前的一天中午，我沿着市场路回家，走到十字路口，红灯亮了起来，我停下脚步，下意识地伸手摸了一下口袋，这一摸不要紧，我的脑袋一下子大了，冷汗唰地一下冒出来，口袋里的 5000 块钱不见了！

这钱可是急等着救命的。我的女儿在国外留学，一年学费要 20 万。我和妻子的工资都不高，加起来一年三万块左右，第一年，我们倾尽家里所有，还借了一点才凑够给女儿的学费。女儿很争气，知道我们不容易，她一边上学，一边打工挣自己的学费，后来基本上没用我们操什么心。

可是前段时间，她打电话来，说她生病了，住在医院里，没有打工，手里没有钱，连生活费都成了难题。她哽咽着说，希望我们能帮帮她，给她汇一点钱。一方面我心疼女儿生病没钱人生地不熟的境遇，另一方面我又痛恨自己的无能，因为我手里一分钱都没有，女儿走后这两年，我一直在忙着还饥荒，现在，又把好不容易弄到手的钱弄丢了。

我沮丧万分地沿着那条路往回走，见着人就问，有没有看到我丢的钱？路人都在摇头，就在我近乎绝望的时候，看见路边有一个年轻的女人，三十几岁的样子，手里拿着一个牛皮纸袋子，脚边站着一个五六岁的小女孩。

我想告诉她那钱是我的，可是又怕她不相信，把事情搞砸了，所以没敢冒险，于是坐在离她们不远的长椅上，用一张旧报纸遮住脸，观察那母女俩的行动。

那天天很热，该死的知了一个劲地在树上叫，叫得人心烦，女人和小女孩一直坚守在太阳底下那个丢钱的地方，等着失主前来认领。女人隔一会儿就挥手抹一把额上的汗，路边有卖冰激凌的摊子，有手里擎着冒凉气的冰激凌的孩子从她们的身边经过，小女孩眼馋地吸吮了下嘴唇，仰着脸对妈妈说："给我买一支雪糕吧。"妈妈说："不是跟你说过了吗，今天妈妈出门的时候因为着急，忘记带钱包了，改天再给你买。"

小女孩不甘心地盯着妈妈手里的牛皮纸袋，眼睛一眨不眨地说："可是我们现在有钱了，那么多的钱，能买好多冰激凌，给朵朵买一支冰激凌就够了。"小女孩的口气由商量转为祈求。妈妈叹了一口气，蹲下身说："朵朵乖，这钱不是我们的，不能花啊，一块钱也不行。"

我松了一口气，想来女人和小女孩不会太难为我，刚想过去认领，听见小女孩说："妈妈，这钱留着给我治眼睛吧！妈妈不是说我的眼睛再做一次手术就能彻底看见星星了吗？"女人叹了口气，摇了摇头说："等妈妈把钱攒够了，就带你去治眼睛。"

我这才注意地看了看小女孩，看不出任何的异常，如果不是偷听了她们母女的对话，我真的看不出来她是个盲童。

我急了，我真的害怕她们把这钱据为己有，我扔掉报纸，走过去，结结巴巴地说："钱是我的，可以还给我吗?"女人笑着问我："总共多少钱? 有什么凭证?"我结结巴巴地说："钱是 5000 块整，用牛皮纸袋裹着，牛皮纸的反面用油笔写着数目。"女人核对了一下牛皮纸反面的凭证，然后笑吟吟地把钱还给了我，叮嘱我："别再弄丢了，挣点钱都不容易。"

我连连点头答应，把我的电话号码写在一张小纸条上留给她。又问她的电话和地址，她腼腆地笑了，说："谁捡到都会还给你的，这是做人的底线。"

女儿要钱，我急得抓耳挠腮，这两年除了还饥荒，根本没有多余的钱，那天去朋友那儿想借点钱，看到朋友的钱随意地丢在客厅的茶几上，我想都没想就"拿"了一打揣进口袋里。朋友是生意人，为人豪爽，对钱没有概念，请人吃饭，一掏一大把，眉头都不皱一下，所以我起了顺手牵羊的邪念。

那个男人在电话里反反复复地说着一句话："我是好人，你相信吗?"我说相信。他说："如果不是那天偷听到小女孩和她妈妈的对话，我仍然会心安理得，朋友的钱那么多，我只是'拿'来急用，又不是去挥霍。可是小女孩的妈妈说，做人要有底线，我的底线哪去了呢? 当然，后来我悄悄把那笔钱还回去了，可是这件事像一块巨石一样压在我的胸口，现在说出来，心里舒服了很多。"我却想，他舒服了，我却被这个转嫁过来的故事弄得再也睡不着了。

开满葵花的小镇

那天放学后，同学们都在操场上踢足球，他丢下书包，兴高采烈地跑过去，准备加入。谁知道同学们看到他，抱着足球一哄而散，对他避之不及。

他孤零零地站在操场上，觉得很受伤，刚才还热热闹闹的操场，转眼变得静悄悄的。他百思不得其解，自己为什么一下子成了最不受欢迎的人呢？委屈的泪水，在眼眶中打转。他冲着那些离去的同学背影愤懑地大喊："我做错了什么？你们这样对我？"

大家都不出声，急急地往前走，只有其中一个矮个男生转回头来，冲他嚷了一句："我们不和杀人犯的儿子一起玩儿。"

他顿时呆住了。

对于自己的身世，他一直很好奇，从小到大，数不清问过母亲多少次了，为什么别人都有父亲，而自己没有？每一次母亲都告诉他："父亲因为生了一场大病，无法治愈，所以被夺去了生命。不过父亲很勇敢，面对疾病一点都不怯懦……"

每一次母亲跟他讲述这些事情的时候，都是满含深情，眼睛里蕴藏着热泪，母亲还说："父亲最后的遗言是，希望尚在母亲腹中孕育的他能够平安长大，做一个健康、快乐、对社会有用的人。"

他不知道该相信母亲的话，还是该相信同学的话。每一次他听到同学们的风言风语，回家问母亲，母亲就会带着他搬家。从上小学开始，他已不知搬过多少次家了，家的概念对于他来说很简单，就是一只皮箱，一个母亲——那就是他对家的全部理解。

“我不是杀人犯的儿子！”这件事情就像一根鱼刺一样，卡在他的喉咙里，不上不下，很难受。那段时间，他吃不下，睡不着，学习成绩一落千丈，成为班级里的差生，老师打电话让母亲去学校一趟。

母亲回来后眼圈红红的，他知道无法再避开一直存在于他和母亲之间的问题。他倔强地问母亲：“妈，爸爸他真的是一个杀人犯吗?”

母亲伸手在他的头顶摸了一下，这个平常的爱抚动作，让他的眼泪像泄了堤的洪水。

母亲却笑了：“妈妈没有骗你，你安心读书，假期妈会告诉你答案。”

假期来临的时候，母亲给他准备了一个双肩带的背包，里面是衣服和书本，然后母子两个一起上路了。

母亲带他一起去了父亲的故乡。在他的印象里那是一个神秘的地方，因为在那里，他可以找到答案。

倒了两回火车，换了三次汽车，终于抵达父亲的故乡。

父亲的故乡是一个北方小镇，小镇的周边种满向日葵，阳光洒在那些金黄色的花瓣上，妩媚动人。

一入镇街，就不断有人跟他们打招呼。得知他是谁谁谁的儿子，立刻惊呼：“天，他的儿子都这么大了，长得真像，只怪他没福，去世那么早。”

母亲带他去了父亲的二大伯家，二大伯给他讲了父亲小时候的事。父亲小时候很淘气，上树捉雀，下河逮鱼，有一年差点把腿摔折了。父亲的二大伯还拿出了父亲小时候的照片，那是一个和他如出一辙的俊秀少年。

母亲又带着他去了父亲的一个同学家。那是一个年龄和母亲相仿的女人，慈眉善目，和蔼可亲。女人讲述了一些父亲和她同桌的趣事，她说父亲念书很用功，学习成绩很好，志向远大，只可惜英年早逝……说到后来，女人很动容，眼睛里有了泪水。

那一次，他们在小镇上待了好几天。年龄稍长的人，几乎都认识父亲，他们给他讲述了父亲的往事，点点滴滴中，他逐渐描摹出心目中父亲的轮廓：一个快乐、努力、健康、向上的人。

心中的疑团消除之后，他不再琢磨这些令人心烦的事，把所有的精力都投入到学习上来，他变成一个阳光少年。后来，终于以优异的成绩考入北方的一所名校。

大学毕业的第一天，母亲带他来到一所监狱，他见到一个面色苍白的中年男人。母亲说："这就是你的父亲，他是一个杀人犯，但他不是坏人，只是过失杀人。"

他一下子就傻了，嘴唇哆嗦半天才问："可是那个开满葵花的小镇，故乡那些纯朴善良的人们都说了假话吗？"母亲摇摇头，说："不是他们说了假话，是妈妈央求他们说假话的。那时候你还小，很多事情无法分辨和承担，我不想让你父亲的错失，压得你一生都抬不起头来，然后一辈子生活在父亲的阴影下。"

他一下子就哭了，想象着母亲在故乡的小镇，挨家挨户说服人们为他编造一个谎言的情景，心中不由得大恸，眼泪再也抑制不住地流下来。

铭记一生的温暖

他很小的时候，父亲就去世了。

记忆里，童年时头顶的一片天是大姐撑起的。在这个没有父亲的家庭中，大姐的位置和作用是没有人可以替代的。家中每逢有大事小情，母亲总是用商量的口吻和大姐讨论，属于男人的体力活儿也由大姐来完成，一切都好像理所当然。

那年，他没有考上大学，赋闲在家，整天无所事事。隔三岔五还到夜总会去“蹦迪”。

有一天，大姐在震耳欲聋的音乐声中找到他说：“你去学开车吧！”

他玩世不恭地回答：“学那破玩意儿有什么用？”他一句话便把大姐噎住了。她眼里隐隐有泪光闪动，好半天才说：“姐给你买了辆车，已经办好了出租牌照了。你这么大的人，也该干点儿正经事了。”

他觉得大姐的口吻越来越像妈妈，唠唠叨叨的真让人厌烦。可是他却拗不过大姐，就这样被大姐逼着学了开车。

大姐给他车钥匙那天郑重其事地对他说：“我只有两点要求：第一要注意安全；第二不管你挣多挣少都要交给我一点儿钱。”

有了车，他也并没能勤勤恳恳本本分分地做事。开快车被警察逮着了，收了本，顿时觉得昏天黑地。找大姐到局里给他要本，她起初并没给他什么好脸色，但他会缠她，说：“姐，咱家就数你对我好，这事也非你不行，你就找人帮我说说情吧！”

他看着她背着她喜欢的红色小包，在雨天里，撑着一把断了骨的旧雨伞，一步一步消失在窗外的马路上。当时并没有良心发现。

后来他把车借给了一个最好的朋友，朋友在夜里驾车去一个小镇，由于疲于奔命，回来的途中不小心撞到一棵大树上。可想而知，他的车除了四个轱辘完好无损外，车的前半部分以及挡风玻璃全都面目全非。他以为这一次大姐无论如何都会狠狠地说他几句，他做好充分的思想准备，等着大姐骂自己个狗血喷头。可是等了一两天，大姐淡淡地说：“车坏了不要紧，只要人好好的没事，就是最大的安慰了。”这时他心里才多少有些不安。

第二年，他又犯了一个不可原谅的错误。酒后开车，撞了人还“穷横”。当时他并没有十分害怕，也就是赔人家一点医药费的问题。可是，这一次大姐十分恼火，赔了人家几万块钱，还收了他的车钥匙，并且到车市上，赔了好几万块钱把车给贱卖了。他也恼了，不能理解她的做法，跑到她的家里跟她大吵了一架。强词夺理地说：“你不就心疼那点儿钱吗？你每年奖金就十几万元，你也好意思心疼那点儿钱。”

她气得嘴唇哆嗦，脸色苍白，一句话也说不出来。他负气而去，再没和她说过一句话。一辆车成了他和她之间永远的痛。

后来回家时，听母亲断断续续地跟他说了一些她的事。他终于明白，大姐当初是担心他空闲时间太多怕他学坏了，于是买了一辆车，办了出租的牌照交给他。所谓的交给她一点儿钱，也只是为了约束他不乱花钱。现在她把车卖掉，实在是怕他再有意外。

他听了之后默默无言，但心中明白，大姐仍然是这个世界上最关心他的人，她再有钱，也不是大风刮来的，也是辛辛苦苦挣下的。

那之后，隐约听说她辞职了，他替她惋惜了好长一段时间。后来又听说她自己开了一家小公司，而且做得有声有色，他的心中才略感安慰。

再后来听母亲说，二姐的女儿在帮她，他放下心来。谁知好景不长，二姐的女儿竟是别有用心，在大姐那儿干了一段时间后，把她大部分的客户卷带跑了，另外支起了一摊，和她对台打擂。大姐的伤心是可想而知的。

有一次在母亲家里遇见大姐，他的心竟有些颤。大姐秀气的脸庞上已经有了细细的皱纹和淡淡的倦意，头发散乱地掖在耳后，她的身上并没有成功女人的气度和从容。

他想跟她说句道歉的话，看她脸上淡淡的样子，怎么也说不出口。其实在他心中已跟她说过百遍。可不当面向她道歉，他就永远无法为自己当初的偏激和任性找到借口。

他终于鼓足勇气，对大姐说出了埋藏在心底好几年的话。他说："大姐……那时我年轻、糊涂……"

大姐淡淡地笑了，说："就这事啊？我早忘了。"

都说长姐如母，原来真的如此。这么些年来，他一直在贪婪汲取大姐的爱，大姐却从不求回报。他一时有些动容，原来心里有爱的人，是只知道付出，从不问回报的。

他终于和大姐和好如初。

少女小渔

在少女小渔的记忆中，所有关于母亲的印象，就是8岁那年，母亲躺在医院病床上，那张脸苍色白、痛苦扭曲的脸。

不久，母亲就静静地离她而去。在失去母亲的最初那些日子里，父亲终日以泪洗面，小渔从来没有看到父亲那么难过，许多次他停下来，看一眼身边的小渔，轻轻地抚摩着她的头发说："宝贝，你什么时候能长大?"

后来很长一段时间，父亲总是告诉小渔，说母亲出差了，她信以为真。可是等了许久，都不见母亲回来，她终于明白，母亲再也不会回来找她了。于是小渔坐在洗手间的镜子前，看见自己流出了两行清泪，追寻记忆里关于母亲的全部细节。

剩下小渔与父亲相依为命，生活中琐碎的事情，父亲总是默默地为她打理好。父亲把他所有的爱都给予了小渔，让小渔感动。

父亲对小渔几乎有些溺爱，她要求的事，父亲总会努力做到。有时候她要求的事儿有些不合情理，父亲就会说："仅此一次，下不为例。"渐渐地，小渔发现当目的达不成的时候，她只要搂着父亲的脖子撒娇，父亲制定的政策就会不攻自破。

小渔对父亲的依赖几乎痴迷，有时候，明明自己能做的事情，却非要父亲帮忙。

但从12岁以后，小渔就再也没有让父亲给她洗澡。父亲说："你已经长大了，应该独立了。"有时候，小渔洗着洗着就哭了，因为她洗不干净。当然，但拉裙子后面的拉链、梳头发，这些小事依然还是由父亲帮忙。

有一段时间小渔甚至有些恨父亲，随着她慢慢长大，小渔觉得父亲在有意疏远她。他不再抚摩小渔的脸，也不再拍小渔的背，而是远远地看着她。

有一次，是个下雨天，小渔在学校门口等父亲来接她，等了很久，同学们都走光了，父亲才姗姗而来。小渔很生气，跟父亲耍小性子，赌气不理他，父亲便慌乱地解释说："是路上塞车，所以晚了。"小渔哭喊："你就不会早点出门啊？"父亲无奈地说："我要上班啊！"小渔索性不讲理到底："你不会请假啊？"父亲的脸上露出了一丝苦笑。

其实小渔和父亲之间，还有一件不得不说的事。

小渔十四岁那年秋天，邻居高大妈为父亲介绍了一个女人。那女人是一个北方人，长得高大，健硕，一看就知道是一个勤快能干的人。父亲有些喜欢她，那段时间，父亲的脸上逐渐有了笑容，人也变得开朗了，走路做事都很有劲头。

小渔莫名其妙地开始生气，自己和自己过不去，用自虐的方式处罚自己，把自己关在小屋里，不吃那女人做的菜，只吃父亲做的菜。偶尔看到父亲给那女人搛菜，小渔便摔了筷子扬长而去，全不顾及父亲的感受。那时候不知为什么，小渔嫉妒那个女人嫉妒得都快疯了。不是见不得父亲快乐和幸福，小渔只是害怕父亲不要她了，担心父亲不再爱她了。

父亲碍于小渔的感受，终于没能和那个女人走到一起，可是他因此很难过，情绪低落，常常一个人躲在走廊里吸烟。小渔却根本不懂得父亲的心，她心花怒放地搂着父亲的脖子说："以后有小渔照顾你，何必找那样一个来历不明的女人呢！”父亲的脸上是惨淡的笑，小渔不知道自己说错了什么话，她一直以为自己会代替那个女人照顾父亲，用加倍的好回报父亲的关爱。现在想来，那是多么弱智的想法。

父亲和那个女人分手是因为小渔，所以，那一段时间小渔对父亲特别好，家里的事情抢着做，也不再故意刁难父亲。

上初中以后，过上了住校的生活。突然离开父亲，一个人单独在外面生活，小渔有些惶惶不安。她突然发现自己原来很自闭，害怕跟男生接触，特别是单独接触，所以班上的男生给小渔起了一个外号叫“老封建”。那时候班上有一个很帅气的男生有些喜欢小渔，他有阳光一般的笑容，班上的许多女生都喜欢他，可是他却总是来找小渔，借故跟她单独待在一起。小渔很害怕，总是借故推辞。

上大学以后，小渔恋爱了，有了一个阳光帅气的男朋友，生活为小渔打开了另外一扇窗，人生忽然变得美好起来。两个人一起去图书馆，一起在校园的樱花树下漫步，一起去吃便宜的快餐，心里却是温暖甜蜜的。见不到的时候，心底是焦灼与期盼，及至见到了，彼此凝望的瞬间，心中仍然是想念，想来这就是爱情吧！

那时，小渔想起了父亲。因为她，父亲一个人独身多年，当爹当娘，忍受着落寞与孤单，不过五十来岁，头发已经白了，腰也弯了，活得一点生气都没有。

小渔为自己以前的糊涂想法而难过，自己不可能代替别的女人，永远留在父亲的身边，也不能给父亲他想要的那种幸福和欢爱。小渔第一次站在父亲的角度去思考问题，可是时间已经过去了很多年。她的青春年少，她的自私妄为留下了无法弥补的遗憾。

年少时做过的傻事

每个人都曾有过一段美丽的年少时光，不管在那段时光里曾经做过什么，比如调皮捣蛋，比如撒欢惹祸，比如离家出走，比如叛逆不羁等。不管做过什么都不是蓄意而为，不管做过什么都是情之所至，因为年少的时光里，情怀如水，一派纯真。

彼年豆蔻，一群半大的孩子天天在街上疯跑，谁家院子里的樱桃被偷了，谁家后院的青杏被打落一地，谁家小狗狗的腿瘸了，高高的大槐树上的鸦雀窝被捅掉了，一定都是我们这群半大孩子干的事儿。

阳光灿烂的日子里，我们捕过蝉，捉过蜻蜓，围追堵截过小蚂蚁，掐过人家花盆里盛开的花儿，甚至挑衅过人家拴在院子里的大狼狗。我们想方设法干一些在大人看来匪夷所思的事情，甚至是不屑一顾的事情。

我们这个队伍很大，有七八个人之多，个个都跟花脸狼似的，聚在一起嘀嘀咕咕，商量着干点什么不同凡响的“坏事儿”。有一段时间，左小年和左小莲兄妹两个渐渐从我们的队伍里游离出去，他俩不再跟在我们的屁股后面疯跑，不管我们干什么，他俩都是淡淡的样子。这种状态让我很好奇，有时候跑着跑着，一回头，就会发现他俩坐在花坛边上交头接耳，似乎在商量什么事情。

说起左小年和左小莲，他们的情况很复杂。左小年和左小莲是同父异母的兄妹俩，左小年的爸爸和妈妈离婚后，娶了左小莲的妈妈。左小莲的妈妈前两年去世了，左小年的爸爸最近正张罗着给他们找后妈，所以左小年和左小莲都很烦恼，很纠结，所以我们的集体活动，他俩也没心情参加了。

这件事情让我们集体找到了一个新的兴奋点，大家都参与了左小年和左小莲联手阻止老爸找后妈的行动。

左小年和左小莲的老爸叫左大龙，是个幽默诙谐的男人，本来我们大家都对他印象非常好，可是他非要给左小年和左小莲找后妈，惹得他俩都非常不开心，我们有义务让他俩开心和快乐起来。

我们是从左大龙相亲开始下手的。

那天，公园里的人很多，荷花开得正艳，左大龙打扮得很帅气，和一个叫梅琴的女子在荷塘边柳树下的凉亭里约会。

我们几个半大孩子躲在旁边的大树后面偷窥，看了半晌，左小年冲过去说："爸，我渴了，要买矿泉水。"左大龙说："不是让你在家温书吗？你怎么跑出来了？"左小年说："我跟你一起出来的，你忘了？"左小年把手伸到左大龙的面前，摆出不给钱就不走的姿势。左大龙摇了摇头，把钱拍在他的掌心里。

过了几分钟，左小莲也被大家推了出来，她冲到老爸的跟前，说："我腿疼，要回家。"左大龙叹了口气说："你到旁边歇会儿，等等我。"

大家在树后偷窥了半天，看左大龙并没有要回家的意思，七嘴八舌地议论开了，这后妈的威力也太大了，还没怎么样就不管自己的孩子了，这怎么行？

正在议论，不知是谁推了我一下，我一下子被推了出来，没办法，我只好硬着头皮走到凉亭里，对左大龙说："爸，老师让你去学校一趟。"左大龙推了推鼻梁上的眼镜说："谁是你爸啊？"我说："爸，你怎么能为了相亲，连自己的亲闺女都不认了？"左大龙那个气啊，鼻子都快被气歪了，他说：“臭丫头片子，你别胡说八道，我不是你爸。”

那个叫梅琴的女人说：“左大龙，你这人真不诚实，告诉我就两个孩子，现在又冒出一个，她若不是你的孩子会叫你爸？三个孩子也没什么了不起的，最可恨你这人掖着藏着，连你自己的亲闺女都不认，可见不是个心地善良之辈，还是趁早拜拜吧！”

那个叫梅琴的女人，打了一把绿色的绣花绸伞，头也不回地走了。

我们一大群孩子，欢天喜地地从树后窜出来，击掌庆祝首战告捷。左大龙唉声叹气，一屁股坐到长椅上，说：“你们这群孩子，坏我好事儿，我都追她半年了，被你们搅成一锅粥，你们满意了？”

多年后，想起这件事情，想起左大龙惆怅无语的样子，再也没有了当初的欣喜。当初以为自己是做了件好事儿，帮左小年和左小莲留住了他们的爸爸。可是多年后，事过境迁，想法也完全不同了，哪有这样帮人做好事儿的道理？除了摇头叹息，心中也会有一丝小小的遗憾。

年少的时光里，都曾做过傻事儿吧？当初觉得那么有道理的事情，彼年之后，居然会觉得那么可笑，这就是光阴的力量，这就是成长。

路过青春，路过你

1

班里最矫情的人，可能就是方樱桃了。

方樱桃在学农基地的后厨帮忙，袖子挽得高高的，扎着围裙，一边哼着歌，一边忙得不亦乐乎。氤氲的湿气中，她看见班里那个骄傲冷漠又让人心动的男生高一凡，他不知什么时候挺拔地站在窗口，像一株沐浴在春风里的树，她立刻紧张起来，手不听话地开始发抖，拿不住盛饭的小木勺。她低下头佯装盛饭，不敢看他的眼睛，他的眼睛亮晶晶的，像原野上那些灿烂的小花朵上的露珠，闪耀着晶莹剔透的光芒，让人不忍心惊醒它美丽的梦。

女孩子的内心世界总是七彩斑斓的，方樱桃也不例外，她胡思乱想着，忽然听到他说："大婶，我要西兰花。"方樱桃的思维瞬间短路，她怀疑自己听错了，指着自己的鼻子，不可置信地问："你叫我什么？大婶吗？叫我大婶？真亏你想得出！"

高一凡推了推鼻梁上的眼镜，定神往里面细瞅，扎着围裙在湿气中晃动的人，居然是班里吨位级的女孩方樱桃。他吓了一跳，叫人家大婶，这不是找抽吗？自知闯了大祸，不知道该如何收场，他嗫嚅着，想说句道歉的话，可就是张不开口，他急得额头上渗出了细密的小汗珠，说，那个谁，那个谁……

连续说了两句“那个谁”，尽管他有些内向和孤僻，可是也不至于结巴起来，硬是没有一句完整的下文。没等他把话说完，方樱桃早丢掉手里盛饭的家伙，一溜烟冲出门去，不管不顾地往大街上跑。谁知祸不单行，还没等跑出大门口，脚下一歪，脚脖子崴了，她疼得龇牙咧嘴，一屁股坐到地上，隐忍了半天的眼泪，终于缓缓地流了下来。

奇耻大辱啊！一样的青春，一样的花季，梦里都是一样的清风朗月，居然被人称为大婶，太伤自尊了，是可忍，孰不可忍。

方樱桃的眼泪流成了一条汩汩流淌的小河。

2

高一凡还记得方樱桃第一天转学来班里时雷人的自我介绍：“我叫方樱桃，不好意思，名字是父母给的，他们也没想到日后的我会长成大象级的小樱桃。长相虽然有一点点对不起同学，但体重还说得过去，还不到 85 公斤啊！”她故意把公斤的尾音拖得很长，班里的同学“哗”的一声哄笑起来，拿自己的短处开涮，怕也只有方樱桃这样没心没肺的女生才能做得出。

想到方樱桃的那些糗事，高一凡忍不住想乐，但还是硬生生地憋了回去。方樱桃的脚崴了，已经两天没有来上学了，据说脚脖子肿得像大萝卜似的，又红又粗，这件事的第一责任人就是他。所以，这两天他一直忐忑不安，上课也没心思听，眼睛深陷，人瘦了一圈。老师让他去给方樱桃道歉，他犹豫着不想去，那丫头，牙尖嘴利的，逮着他，谁知道会有什么疯狂的举动？

高一凡的心里一直有两个小人儿打架，一个说，去吧，谁让自己不小心，一时眼拙口误，把一个小女生瞬间升级为大婶，谁叫自己在人家受伤的心灵上撒盐？一个说，不能去，不就是叫了她一声大婶吗，有什么了不起？又不是死罪，至于这样不依不饶吗？

那几天，高一凡的内心里一直在左冲右突。他是单亲家庭长大的孩子，性格孤僻冷漠，在班里总是独来独往，不与任何人相交过密，其实他是不知道怎样跟人打交道，所以他把道歉这件事看得至关重大。

内心里冲突的结果是高一凡决定去给方樱桃道歉。不就是道歉吗，有什么了不起？

3

放学后，高一凡用积攒了小半年的零用钱，去超市买了几样估计一般小女生都会喜欢的东西，又拉上班里的一个同学壮胆，一起去慰问方樱桃受伤的心灵。

他的内心忐忑不安，不知道方樱桃会不会接受他的道歉。如果她不接受，那该怎么办呢？他紧张得手心潮湿，鼻尖上冒汗，如临大敌。

方樱桃拿了一本书，闲闲地坐在紫藤架下看蚂蚁打架，看蜗牛爬树，脸上的神色原本像五月的红樱桃一样鲜艳和水润，一转头，看见高一凡拘谨地站在身后，脸上的表情瞬间便降至零度以下，冷冷地问他："你来干什么？"高一凡笨嘴笨舌地回："老师让我来看看你！"不说这句还好，一说这句，方樱桃气得脸都白了："你以为你成绩好就了不起啊？你以为你长得帅就了不起啊？老师如果不叫你来，你就不来了，是吧？大婶在家里过得挺快乐，你回去吧！"

高一凡的脸，红了绿，绿了白，最后硬邦邦地甩出一句话："反正我来是给你道歉的，你接不接受是你的事，与我无关。"

"你这是什么态度，一点诚意都没有。"方樱桃也急了，脸上露出不屑的神情。

高一凡生气的样子，像一只小笨猪，口不择言地说："像你这样的智商，根本就看不出我的诚意！"

刚刚把人家升级为大婶，现在又转着弯骂人家智商低，方樱桃自然能听出弦外之音，脸涨得通红，说："诚意不是说出来的，要落到实际行动中，这样吧！我不能去上学的这段时间，你每天来帮我补习，一直到我的脚好了为止。补充说明，在你帮我补习的这段时间，我的成绩如果下降了，仍然说明你的道歉没有诚意，你能做到吗？"

高一凡低着头，用脚在地上画着圈，画到第九个时，终于点了点头。

没来之前，高一凡以为这件事情不知会严重到什么程度，方樱桃会不会又哭又骂，把他推出门外，像街上那吵架的女人一样让人难堪？想不到，她只要求他帮她补习，这么容易就把事情解决了，他如释重负地松了一口气，脸上绽开一个晴朗的笑容。

4

其实叫一声大婶，真的没有想象的那么可怕，可是在青春的辞海里，眼神那么纯净，心地那么柔软，每一个少年的心都是云朵上开花，轻轻地飘着，每一个日子都透着光亮和诗意。方樱桃自卑，因为胖，因为成绩在班里只是中等，所以拿自我调侃武装自己，那都是假象，一句"大婶"就轻易地把她击败了。

她忧伤的样子，她流泪的样子，让人心生柔软，那么茫然，那么难过，仿佛一只流浪的小猫，找不到心灵上的归依。

青春里的那些小破事，回头看时，其实只是一粒粒小小的芝麻，可是在那些织锦的岁月里，那些小芝麻被无限放大成西瓜，为之忧，为之喜，为之痴，为之嗔，为之快乐，为之烦恼。也正是因为这些杂尘的五味，筑起了青春成长的台阶，一步步，走向岁月的深处。

岁月不语任芬芳

她是一个妈妈老师。

为什么是妈妈老师？因为她既是一个七岁男孩的母亲，同时又是他的老师，所以叫妈妈老师。

一直到他三岁那年，她终于不得不承认他异于别的孩子。别的孩子会甜甜地叫爸爸、叫妈妈，他不会；别的孩子会和爸爸妈妈撒娇、耍赖，他不会；别的孩子会和爸爸妈妈情感交流，他却不哭也不笑。他一个人在自己的世界里孤独地行走，像一个行为艺术家，他漠然，没有温度，没有情感交流。偶尔会做出极端的举动，比如忽然间冲向马路，比如吃墙皮……

最初，母亲以为孩子营养不够，或许缺锌也未可知，可是随着他怪异的举动越来越多，母亲也开始怀疑自己的判断是否正确。

她带他去医院，医生告诉她孩子患了自闭症。尽管和她预想的没差太远，可是她还是接受不了这个事实：这个孩子终身都将活在自己的世界里，别人进入不了他的世界，他也进入不了别人的世界。

那一刻，她绝望了。回到家里，除了流泪，并不想和别人说话。

孩子不能懂得她的悲伤，不能懂得她的泪是为他而流，自顾自地在一边用手指抠墙皮。在孩子的心中，那墙皮可能胜过天下无数美味，当然，他并不知道美味为何物。

四岁那年，母亲跑了全市很多家幼儿园，最后终于有一家肯收他。

母亲欢欢喜喜地送他去幼儿园，可是没过一个星期，他把一个小朋友推到墙上，鼻子碰出了血，于是被赶了出来。尽管幼儿园的老师说得很委婉，说他们无法教育这孩子，因为说什么他都听不懂，可是她还是觉得很受伤，苦苦哀求园长，让他再待一段时间试试，可是园长最后还是摇头。

万般无奈，她只好把孩子领回家，亲自教他识字、算术、游戏等，可是他并不配合，看到纸就往嘴里塞，只要一做游戏就往马路上冲。

六岁那年，同龄的孩子都背着小书包去上学了，她不甘心孩子就这样待在家里，所以跑了很多家小学，可是没有一家肯收留他，她悲愤绝望，索性辞了职，一门心思在家里教孩子，成为一个妈妈老师。

她依旧教他识字，教他算术，教他游戏。他依旧吃墙皮，吃纸张，横冲直撞。他把家里搞得像战场一样，她就是那个打扫战场的人。不管他怎样，她都不放弃，他每天进步一点点，都会让她高兴得手舞足蹈，泪水盈眶。

不抛弃，不放弃，只能是一个母亲永远不二的选择，不管这个孩子是乖巧可爱，还是天生笨呆，因为孩子是母亲生命的延续，而一个人最不能舍弃的，最不该舍弃的就是自己，不管是好还是坏，都是命运的恩赐。

她是一个妈妈老师，她教得很辛苦，她与一个无法沟通的人努力沟通，与一个无法和解的人尝试和解，永不放弃，因为她是一个老师，更是一个母亲。

不管我们在生活中遇到什么样的困难和挫折，不管我们在生活中遇到什么样的不公平，岁月都以静默的姿态与我们对峙。

岁月不语任芬芳。

光阴中的山河大地，花草树木，当然还有人，都在努力地活着，不管岁月待我们如何，我们都要各自芬芳。

图书在版编目（CIP）数据

走着走着花就开了 / 积雪草著. —成都：四川人民出版社，2017.6
（中考热点作家美文系列）
ISBN 978－7－220－10232－5

Ⅰ.①走…　Ⅱ.①积…　Ⅲ.①阅读课－初中－升学参考资料
Ⅳ.①G634.333

中国版本图书馆 CIP 数据核字（2017）第 129042 号

ZOUZHEZOUZHEHUAJIUKAILE
走着走着花就开了

积雪草　著

统　　筹	张春晓　唐　婧
责任编辑	张春晓
责任校对	舒晓利　申婷婷
装帧设计	张　妮
责任印制	祝　健
出版发行	四川人民出版社（成都槐树街 2 号）
网　　址	http://www.scpph.com
E-mail	scrmcbs@sina.com
新浪微博	@四川人民出版社
微信公众号	四川人民出版社
发行部业务电话	（028）86259624　86259453
防盗版举报电话	（028）86259624
照　　排	四川胜翔数码印务设计有限公司
印　　刷	成都国图广告印务有限公司
成品尺寸	145mm×210mm
印　　张	10.25
字　　数	265 千
版　　次	2017 年 8 月第 1 版
印　　次	2017 年 8 月第 1 次印刷
书　　号	ISBN 978－7－220－10232－5
定　　价	30.00 元